westermann

Andreas Andersch

Prüfungswissen Kompakt

Steuerfachangestellte

1. Auflage

Bestellnummer 27538

Zusatzmaterialien zu Prüfungswissen Kompakt Steuerfachangestellte

Für Lehrerinnen und Lehrer

BiBox Einzellizenz für Lehrer/-innen (Dauerlizenz)
BiBox Klassenlizenz Premium für Lehrer/-innen und bis zu 35 Schüler/-innen (1 Schuljahr)
BiBox Kollegiumslizenz für Lehrer/-innen (Dauerlizenz)
BiBox Kollegiumslizenz für Lehrer/-innen (1 Schuljahr)

Für Schülerinnen und Schüler

BiBox Einzellizenz für Schüler/-innen (1 Schuljahr)
BiBox Einzellizenz für Schüler/-innen (4 Schuljahre)
BiBox Klassensatz PrintPlus (1 Schuljahr)

Druck und Bindung: Westermann Druck GmbH,
Georg-Westermann-Allee 66, 38104 Braunschweig

ISBN 978-3-427-**27538**-1

Vorwort

Das vorliegende Buch bietet für den Ausbildungsberuf „Steuerfachangestellte/Steuerfachangestellter" eine übersichtliche Zusammenfassung sowohl der für die Zwischenprüfung als auch für die Abschlussprüfung relevanten Lerninhalte.

Dabei kann dieses Buch aufgrund seiner knappen, übersichtsartigen Darstellung keine Lehrbücher ersetzen. Es ist als Nachschlagewerk/Gedankenstütze konzipiert, welches bzw. welche eine straffe und ökonomische Vorbereitung auf Klassenarbeiten, die Zwischenprüfung und die Abschlussprüfung ermöglichen soll. Eine Hilfestellung hierfür bieten die Übersichten, Prüfungsschemata und Fallbeispiele. Dementsprechend soll dieses Buch eine hilfreiche Unterstützung für den Unterricht an berufsbildenden Schulen sein.

Die Darstellung in diesem Buch orientiert sich infolgedessen an den Themenschwerpunkten der Zwischen- und Abschlussprüfung für den Beruf „Steuerfachangestellte/Steuerfachangestellter" unter Berücksichtigung der „neuen" Ausbildungsordnung vom 3. August 2022. Die prüfungsrelevanten Wissensinhalte sind dabei nach den Prüfungsbereichen unter Bezugnahme auf die Lernfelder gesetzes-systematisch geordnet dargestellt.

Prüfungsmodalitäten

Nach der Steuerfachangestellten-Ausbildungsverordnung sind als Prüfungen vorgesehen:

Zwischenprüfung

Im vierten Ausbildungshalbjahr, also ca. Mitte des 2. Ausbildungsjahres steht die Zwischenprüfung mit folgenden Prüfungsbereichen an:

Prüfungsbereich/-anforderungen	Dauer in Min.	Aufgabentyp	Gew.
Arbeitsabläufe organisieren ⇢ rechtliche Regelungen zur Verschwiegenheit, zum Datenschutz und zur Datensicherheit ⇢ Fristenüberwachung ⇢ Vorgänge unter Berücksichtigung von zeichnungs- und Weisungsbefugnissen bearbeiten (Lernfeld 1)	45	schriftlich zu bearbeitende Aufgaben	keine

Prüfungsbereich/-anforderungen	Dauer in Min.	Aufgabentyp	Gew.
Steuererklärungen vorbereiten und Buchhaltungen bearbeiten → Einkünfte aus nichtselbstständiger Arbeit ermitteln (bis zvE) → laufende monatliche Buchhaltungen bearbeiten → betriebliche Kennzahlen ermitteln und auswerten (Lernfelder 2, 3, 4)	75	schriftlich zu bearbeitende Aufgaben	keine

Die Zuordnung der Lernfelder für die Zwischenprüfung ist nicht abschließend. Es ist nicht auszuschließen, dass auch Themen aus dem Lernfeld 5 „Arbeitsentgelte berechnen" bereits in der Zwischenprüfung geprüft werden. Gleiches könnte auch für das Lernfeld 6 „Grenzüberschreitende Sachverhalte und Sonderfälle umsatzsteuerrechtlich bearbeiten und erfassen" und Lernfeld 7 „Beschaffung und Verkauf von Anlagevermögen erfassen" gelten.

Es bleibt hier abzuwarten, wie die Ausschüsse der Steuerberaterkammern die „neue" Ausbildungsverordnung umsetzen.

Abschlussprüfung

Zum Ende der Berufsausbildung, also Ende des 3. Ausbildungsjahres, steht die Abschlussprüfung mit folgenden Prüfungsbereichen an:

Prüfungsbereich/-anforderungen	Dauer in Min.	Aufgabentyp	Gew.
Sachverhalte steuerrechtlich beurteilen und in Steuererklärungen bearbeiten → Sachverhalte unter Berücksichtigung steuerrechtlicher und handelsrechtlicher Regelungen einordnen → eingereichte Unterlagen den Steuerarten zuordnen und Bemessungsgrundlagen ermitteln und Steuern einschließlich der steuerlichen Nebenleistungen berechnen → steuer- und verfahrensrechtliche Regelungen unter Berücksichtigung von Fristen einhalten (Lernfelder 3, 4, 6, 8, 9, 11)	130	schriftlich zu bearbeitende Aufgaben	35 %

Prüfungsbereich/-anforderungen	Dauer in Min.	Aufgabentyp	Gew.
Sachverhalte im Zusammenhang mit Finanzbuchhaltungen, Entgeltabrechnungen und Jahresabschlüssen bearbeiten → Entgeltabrechnungen durchführen und buchen → laufende Geschäftsvorfälle handels- und steuerrechtlich beurteilen und buchen → das Anlage- und Umlaufvermögen abgrenzen und bewerten → Berechnungen und Jahresabschlussbuchungen durchführen und handels- und steuerrechtliche Jahresabschlüsse erstellen → Auswertungen erstellen und mandats- und anlassbezogen betriebswirtschaftlich analysieren (Lernfelder 2, 5, 7, 10)	110	schriftlich zu bearbeitende Aufgaben	30 %
Wirtschafts- und Sozialkunde → allgemeine wirtschaftliche und gesellschaftliche Zusammenhänge der Berufs- und Arbeitswelt darstellen und beurteilen (Lernfeld 1)	60	schriftlich zu bearbeitende Aufgaben	10 %
Mandantinnen- und Mandantenberatung mitgestalten → Mandantinnen und Mandanten über steuerrechtliche Regelungen informieren sowie rechtliche Regelungen einhalten → einen Lösungsweg auch unter Berücksichtigung von digitalen Geschäftsprozessen entwickeln → auf Mandantinnen- und Mandantenfragen und -einwände fachgerecht eingehen Hierfür sind folgende Tätigkeiten zugrunde zu legen: Buchführungen anfertigen, Entgeltabrechnungen durchführen, Jahresabschlusserstellung vorbereiten, betriebswirtschaftliche und wirtschaftsrechtliche Angelegenheiten unterstützen und Steuererklärungen erstellen. (Lernfeld 12)	30	Gesprächssimulation	25 %

In jedem der Prüfungsbereiche sind 100 Punkte zu erreichen. Dabei gilt der folgende Notenschlüssel:

100–92 Punkte	Note 1 (sehr gut)
unter 92–81 Punkte	Note 2 (gut)
unter 81–67 Punkte	Note 3 (befriedigend)
unter 67–50 Punkte	Note 4 (ausreichend)
unter 50–30 Punkte	Note 5 (mangelhaft)
unter 30–0 Punkte	Note 6 (ungenügend)

Die Abschlussprüfung ist bestanden, wenn die Prüfungsleistungen – auch unter Berücksichtigung einer mündlichen Ergänzungsprüfung – wie folgt bewertet worden sind:

1. im Gesamtergebnis mit mindestens „ausreichend“,
2. im Prüfungsbereich „Sachverhalte steuerrechtlich beurteilen und in Steuererklärungen bearbeiten“ mit mindestens „ausreichend“,
3. in mindestens zwei weiteren Prüfungsbereichen mit mindestens „ausreichend“ und
4. in keinem Prüfungsbereich mit „ungenügend“.

Auf Antrag der zu prüfenden Person ist die Prüfung in einem mit schlechter als „ausreichend“ bewerteten Prüfungsbereich, in dem Prüfungsleistungen mit eigener Anforderung und Gewichtung schriftlich zu erbringen sind, durch eine mündliche Prüfung von etwa 15 Minuten zu ergänzen (**Ergänzungsprüfung**). Bei der Ermittlung des Ergebnisses für diesen Prüfungsbereich sind das bisherige Ergebnis und das Ergebnis der bisherigen Ergänzungsprüfung im Verhältnis 2 : 1 zu gewichten.

Verfasser und Verlag wünschen Ihnen nicht nur viel Erfolg beim Arbeiten mit diesem Buch, sondern auch die gewünschten Prüfungsergebnisse.

Inhaltsverzeichnis

Zwischenprüfung und Abschlussprüfung

A
PRÜFUNGSBEREICH: ARBEITSABLÄUFE ORGANISIEREN

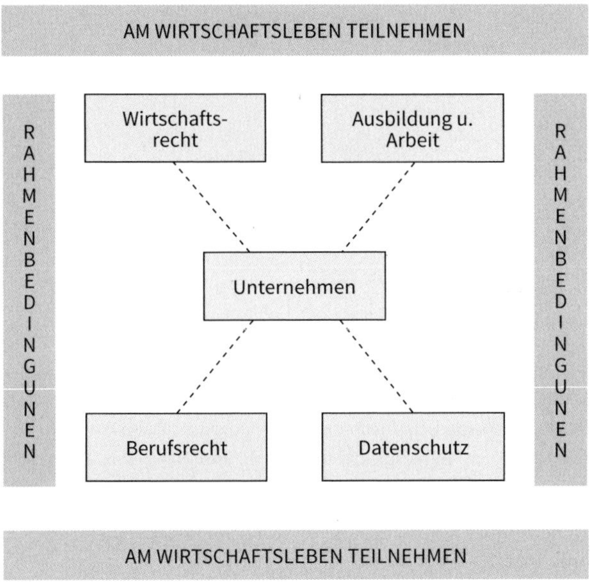

1 Berufsrecht (Lernfeld 1)

Steuerberaterinnen und Steuerberater sind Organe der Steuerrechtspflege und üben einen sog. Vertrauensberuf aus.

Ein Vertrauensberuf lässt sich durch das „Vertrauensdreieck" wie folgt umschreiben:

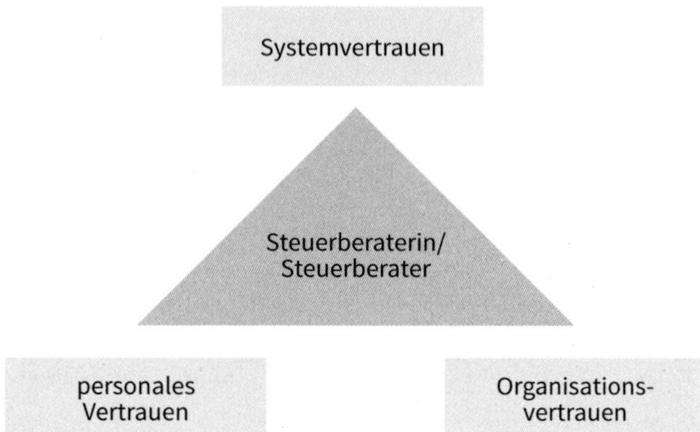

Personales Vertrauen heißt, dass die Steuerberaterin bzw. der Steuerberater und die mitarbeitenden Personen **persönlich** die Voraussetzungen erfüllen, die an die Ausübung des Berufes gestellt werden. Das heißt insbesondere, dass sie persönlich für diesen Beruf qualifiziert sind und die **Berufspflichten** zu einer **unabhängigen**, **eigenverantwortlichen**, **gewissenhaften** und **verschwiegenen** Ausübung des Berufes einhalten.

Organisationsvertrauen heißt u. a. in Bezug auf die **Verschwiegenheit**, dass die **Arbeitsabläufe innerhalb der Steuerkanzlei** so organisiert sind, dass die Verschwiegenheit gewahrt wird.

Beispiel: *Besucher/-innen oder Mandanten/mandantinnen dürfen sich nur in dem Besucherbereich/Besprechungsraum aufhalten und nicht durch alle Büros gehen.*

In Bezug auf **Eigenverantwortlichkeit** und **Unabhängigkeit** des Berufstandes als solchem heißt dieses, dass die Steuerberaterinnen und Steuerberater ihren Beruf eigenverantwortlich und **unabhängig von der Finanzverwaltung** als solche ausüben. Der Berufstand organisiert sich eigenverantwortlich und unabhängig durch Kammern, genauer **Steuerberaterkammern**.

Steuerberaterinnen und Steuerberater sind nicht in die Organisationsabläufe eines Finanzamtes eingebunden. Sie sind keine „Abteilung" des Finanzamtes.

Systemvertrauen heißt, dass die Berufspflichten zu einer unabhängigen, eigenverantwortlichen, gewissenhaften und verschwiegenen Ausübung des Berufes auch durch die Rechtsordnung, also durch Gesetze als solche, **ausgestaltet** und abgesichert sind.

Als **wichtige Gesetze und Verordnungen/Satzungen** sind in diesem Zusammenhang zu nennen:

- Steuerberatungsgesetz (StBerG),
- Berufsordnung der Bundessteuerberaterkammer (BOStB),
- § 132a Abs. 1 Nr. 2 StGB – Schutz der Berufsbezeichnung,
- § 203 StGB – Strafe, wenn Verschwiegenheit verletzt wird.

▶ Hilfe in Steuersachen darf damit nur leisten, wer dazu nach dem Steuerberatungsgesetz befugt ist. Allen anderen ist es, bis auf wenige Ausnahmen, verboten (§§ 5, 6 StBerG).

2 Berufsausbildungs- und Arbeitsrecht (Lernfeld 1)

▶ Es gibt **kein Arbeitsgesetzbuch**, im Gegensatz zum Bürgerlichen Gesetzbuch (BGB), als „Grundgesetz" des Privatrechts. Das **Arbeitsrecht** ist ein besonderes **Rechtsgebiet** mit **zahlreichen Spezialgesetzen** und einer eigenen Gerichtsbarkeit, den Arbeitsgerichten, den Landesarbeitsgerichten und dem Bundesarbeitsgericht.

2.1 Duale Berufsausbildung

▶ **Duale Berufsausbildung** sagt aus, dass die Ausbildung an **zwei gleichberechtigten Lernorten**, der berufsbildenden **Schule** und dem ausbildenden **Betrieb**/der Steuerkanzlei erfolgt.

Die grundlegenden Rechtsvorschriften für das Berufsausbildungsverhältnis beinhaltet des Berufsbildungsgesetz (BBiG) und für minderjährige Auszubildende das Jugendarbeitsschutzgesetz (JArbSchG).

2.1.1 Berufsbildungsgesetz

Nach dem Berufsbildungsgesetz (BBiG) soll die Berufsausbildung die für die Ausübung einer qualifizierten beruflichen Tätigkeit in einer sich wandelnden Arbeitswelt notwendigen beruflichen Fertigkeiten, Kenntnisse und Fähigkeiten (berufliche Handlungsfähigkeit) in einem geordneten Ausbildungsgang vermitteln. Ferner hat die Berufsausbildung den Erwerb der erforderlichen Berufserfahrungen zu ermöglichen.

Dies geschieht auf der Grundlage des Berufsausbildungsvertrages an den Lernorten Schule und Betrieb.

Berufsausbildungsvertrag

Gemäß § 11 BBiG hat der Berufsausbildungsvertrag bestimmte Mindestangaben zu enthalten, ist schriftlich abzufassen und von beiden Vertragsparteien zu unterschreiben. Bei Minderjährigen ist zusätzlich die Unterschrift beider gesetzlicher Vertreter (Eltern) erforderlich.

Der Ausbildungsvertrag bedarf für seine Wirksamkeit im Gegensatz zum Arbeitsvertrag der Schriftform. Eine Ausfertigung ist dem bzw. der Auszubildenden ggf. dessen bzw. deren gesetzlichen Vertretern auszuhändigen. Eine zweite Ausfertigung ist der zuständigen Kammer zur Eintragung in das Verzeichnis der Berufsausbildungsverhältnisse gem. § 36 BBiG einzureichen. Dieses ist eine Voraussetzung für die Zulassung zur Abschlussprüfung.

Zum Beginn des **Ausbildungsverhältnisses** ist **zwingend** im Gegensatz zum Arbeitsverhältnis eine **Probezeit** vorzusehen. Im Ausbildungsverhältnis beträgt diese Probezeit gem. **§ 20 BBiG mindesten einen Monat** und **höchstens vier Monate**.

Gemäß § 10 BBiG ist zwischen **Auszubildenden** und **Ausbildenden** als **Vertragsparteien** des Ausbildungsvertrages zu unterscheiden.

Die gegenseitigen **Rechte und Pflichten** aus dem Ausbildungsvertrag ergeben sich aus den **§§ 13–19 BBiG**.

Hauptpflicht der Auszubildenden = Recht der Ausbildenden	Hauptpflicht der Ausbildenden = Recht der Auszubildenden
Auszubildende haben sich gem. § 13 Abs. 1 BBiG zu bemühen, die berufliche Handlungsfähigkeit zu erwerben, die zum Erreichen des Ausbildungsziels erforderlich ist. Sie sind insbesondere verpflichtet … (siehe § 13 BBiG zu den einzelnen Nummern).	Ausbildende haben gem. § 14 Nr. 1 BBiG dafür zu sorgen, dass den Auszubildenden die berufliche Handlungsfähigkeit vermittelt wird, die zum Erreichen des Ausbildungsziels erforderlich ist, und die Berufsausbildung in einer durch ihren Zweck gebotenen Form planmäßig, zeitlich und sachlich gegliedert so durchzuführen, dass das Ausbildungsziel in der vorgesehenen Ausbildungszeit erreicht werden kann. Zu den weiteren Pflichten siehe § 14 BBiG die einzelnen Nummern und §§ 15–19 BBiG.

Hauptpflichten, die sich aus dem **Ausbildungsvertrag** ergeben, sind damit die **Ausbildungspflicht** der Ausbildenden **und** die **Lernpflicht** der Auszubildenden. Damit unterscheidet sich das Ausbildungsverhältnis wesentlich vom Arbeitsverhältnis. Beim **Arbeitsverhältnis** steht die **Arbeit gegen Vergütung** im Mittelpunkt, nicht das Ausbilden und Lernen.

Beendigung des Berufsausbildungsvertrages

Das Ausbildungsverhältnis wird beendet

- durch **Bestehen der Abschlussprüfung** gem. § 21 Abs. 2 BBiG, wenn die Abschlussprüfung vor dem Ablauf des Vertrages bestanden wird;
- gem. § 21 Abs. 1 BBiG mit **Ablauf des Vertrages**, falls die Abschlussprüfung zu einem späteren Zeitpunkt stattfindet;
- durch rechtswirksame schriftliche **Kündigung** gem. **§ 22 BBiG**;
- durch **Auflösungsvertrag** im beiderseitigen Einvernehmen.

Für eine Kündigung gelten während und nach der Kündigungszeit unterschiedliche Regelungen.

Kündigung gem. § 22 BBiG		
während der Probezeit	nach Ablauf der Probezeit	
→ jederzeitige Kündigung von beiden Seiten	→ fristlos aus wichtigem Grund	→ durch Aufgabe oder Wechsel zu einer anderen Berufsausbildung
→ ohne Kündigungsfrist	→ innerhalb von zwei Wochen nach Kenntnis des Grundes	→ vierwöchige Kündigungsfrist
→ ohne Angabe von Gründen	→ Angabe von Gründen erforderlich	

Verlängerung der Ausbildungszeit

In den folgenden Fällen verlängert sich die Ausbildungszeit gem. §§ 8 Abs. 2 oder 21 Abs. 3 BBiG:

- bei geringem Leistungsstand, der ein Bestehen der Prüfung nicht wahrscheinlich erscheinen lässt,
- bei längeren Fehlzeiten während oder längerer Unterbrechung der Ausbildung,
- bei nicht bestandener Abschlussprüfung (§ 22 Abs. 3 BBiG).

▶ Bei nicht bestandener Abschlussprüfung ist gem. § 22 Abs. 3 BBiG auf einseitiges Verlangen der Auszubildenden die Ausbildungszeit zu verlängern.

2.1.2 Jugendarbeitsschutzgesetz

Für Jugendliche, also z. B. Auszubildende im Alter zwischen 15 und 18 Jahren, gelten aufgrund des Jugendarbeitsschutzgesetzes Sonderregelungen in Bezug auf

- die Arbeitszeit (§ 8 JArbSchG),
- die Freistellung für die Berufsschule (§ 9 JArbSchG),
- die Ruhepausen (§ 11 JArbSchG),
- die Freizeit (§ 15 JArbSchG) und
- den Jahresurlaub (§ 19 JArbSchG).

Abweichend von dem Mindesturlaub nach dem **Bundesurlaubsgesetz** haben **Jugendliche** so in Abhängigkeit von ihrem Alter einen **Jahresurlaub** gem. **§ 19 JArbSchG** von

- mindestens 30 Werktagen, wenn der oder die Jugendliche zu Beginn des Kalenderjahrs noch nicht 16 Jahre alt ist;
- mindestens 27 Werktagen, wenn der oder die Jugendliche zu Beginn des Kalenderjahrs noch nicht 17 Jahre alt ist und
- mindestens 25 Werktagen, wenn der oder die Jugendliche zu Beginn des Kalenderjahrs noch nicht 18 Jahre alt ist.

2.2 Arbeits-/Dienstvertrag

Der **Arbeitsvertrag** ist ein **spezieller Dienstvertrag** zwischen einem einzelnen Arbeitnehmer und **einem einzelnen Arbeitgeber**.

Dabei bestimmt **§ 611a BGB:**

Durch den Arbeitsvertrag wird der Arbeitnehmer im Dienste eines anderen zur Leistung **weisungsgebundener, fremdbestimmter Arbeit in persönlicher Abhängigkeit** verpflichtet. Das Weisungsrecht kann Inhalt, Durchführung, Zeit und Ort der Tätigkeit betreffen. Weisungsgebunden ist, wer nicht im Wesentlichen frei seine Tätigkeit gestalten und seine Arbeitszeit bestimmen kann. Der Grad der persönlichen Abhängigkeit hängt dabei auch von der Eigenart der jeweiligen Tätigkeit ab.

2.2.1 Abschluss des Arbeitsvertrages

Der **Abschluss** des **Arbeitsvertrages** als Einzelarbeitsvertrag zwischen Arbeitnehmer und Arbeitgeber ist im Gegensatz zum Ausbildungsvertrag grundsätzlich **formfrei** möglich.

Eine **Ausnahme** hiervon stellen **befristete Arbeitsverträge** dar. Gemäß **§ 14 Abs. 4 Teilzeitbefristungsgesetz (TzBfG)** bedarf die Befristung eines Arbeitsverhältnisses bei Vorliegen eines sachlichen Grundes für ihre Wirksamkeit der **Schriftform**. Wird die Schriftform nicht gewahrt, kommt ein unbefristetes Arbeitsverhältnis zustande.

Auch wenn der Arbeitsvertrag formfrei zustande kommt, so hat der Arbeitgeber gem. **§ 2 Nachweisgesetz (NachwG)** die wesentlichen Vertragsbedingungen des Arbeitsverhältnisses innerhalb der Fristen des § 2 Abs. 1 S. 4 NachwG schriftlich niederzulegen, die **Niederschrift** zu **unterzeichnen** und dem **Arbeitnehmer auszuhändigen**.

▶ Der Arbeitgeber ist nicht zu einem schriftlichen Arbeitsvertrag verpflichtet, wohl aber zu einem schriftlichen Nachweis der Arbeitsbedingungen.

2.2.2 Beendigung des Arbeitsvertrages

Ein Arbeitsverhältnis kann unterschiedlich beendet werden:

- durch Zeitablauf bei einem befristeten Arbeitsverhältnis,
- Anfechtung bei Irrtum über Eigenschaften des Arbeitnehmers (Innehaben einer Fahrerlaubnis bei Berufskraftfahrern und -fahrerinnen),
- Tod des Arbeitnehmers,
- Auflösungsvertrag,
- Kündigung,
- Erreichen einer Altersgrenze (Eintritt in die Rente).

▶ Der Tod des Arbeitgebers oder ein Inhaberwechsel gem. § 613a BGB führt nicht zur Beendigung des Arbeitsverhältnisses.

Auflösungsvertrag

▶ Durch den Auflösungsvertrag wird das Arbeitsverhältnis im beiderseitigen Einvernehmen durch Arbeitgeber und Arbeitnehmer beendet.

Ein Auflösungsvertrag bedarf für seine Wirksamkeit gem. § 623 BGB wie eine Kündigung der Schriftform. Die elektronische Form ist ausgeschlossen.

Vorteile des Auflösungsvertrages:

- Kündigungsfristen müssen nicht eingehalten werden.
- Kündigungsschutzvorschriften finden keine Anwendung.
- Eine vorherige Anhörung des Betriebsrates findet nicht statt.
- Das Prozessrisiko in einem Kündigungsschutzprozess entfällt.
- Das Arbeitsverhältnis wird ohne personenbedingte oder verhaltensbedingte Kündigung beendet.

- Eine Sozialauswahl bei einer betriebsbedingten Kündigung entfällt.
- häufig Vereinbarung einer Abfindungszahlung für den Verlust des Arbeitsplatzes

Nachteile des Auflösungsvertrages:

- Grundsätzlich führt der Abschluss eines Auflösungsvertrages zu einer Sperre bei dem Bezug von Arbeitslosengeld von zwölf Wochen.
- keine Anwendung von Kündigungsschutzvorschriften
- keine Anwendung der Mitwirkungsrechte des Betriebsrates

Kündigung

Im Gegensatz zum Auflösungsvertrag handelt es sich bei der Beendigung des Arbeitsverhältnisses durch Kündigung um eine **einseitige empfangsbedürftige Willenserklärung**, die **Kündigung.**

Zu unterscheiden sind

- die ordentliche Kündigung und
- die außerordentliche (fristlose) Kündigung.

Ordentliche Kündigung

Eine ordentliche Kündigung ist nur unter Einhaltung bestimmter Fristen möglich. Es gelten die gesetzlichen **Kündigungsfristen gem. § 622 BGB**, wenn einzelvertraglich oder tarifvertraglich nichts anderes vereinbart ist.

Kündigungsfrist ist der Zeitraum zwischen dem Zugang der Kündigung und ihrem Wirksamwerden.

Für eine ordentliche **Kündigung durch den Arbeitnehmer** gilt eine Kündigungsfrist gem. § 622 Abs. 1 BGB von vier Wochen zum Fünfzehnten oder zum Ende eines Kalendermonats.

Für die Berechnung der Kündigungsfrist gilt:

Tag des Zugangs der Kündigung	+ 28 Tage =	Wirksamwerden der Kündigung.

Bei **Kündigungen durch den Arbeitgeber** verlängert sich die Kündigungsfrist bei langjährigen Arbeitsverhältnissen gem. **§ 622 Abs. 2 BGB** wie folgt:

Wenn das Arbeitsverhältnis in dem Betrieb oder Unternehmen	Verlängerte Kündigungsfrist des Arbeitgebers
2 Jahre bestanden hat	1 Monat zum Ende eines Kalendermonats
5 Jahre bestanden hat	2 Monate zum Ende eines Kalendermonats
8 Jahre bestanden hat	3 Monate zum Ende eines Kalendermonats
10 Jahre bestanden hat	4 Monate zum Ende eines Kalendermonats
12 Jahre bestanden hat	5 Monate zum Ende eines Kalendermonats
15 Jahre bestanden hat	6 Monate zum Ende eines Kalendermonats
20 Jahre bestanden hat	7 Monate zum Ende eines Kalendermonats

Die **Frist** wird dann **nach Monaten** nicht wie zuvor nach Wochen **berechnet.**

Damit gilt bei den verlängerten Kündigungsfristen, dass für den spätesten Zugang der Kündigung bei dem Arbeitnehmer jeweils der letzte Tag des Monats ausschlaggebend ist, der der Kündigungsfrist vorausgeht.

Die verlängerten Kündigungsfristen des § 622 Abs. 2 BGB sind Schutzvorschriften zugunsten der Arbeitnehmer. Will ein Arbeitnehmer kündigen, so gilt stets die Kündigungsfrist von vier Wochen gem. § 622 Abs. 1 BGB.

Beispiel: *Herr Becker arbeitet seit sechs Jahren bei der Firma Schuster im Verkauf. Herr Becker will sich beruflich verändern und Kündigt deshalb am 3. Januar unter Einhaltung der Kündigungsfrist von vier Wochen zum 31. Januar. Anders allerdings liegt der Fall, wenn der Arbeitgeber, die Firma Schuster, den Herrn Becker kündigen will. Die Fa. Schuster hat dann aufgrund des langjährigen Bestehens des Arbeitsverhältnisses eine Kündigungsfrist von zwei Monaten zum Ende eines Kalendermonats zu wahren.*

Außerordentliche (fristlose) Kündigung

Gemäß § 626 BGB kann das Dienstverhältnis von jedem Vertragsteil – also sowohl von Arbeitnehmer als auch von Arbeitgeber – aus wichtigem Grund ohne Einhaltung einer Kündigungsfrist gekündigt werden, wenn Tatsachen vorliegen, aufgrund derer dem Kündigenden unter Berücksichtigung aller Umstände des Einzelfalles und unter Abwägung der Interessen beider Vertragsteile die Fortsetzung des Dienstverhältnisses bis zum Ablauf der Kündigungsfrist oder bis zu der vereinbarten Beendigung des Dienstverhältnisses nicht zugemutet werden kann.

Solche wichtigen Gründe können z. B. aus der Sicht des Arbeitgebers gegeben sein, wenn der Arbeitnehmer

- Arbeitsanweisungen verweigert,
- zu spät kommt und zu früh geht,
- private Dinge während der Arbeitszeit erledigt,
- die Pflicht zur Verschwiegenheit verletzt
- etc.

Aber auch aus der Sicht des Arbeitnehmers kann ein wichtiger Grund zur Kündigung gegeben sein, wenn der Arbeitgeber

- tätlich oder sexuell übergriffig wird,
- Arbeitsschutzbestimmungen verletzt und so Leib oder Leben gefährdet,
- einen erheblichen Entgeltrückstand schuldet
- etc.

Die außerordentliche (fristlose) Kündigung kann aber gem. § 626 Abs. 2 BGB nur **innerhalb von zwei Wochen** erfolgen. Dabei beginnt die Frist mit dem Zeitpunkt, in dem der **Kündigungsberechtigte** von den **für die Kündigung maßgebenden Tatsachen Kenntnis erlangt**. Der Kündigende muss dem anderen Teil auf Verlangen den Kündigungsgrund unverzüglich schriftlich mitteilen.

2.2.3 Kündigungsschutzgesetz

Arbeitnehmer, die mehr als sechs Monate in einem Betrieb mit mehr als zehn Mitarbeitern bzw. Mitarbeiterinnen beschäftigt sind, können vor dem Arbeitsgericht die Rechtmäßigkeit einer Kündigung nach dem Kündigungsschutzgesetz prüfen lassen.

Die hierfür erforderliche **Kündigungsschutzklage** ist innerhalb einer **Frist von drei Wochen** gem. § 4 KSchG nach Zugang der schriftlichen Kündigung zu erheben.

Das Arbeitsgericht **prüft** dann, ob die Kündigung rechtmäßig ist, d. h., ob die **Kündigung sozial gerechtfertigt** ist oder nicht.

Sozial ungerechtfertigt ist die Kündigung, wenn sie nicht durch Gründe, die in der Person oder in dem Verhalten des Arbeitnehmers liegen, oder durch dringende betriebliche Erfordernisse, die einer Weiterbeschäftigung des Arbeitnehmers in diesem Betrieb entgegenstehen, bedingt ist.

Ist einem Arbeitnehmer aus dringenden betrieblichen Erfordernissen gekündigt worden, so ist die Kündigung trotzdem sozial ungerechtfertigt, wenn der Arbeitgeber bei der Auswahl des Arbeitnehmers die Dauer der Betriebszugehörigkeit, das Lebensalter, die Unterhaltspflichten und die Schwerbehinderung des Arbeitnehmers nicht oder nicht ausreichend berücksichtigt hat.

Stellt das Gericht fest, dass das Arbeitsverhältnis nicht durch die Kündigung aufgelöst ist, und ist dem Arbeitnehmer die Fortsetzung des Arbeitsverhältnisses nicht zuzumuten, so hat das Gericht auf Antrag des Arbeitnehmers das Arbeitsverhältnis aufzulösen und den Arbeitgeber zur Zahlung einer angemessenen Abfindung zu verurteilen. Die gleiche Entscheidung hat das Gericht auf Antrag des Arbeitgebers zu treffen, wenn eine weitere Zusammenarbeit mit dem Arbeitnehmer aus betrieblichen Gründen nicht zumutbar ist.

Ist das Kündigungsschutzgesetz nicht anwendbar, so prüft das Arbeitsgericht lediglich, ob die Kündigung wegen bestimmter Mängel, z. B. wegen

- der Nichteinhaltung der Kündigungsfrist,
- der Nichteinhaltung der Schriftform,
- eines Verstoßes gegen ein gesetzliches Kündigungsverbot (Mutterschutz, Schwerbehinderung, Betriebsratsmitglied),

unwirksam ist.

2.3 Arbeitsschutzbestimmungen

Neben den gesetzlich vorgeschriebenen Kündigungsfristen und dem Kündigungsschutzgesetz gibt es noch weitere Arbeitsschutzbestimmungen, wie

- das Arbeitszeitgesetz,
- das Bundesurlaubsgesetz und
- das Mutterschutzgesetz.

Der Arbeitsschutz dient dem Wohl des Arbeitnehmers und soll dazu beitragen, den sozialen Frieden zu wahren.

2.3.1 Arbeitszeitgesetz

Das Arbeitszeitgesetz (ArbZG) regelt die Arbeits- und Ruhezeiten der Arbeitnehmer. Es ist für Arbeitgeber und Arbeitnehmer verbindlich. Es dient der Sicherheit und dem Gesundheitsschutz der Arbeitnehmer.

Gemäß **§ 3 ArbZG** darf die **werktägliche Arbeitszeit** der Arbeitnehmer **acht Stunden** nicht überschreiten. Sie kann auf bis zu zehn Stunden nur verlängert werden, wenn innerhalb von sechs Kalendermonaten oder innerhalb von 24 Wochen im Durchschnitt acht Stunden werktäglich nicht überschritten werden.

Nach dem Arbeitszeitgesetz gilt damit noch die 48-Stunden-Woche, obwohl in vielen Tarifverträgen die Arbeitszeit auf weniger als 40 Stunden festgeschrieben ist.

Gemäß § 4 ArbZG ist die Arbeit durch im Voraus feststehende **Ruhepausen** von mindestens 30 Minuten bei einer **Arbeitszeit von mehr als sechs bis zu neun Stunden** und **45 Minuten** bei einer **Arbeitszeit von mehr als neun Stunden insgesamt** zu unterbrechen. Die Ruhepausen nach Satz 1 können in Zeitabschnitte von jeweils mindestens 15 Minuten aufgeteilt werden. Länger als sechs Stunden hintereinander dürfen Arbeitnehmer nicht ohne Ruhepause beschäftigt werden.

Nach Beendigung der täglichen Arbeitszeit müssen die Arbeitnehmer gem. **§ 5 ArbZG** eine **ununterbrochene Ruhezeit** von mindestens elf Stunden haben.

2.3.2 Bundesurlaubsgesetz

Auf der Grundlage des Bundesurlaubsgesetzes (BUrlG) hat **jeder Arbeitnehmer** nach dem Verstreichen einer Wartezeit von sechs Monaten bei Bestehen des Arbeitsverhältnisses einen **Anspruch auf bezahlten Erholungsurlaub**.

Der Urlaub wird nach Werktagen, nicht nach Arbeits- oder Kalendertagen, berechnet. Als Werktage gelten gem. § 3 Abs. 2 BUrlG alle Kalendertage, die nicht Sonn- oder gesetzliche Feiertage sind.

Das Bundesurlaubsgesetz geht damit für den **Mindesturlaub von 24 Werktagen von einer 6-Tage-Woche (Montag bis Samstag)** aus (§ 3 Abs. 1 BUrlG). Damit ergibt sich ein bezahlter Jahresurlaub von vier Wochen.

Bezogen auf eine **5-Tage-Woche** ergibt sich damit ein gesetzlicher Mindesturlaub von (24 Urlaubstage : 6 Tage · 5 Tage =) **20 Urlaubstagen**. Auch so ergibt sich dann ein bezahlter Jahresurlaub von vier Wochen.

Weiter ist der Urlaub gem. § 7 BUrlG zusammenhängend zu gewähren. Bei einem Urlaubsanspruch von mehr als zwölf Werktagen muss einer der Urlaubsteile mindestens zwölf aufeinanderfolgende Werktage umfassen.

2.3.3 Mutterschutzgesetz

Das **Mutterschutzgesetz** (MuSchG) **schützt** die **Gesundheit** der Frau und ihres Kindes **am Arbeits-, Ausbildungs- und Studienplatz während der Schwangerschaft, nach der Entbindung und in der Stillzeit**. Das Gesetz ermöglicht es der Frau, ihre Beschäftigung oder sonstige Tätigkeit in dieser Zeit ohne Gefährdung ihrer Gesundheit oder der ihres Kindes fortzusetzen und wirkt Benachteiligungen während der Schwangerschaft, nach der Entbindung und in der Stillzeit entgegen.

Der Arbeitgeber hat damit bestimmte Schutzpflichten gegenüber einer schwangeren Arbeitnehmerin zu erfüllen.

Das MuSchG zielt auf Gefahrenschutz, Kündigungsschutz und Entgeltschutz für die schwangere Arbeitnehmerin ab.

So darf der Arbeitgeber gem. § 3 Abs. 1 MuSchG eine schwangere Frau in den letzten **sechs Wochen vor der Entbindung** nicht beschäftigen (Schutzfrist vor der Entbindung), soweit sie sich nicht zur Arbeitsleistung ausdrücklich bereit erklärt (**relatives Beschäftigungsverbot**). Weiter darf der Arbeitgeber gem. § 3 Abs. 2 MuSchG eine Frau bis zum Ablauf von **acht Wochen nach der Entbindung** nicht beschäftigen (Schutzfrist nach der Entbindung; **absolutes Beschäftigungsverbot**).

Ferner ist die **Kündigung** gegenüber einer Frau während ihrer Schwangerschaft **gem. § 17 MuSchG unzulässig**, wenn dem Arbeitgeber zum Zeitpunkt der Kündigung die Schwangerschaft bekannt ist, oder wenn sie ihm innerhalb von zwei Wochen nach Zugang der Kündigung mitgeteilt wird.

Der Entgeltschutz wird über das **Mutterschaftsgeld** und den **Zuschuss zum Mutterschaftsgeld gem. §§ 19, 20 MuSchG** für die Zeiten während der Schutzfristen vor und nach der Entbindung gewährleistet.

3 Rechtliche Grundlagen des Wirtschaftens (Lernfeld 1)

3.1 Abgrenzung Öffentliches Recht/Privatrecht

Für die Abgrenzung zwischen öffentlichem und privatem Recht gibt es unterschiedliche Theorien. Hier erfolgt die Abgrenzung nach der sog. Subordinationstheorie (Über- und Unterordnung) wie folgt:

Abgrenzung	
Öffentliches Recht	**Privatrecht**
Es werden hauptsächlich die Rechtsverhältnisse zwischen dem Staat und den Bürgern und Bürgerinnen geregelt. Dabei ist der Staat diesen übergeordnet.	Es werden hauptsächlich die Rechtsverhältnisse zwischen den Bürgern und Bürgerinnen untereinander geregelt. Dabei stehen sich diese gleichberechtigt auf einer Ebene gegenüber.

Abgrenzung	
Öffentliches Recht	**Privatrecht**
Die Rechtsverhältnisse werden hauptsächlich einseitig durch Verwaltungsakt (§ 118 AO) bzw. Steuerbescheid (§ 155 AO) ausgestaltet.	Die Rechtsverhältnisse werden hauptsächlich gegenseitig durch Verträge (z. B. Kaufvertrag § 433 BGB) im Rahmen der Privatautonomie ausgestaltet.
Es stehen öffentliche Interessen, wie Bildung, Gesundheit, Wohlstand und Sicherheit im Vordergrund.	Es stehen die individuellen, persönlichen Interessen im Vordergrund (Ich will ...).

3.2 Steuern

▶ Zum Öffentlichen Recht gehört das Steuerrecht.

3.2.1 Rechtsquellen

Die Rechtsquellen des Steuerrechts ergeben sich aus den allgemeinen Steuergesetzen wie

- → Abgabenordnung (AO),
- → Bewertungsgesetz (BewG),
- → Finanzgerichtsordnung (FGO),

und aus den speziellen Steuergesetzen wie

- → Einkommensteuergesetz (EStG),
- → Körperschaftsteuergesetz (KStG),
- → Gewerbesteuergesetz (GewStG),
- → Umsatzsteuergesetz (UStG).

Die Steuergesetze binden, ebenso wie die auf der Grundlage der Steuergesetze von der Finanzverwaltung erlassenen (Durchführungs-)Verordnungen, alle, also den Staat als solchen, die Bürgerinnen und Bürger/Steuerpflichtigen und die Gerichte.

Hiervon zu unterscheiden sind die Richtlinien oder Erlasse als behördeninterne Dienstanweisungen. Diese binden nur die Finanzverwaltung oder dienen einer einheitlichen Rechtsanwendung.

Die Entscheidungen der Finanzgerichte binden grundsätzlich nur die streitenden Parteien, soweit über den Streitgegenstand entschieden wurde.

3.2.2 Einteilung der Steuern

Steuern können nach unterschiedlichen Kriterien eingeteilt werden:

- nach der Ertragshoheit in Gemeinschaft-, Bundes-, Landes- oder Gemeindesteuern (Art. 106 GG);
- nach der Überwälzbarkeit der Steuer in
  - direkte Steuern (z. B. Einkommensteuer, Körperschaftsteuer) oder
  - indirekte Steuern (z. B. Umsatzsteuer, Biersteuer, Versicherungsteuer, bei denen der Steuerschuldner und Steuerträger auseinanderfallen);
- nach dem Steuergegenstand in
  - Besitz- oder Personensteuern (z. B. Einkommensteuer),
  - Verbrauchsteuern (z. B. Tabaksteuer, Biersteuer),
  - Verkehrsteuern (Umsatzsteuer, Kraftfahrzeugsteuer, Grunderwerbsteuer),
  - Objekt-/Realsteuern (z. B. Gewerbesteuer, Grundsteuer).

3.3 Rechtssubjekte und Rechtsobjekte

Entsprechend der Funktionen des Rechts sollen die Rechtsnormen vor allem ein friedliches Zusammenleben der Rechtssubjekte ermöglichen.

3.3.1 Rechtssubjekte

Als Rechtssubjekte sind zu unterscheiden:

Rechtssubjekte	
Natürliche Personen	**Juristische Personen**
Menschen, wie du und ich	Gedachte Gebilde, die von der Rechtsordnung anerkannt sind; Summe von Personen und/oder Sachen, die sich zum Erreichen eines Zwecks zu einer rechtsfähigen Organisationseinheit zusammengeschlossen haben. → Juristische Personen des Öffentlichen Rechts: Steuerberaterkammer → Juristische Personen des Privatrechts: GmbH oder AG

▶ **Alle Rechtssubjekte sind rechtsfähig, also Träger von Rechten und Pflichten.**

Bei natürlichen Personen beginnt die Rechtsfähigkeit mit der Vollendung der Geburt und endet mit dem Tod.

Bei juristischen Personen des Öffentlichen Rechts beginnt die Rechtsfähigkeit mit ihrer Entstehung bzw. ihrer Genehmigung als staatlicher Akt.

Bei juristischen Personen des Privatrechts beginnt ihre Rechtsfähigkeit mit der Registereintragung und endet grundsätzlich mit der Löschung aus dem Register.

Juristische Personen handeln nicht selbst. Sie handeln durch ihre Organe; also z. B. durch die Person, die zum Geschäftsführer der GmbH bestellt wurde.

Natürliche Personen handeln grundsätzlich für sich selbst, also durch eigene Handlungen. Die Rechtswirksamkeit ihrer Handlungen ist dabei abhängig von ihrer Geschäftsfähigkeit.

Bei natürlichen Personen ist zwischen Rechtsfähigkeit und Geschäftsfähigkeit zu unterscheiden.

Geschäftsfähigkeit ist die Fähigkeit, durch eigene Handlungen bzw. Willenserklärungen Rechtsgeschäfte wirksam abzuschließen und zu gestalten.

In Bezug auf die Geschäftsfähigkeit ist zu unterscheiden:

Nicht geschäftsfähig	ab Vollendung der Geburt bis einschließlich 6. Lebensjahr; oder altersunabhängig, wenn nicht im Vollbesitz der geistigen Kräfte (§ 104 BGB)	Willenserklärung ist unwirksam (§ 105 BGB). Bei volljährigen Geschäftsunfähigen ist die Fiktion des § 105a BGB zu beachten.
Beschränkt Geschäftsfähig	ab vollendetem 7. Lebensjahr (§ 106 BGB)	Willenserklärung ist schwebend unwirksam; Ausnahmen: → lediglich rechtlich vorteilhaft (§ 107 BGB), → Taschengeld (§ 110 BGB), → Gewerbebetrieb (§ 112 BGB), → Dienst- o. Arbeitsverhältnis (§ 113 BGB).
(Voll) geschäftsfähig	ab vollendetem 18. Lebensjahr (§ 2 BGB)	Die Willenserklärung ist wirksam.

Beispiel: *Der voll geschäftsfähige Günter schließt mit dem Heinz einen Kaufvertrag wirksam ab. Nachdem Günter erkannt hatte, dass er von Heinz arglistig getäuscht wurde, ficht er den Vertrag an.*

3.3.2 Rechtsobjekte

Im Gegensatz zu Rechtssubjekten sind Rechtsobjekte nicht rechtsfähig. Sie können nur Gegenstand von Rechtsgeschäften sein und werden so z. B. aufgrund des Eigentums einem bestimmten Rechtssubjekt zugeordnet.

Als Rechtsobjekte sind zu unterscheiden:

- Sachen (§ 90 BGB)
  - bewegliche/unbewegliche Sachen
  - vertretbare Sachen (§ 91 BGB)/nicht vertretbare Sachen
- Tiere (§ 90a BGB),
- Rechte
  - absolute Rechte (z. B. Eigentum) oder
  - relative Rechte (z. B. der abtretbare Anspruch auf Zahlung des Kaufpreises).

3.4 Rechtsgeschäftslehre

Der Begriff des Rechtsgeschäfts wird im BGB selbst nicht definiert. Allgemein kann unter einem Rechtsgeschäft Folgendes verstanden werden:

Ein **Rechtsgeschäft beinhaltet eine** Willenserklärung (z. B. Kündigungserklärung) **oder mehrere Willenserklärungen** (z. B. Angebot und Annahme beim Vertragsabschluss), **die entweder allein oder in Verbindung mit anderen Tatbestandsmerkmalen** (z. B. Einigung und Übergabe bei der Übereignung gem. § 929 S. 1 BGB) **eine Rechtsfolge herbeiführen, weil sie von den Beteiligten gewollt ist** (z. B. Übertragung des Eigentums, Abschluss des Vertrages mit den daraus resultierenden Pflichten).

Rechtsgeschäfte kommen durch Willenserklärungen von Personen zustande.

Eine **Willenserklärung** wiederum beinhaltet den **Willen einer Peron und** die **Kundgabe,** also die Äußerung des Willens, mit der Absicht, eine Rechtsfolge herbeizuführen.

3.4.1 Einteilung der Rechtsgeschäfte

Von diesen Definitionen ausgehend, können Rechtsgeschäfte wie folgt eingeteilt werden:

- **Einseitige Rechtsgeschäfte** (kommen durch die Willenserklärung einer Person zustande):
  - **empfangsbedürftig** (erst wirksam, wenn die Willenserklärung dem Empfänger zugegangen ist; Beispiele: Kündigung, Vollmachtserteilung).

- **nicht empfangsbedürftig** (Abgabe der Willenserklärung reicht für Wirksamkeit aus; Beispiele: Testament, Auslobung, Eigentumsaufgabe/Dereliktion)

→ **Zwei- und mehrseitige Rechtsgeschäfte** (kommen durch die in Bezug aufeinander abgegebenen Willenserklärungen von mindestens zwei Personen zustande):
- **einseitig Verpflichtend** (Bürgschaft, Schenkung)
- **zweiseitig verpflichtend** (Kaufvertrag, Mietvertrag etc.)

Gerade bei den zweiseitig verpflichtenden Rechtsgeschäften können **aufgrund der vertraglichen Hauptpflichten** neben dem Kaufvertrag (§ 433 BGB) u. a. folgende **Vertragstypen** unterschieden werden:

→ **Mietvertrag** (§§ 535–580a BGB):
Überlassung der Mietsache **gegen Entgelt zum Gebrauch**

→ **Leihvertrag** (§§ 598–606 BGB):
unentgeltliche Überlassung der Leihsache

→ **Pachtvertrag** (§§ 581–597 BGB):
Überlassung der Pachtsache und deren Ertrag gegen Entgelt (ertragsbestimmt)

→ **(Sach-)Darlehn** (§§ 488–506, 607–609 BGB):
Vertretbare Sachen werden **zum Verbrauch überlassen**. Der Darlehnsnehmer hat neben dem Entgelt Sachen gleicher Art und Güte zurückzugewähren.

→ **Arbeits-/Dienstvertrag** (§§ 611–630 BGB):
Das **Wirken steht im Vordergrund**, der Dienstverpflichtete schuldet **nur eine Tätigkeit als solche**.

→ **Werkvertrag** (§§ 631–650 BGB):
Das **Werk steht im Vordergrund**. Es wird ein Erfolg, die Herstellung oder Reparatur einer Sache geschuldet.

3.4.2 Formvorschriften für Rechtsgeschäfte

▶ Rechtsgeschäfte sind grundsätzlich formfrei wirksam. Nur in Ausnahmefällen hat das Gesetz aus Gründen der Warn-, Schutz- und/oder Beweisfunktion eine bestimmte Form vorgeschrieben.

Es sind folgende **Formen** zu unterscheiden:

→ **Schriftform** (§ 126 BGB, Beispiel: Kündigung eines Arbeitsvertrages § 623 BGB),

→ elektronische Form (§ 126 Abs. 3 BGB, § 126a BGB),

- **Textform** (§ 126b BGB),
- **öffentlich beglaubigt** (§ 129 BGB, Echtheit der Unterschrift),
- **notariell beurkundet** (§ 128 BGB, Beispiel: Grundstückskaufvertrag § 311b BGB, Richtigkeit des Inhalts und Echtheit der Unterschrift)

3.4.3 Nichtigkeit von Rechtsgeschäften

Nichtige Rechtsgeschäfte sind von Anfang an ungültig/unwirksam.

Rechtsgeschäfte können aus folgenden Gründen nichtig sein:

- **Geschäftsunfähigkeit** (§ 105 Abs. 1 BGB),
- Willenserklärungen im Zustand der **Bewusstlosigkeit** oder **Geistesstörung** (§ 105 Abs. 2 BGB),
- **Scheingeschäft** (§ 117 BGB),
- **Scherzgeschäft** (§ 118 BGB),
- **Formmangel** (§ 125 BGB),
- Verstoß gegen ein **gesetzliches Verbot** (§ 134 BGB),
- Verstoß gegen die **guten Sitten**, **Wucher** (§ 138 BGB).

3.4.4 Anfechtbarkeit von Rechtsgeschäften

Anfechtbare Rechtsgeschäfte sind **zunächst wirksam. Erst durch die Anfechtung**, also die Anfechtungserklärung aufgrund eines Anfechtungsgrundes gegenüber dem Anfechtungsgegner innerhalb der Anfechtungsfrist, werden diese Rechtsgeschäfte **rückwirkend nichtig**/unwirksam.

Es sind folgende **Anfechtungsgründe** zu unterschieden:

- **Erklärungsirrtum** (§ 119 Abs. 1 BGB), z. B. Versprechen, Verschreiben;
- **Inhaltsirrtum** (§ 119 Abs. 1 BGB): Eine Erklärung mit diesem Inhalt/mit dieser Bedeutung sollte nicht abgegeben werden (Beispiel: Bei einer Auktion hebt jemand die Hand, um einen Bekannten zu begrüßen, und erhält aber den Zuschlag, da das Handheben mit der Abgabe eines Gebotes gelichgesetzt wurde.);
- **Eigenschaftsirrtum** (§ 119 Abs. 2 BGB): Die zugesicherten oder verkehrswesentlichen Eigenschaften einer Person, einer Sache liegen nicht vor;
- **arglistige Täuschung** (§ 123 BGB) und
- **widerrechtliche Drohung** (§ 123 BGB).

3.4.5 Verjährung

▶ Ansprüche, also das Recht von einem anderen ein Tun oder Unterlassen (z. B. die Zahlung des Kaufpreises) zu verlangen, unterliegen gem. § 194 BGB der Verjährung.

Rechtsfolge der Verjährung ist im BGB, also im Privatrecht, gem. § 214 BGB, dass der **Schuldner** nach Eintritt der Verjährung **berechtigt** ist, die **Leistung zu verweigern**. Dieses Recht tritt nicht von selbst ein, sondern muss vom Schuldner als **Einrede** geltend gemacht werden.

Die **Einrede der Verjährung** stellt so im **Privatrecht** ein **Gegenrecht** dar, **dass die Durchsetzbarkeit eines anderen Rechts verhindert, dieses Recht selbst aber nicht beseitigt**. So kann ein Schuldner gem. § 214 Abs. 2 BGB das zur Befriedigung eines verjährten Anspruchs Geleistete nicht zurückfordern, auch wenn er es in Unkenntnis der Verjährung geleistet hat. Der Schuldner muss sich also aktiv auf die Einrede der Verjährung berufen.

▶ Ganz anders ist die Rechtslage im Steuerrecht: Ansprüche des Staates auf eine Steuer sind gem. § 47 AO nach Eintritt der Festsetzungsverjährung erloschen. Zahlungen auf einen verjährten Steueranspruch sind damit zu erstatten.

Verjährungsfrist (Beginn und Dauer)

Im Privatrecht bestehen je nach Anspruch **unterschiedliche Verjährungsfristen**, also Zeiträume (**Fristdauer**), innerhalb derer die Verjährung eintritt. Ebenfalls gibt es unterschiedliche Zeitpunkte für den Verjährungsbeginn (**Fristbeginn**).

Verjährungsfrist (Dauer)	Art des Anspruches	Fristbeginn
2 Jahre	Gewährleistungsansprüche aus Kauf- oder Werkvertrag (§ 438, 634a Abs. 1 Nr. 1 BGB)	mit Entstehen des Anspruchs (Übergabe der Sache/Abnahme)
3 Jahre	regelmäßige Verjährung (§ 195 BGB); Beispiel: Kaufpreisforderung	mit Schuss des Jahres, in dem der Anspruch entstanden ist (§ 199 BGB)
5 Jahre	Gewährleistungsansprüche aus Baumängeln (§ 634a BGB)	mit Entstehung des Anspruches/Übergabe der Sache

Verjährungsfrist (Dauer)	Art des Anspruches	Fristbeginn
10 Jahre	bei Ansprüchen aus Grundstücken (§ 196 BGB)	mit Entstehung des Anspruchs, ab Fälligkeit
30 Jahre	rechtskräftig festgestellte Urteile (§ 196 Abs. 1 Nr. 3 BGB)	mit Rechtskraft der Entscheidung
	vollstreckbare Urkunden (§ 196 Abs. 1 Nr. 4 BGB)	mit Errichtung des vollstreckbaren Titels/ der Urkunde
	Ansprüche aufgrund eines Insolvenzverfahrens (§ 196 Abs. 1 Nr. 5 BGB)	mit Feststellung im Insolvenzverfahren

Hemmung der Verjährungsfrist

Bei der Hemmung der Verjährung wird der Lauf der Verjährungsfrist angehalten, also nicht in die Verjährungsfrist miteingerechnet (§ 209 BGB). Fällt der Grund der Hemmung weg, läuft die Verjährungsfrist weiter. Die Verjährungsfrist wird so um die Zeitspanne der Hemmung verlängert.

Gründe für eine Hemmung sind beispielsweise die Rechtsverfolgung gem. § 204 BGB durch

- Klagerhebung,
- Zustellung des Mahnbescheids im Mahnverfahren,
- Anmeldung des Anspruchs im Insolvenzverfahren.

In diesen Fällen endet die Hemmung gem. § 204 Abs. 2 BGB sechs Monate nach der rechtskräftigen Entscheidung.

▶ Für die Fristdauer gilt damit: ursprüngliche Verjährungsfrist + Hemmung.

Neubeginn der Verjährungsfrist

Die Verjährung beginnt gem. § 212 BGB erneut, wenn der Schuldner

- eine Abschlag- oder Zinszahlung leistet,
- eine Sicherheit leistet,
- um eine Stundung bittet und so den Anspruch anerkennt,
- in anderer Weise seine Schuld anerkennt oder
- eine gerichtliche oder behördliche Vollstreckungshandlung vorgenommen oder beantragt wird.

Beispiel: *Die Honorarforderung der Steuerberaterin Silber gegen den Mandanten Pfennig in Höhe von 3.000,00 € droht mit Ablauf des 31. Dezember 2024 zu verjähren. Am 15. Dezember 2024 leistet Pfennig eine Teilzahlung in Höhe von 500,00 €. Aufgrund der Teilzahlung vom 15. Dezember 2024 beginnt die dreijährige Verjährungsfrist erneut zu laufen und endet am 15. Dezember 2027 um 24:00 Uhr.*

3.4.6 Verpflichtungs- und Verfügungsgeschäft

Ausgehend von dem Aufbau des BGB als „Grundgesetz" des Privatrechts in fünf Bücher sind für das Verständnis von Verpflichtungs- und Verfügungsgeschäft die Inhalte des **zweiten** und des **dritten Buches** des BGB hervorzuheben.

Buch 2 des BGB regelt das **Recht der Schuldverhältnisse** (§§ 241–853 BGB). Diese Regelungen betreffen die **Rechtsbeziehungen zwischen Personen/Rechtsubjekten**. Diese Regelungen gliedern sich in das **allgemeine Schuldrecht** (§§ 241–432 BGB), also Regelungen die für alle Schuldverhältnisse gelten, und das **besondere Schuldrecht** (§§ 433–853 BGB), also Reglungen für besondere einzelne Schuldverhältnisse wie z. B. den **Kaufvertrag** (§§ 433 ff. BGB).

Durch den Abschluss des Kaufvertrages **verpflichtet** sich insbesondere der **Verkäufer,** den **Kaufgegenstand** frei von Sach- und Rechtsmängeln dem Käufer zu übergeben und **zu übereignen**.

▶ Durch den Vertragsabschluss, hier eines Kaufvertrages, entsteht also für den Verkäufer eine schuldrechtliche Verpflichtung. Deshalb wird bei dem **schuldrechtlichen Vertragsabschluss** auch von einem **Verpflichtungsgeschäft** gesprochen.

Buch 3 des BGB **Sachenrecht** regelt die **Rechtsbeziehungen zwischen Personen und Sachen** (§§ 854–1296 BGB). Das Sachenrecht umfasst insbesondere die Regelungen über **Besitz** als tatsächliche Herrschaft an einer Sache, **Eigentum** als rechtliche Herrschaft an einer Sache und **dinglichen Rechten**.

Hervorzuheben sind hier die Regelungen für die **rechtsgeschäftliche Übereignung von beweglichen Sachen**:

§ 929 S. 1 BGB	Einigung und Übergabe
§ 929 S. 2 BGB	Einigung (Erwerber ist bereits im Besitz der Sache)
Einigung und Übergabesurrogate (Ersetzung der Übergabe durch ...)	

§ 930 BGB	Einigung und Vereinbarung eines Besitzkonstitutes (Vereinbarung eines Rechtsverhältnisses vermöge dessen der Erwerber den mittelbaren Besitz erlangt)
§ 931 BGB	Einigung und Abtretung des Herausgabeanspruches

Da der Verkäufer durch den Abschluss des Kaufvertrages (Verpflichtungsgeschäft) verpflichtet ist, den Kaufgegenstand zu übereignen, **erfüllt der Verkäufer** diese Verpflichtung, indem er die **Kaufsache an den Käufer gem. § 929 S. 1–931 BGB übereignet**, also über den Kaufgegenstand sachenrechtlich verfügt.

▶ Deshalb wird im Zusammenhang mit der **sachrechtlichen Übereignung** auch von dem **Erfüllungs- oder Verfügungsgeschäft** gesprochen.

3.4.7 Zustandekommen von Verträgen

Verträge, z. B. ein Kaufvertrag, kommen durch **zwei übereinstimmende** in Bezug aufeinander abgegebene **Willenserklärungen** zustande. Dabei wird die zeitlich erste Willenserklärung als **Angebot** und die darauffolgende Willenserklärung als **Annahme** bezeichnet.

Angebot

Dabei ist ein Angebot nur dann **rechtswirksam**, wenn es an eine **bestimmte Person** gerichtet ist und **alle vertragswesentlichen Bestandteile** wie Art, Menge und Preis sowie ggf. Lieferbedingungen enthält.

▶ Das Angebot muss so klar und bestimmt formuliert sein, dass es durch ein bloßes „Ja" angenommen werden kann.

Keine Angebote sind dagegen **Schaufensterauslagen** oder Waren in einem **Prospekt**, sowie angebotene Speisen und Getränke in einer **Speisekarte**. Hierbei handelt es sich um die Aufforderung oder Einladung an den Kunden, selbst ein Angebot abzugeben (lat. invitatio ad offerendum).

Bindung an ein Angebot

Gemäß § 145 BGB ist der Antragende grundsätzlich an seinen Antrag/sein Angebot gebunden.

Allerdings **erlischt der Antrag**/das Angebot, wenn er/es dem Antragenden gegenüber

→ **abgelehnt** wird,
→ **nicht rechtzeitig** gem. § 147 BGB **angenommen** wird,

- die **Annahmefrist** gem. § 148 BGB abgelaufen ist oder
- der Antragende sein Angebot vor dessen Zugang oder gleichzeitig mit diesem gem. § 130 Abs. 1 BGB **widerrufen** hat.

Die **verspätete Annahme** eines Antrags gilt gem. § 150 BGB als **neuer Antrag.** Ebenso gilt eine Annahme unter Erweiterungen, Einschränkungen oder **sonstigen Änderungen** als **Ablehnung verbunden mit einem neuen Antrag.**

Freizeichnungsklauseln

Ein Verkäufer kann seine Bindung an das Angebot auch durch sog. Freizeichnungsklauseln in der Praxis einschränken.

Freizeichnungsklausel	Angebot	
	Ist **verbindlich** hinsichtlich:	Ist **unverbindlich** hinsichtlich:
solange der Vorrat reicht	Preis, Lieferzeit	Menge
freibleibend/ohne Gewähr	:/:	aller Bedingungen; kein Angebot
Preis freibleibend/Tagespreis	Lieferzeit, Menge	Preis
Lieferzeit freibleibend	Preis, Menge	Lieferzeit

4 Datenschutz und Datensicherheit (Lernfeld 1)

Aufgabe des **Datenschutzes** ist der Schutz personenbezogener Daten vor Missbrauch bei ihrer Erhebung, Speicherung, Verarbeitung und Löschung.

Personenbezogene Daten sind **Einzelinformationen** über persönliche und **sachliche Verhältnisse** einer **natürlichen Person**, die direkt zugeordnet werden können (z. B. Konfession, Familienstand, Gesundheitszustand, Einkommen etc.).

Datenschutz ist Schutz der Privatsphäre der Bürgerinnen und Bürger. Es werden Personen vor dem Missbrauch ihrer persönlichen Daten geschützt.

Seit dem 25. Mai 2018 gilt in allen Mitgliedstaaten der EU die Datenschutz-Grundverordnung (DSGVO). Diese gibt für den Datenschutz in Europa einheitliche Regelungen vor.

Auf nationaler Ebene gilt darüber hinaus das Bundesdatenschutzgesetz und auf der Ebene der Länder die Landesdatenschutzgesetze als allgemeine Datenschutzgesetze.

Als spezielle Datenschutzregelung im Steuerrecht ist insbesondere § 30 AO zu nennen, aber auch weitere Regelungen zum Datenzugriff der Finanzbehörden.

Datensicherheit ist demgegenüber die praktische Umsetzung des **Schutzes digitaler Informationen gegen unbefugten Zugriff, Beschädigung oder Diebstahl** während des gesamten Lebenszyklus.

Dieses geschieht insbesondere durch Backups, Verschlüsselung und die Verwendung von Passwörtern.

Die drei grundlegenden **Schutzziele der Datensicherheit** sind die **Vertraulichkeit**, **Integrität** und **Verfügbarkeit der Daten** jeglicher Art.

B

PRÜFUNGSBEREICH: STEUERERKLÄRUNGEN VORBEREITEN UND BUCHHALTUNGEN BEARBEITEN

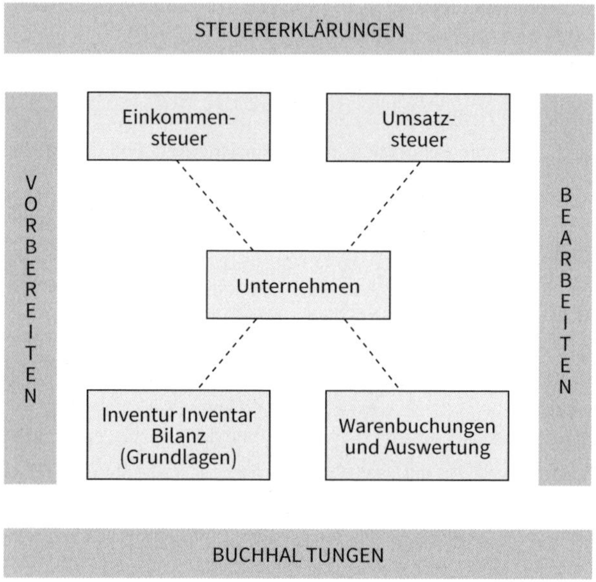

1 Einkommensteuer – Einkünfte aus nichtselbständiger Arbeit (bis zum zvE Lernfeld 4)

Mit der Einkommensteuer werden natürliche Personen unter Berücksichtigung ihrer Leistungsfähigkeit und Lebensumstände besteuert.

1.1 Allgemeines – Grundlagen zur Einkommensteuer

Die Einkommensteuer ist eine:

- **Besitzsteuer:** Bei der Berechnung der Besteuerungsgrundlage werden insbesondere die Einkünfte natürlicher Personen berücksichtigt.
- **Personensteuer:** Die wirtschaftliche Leistungsfähigkeit und die Lebensumstände der Steuerpflichtigen werden bei der Ermittlung der Besteuerungsgrundlage berücksichtigt.
- **Gemeinschaftsteuer:** Bund, Länder und Gemeinden sind an dem Aufkommen der Einkommensteuer beteiligt.
- **Nicht abzugsfähige Steuer:** Die Einkommensteuer ist bei der Gewinnermittlung nicht abzugsfähig.
- **Direkte Steuer:** Steuerträger und Steuerschuldner sind identisch.
- **Veranlagungsteuer:** Die Einkommensteuer wird grundsätzlich im Rahmen einer Veranlagung, also in einem förmlichen Verfahren ausgehend von einer Steuererklärung durch das zuständige Finanzamt mittels Steuerbescheid festgesetzt.
- **Ausnahmen:** Abzugs-/Abgeltungsteuer: Bei der Lohnsteuer als einer besonderen Erhebungsform der Einkommensteuer behält der Arbeitgeber für die Arbeitnehmerinnen und Arbeitnehmer die Steuern vom Lohn ein und führt diese an das Finanzamt ab. Entsprechendes gilt bei der Kapitalertragsteuer (KapESt).

Rechtsgrundlagen *sind*:

- Einkommensteuergesetz (EStG)
- Einkommensteuerdurchführungsverordnung (EStDV)
- Abgabenordnung (AO)

Weiter behandelt die **Einkommensteuer-Richtlinie** Zweifels- und Auslegungsfragen von allgemeiner Bedeutung, die lediglich die Finanzbehörden mit der Zielsetzung einer einheitlichen Rechtsanwendung binden.

Örtlich zuständig für die Besteuerung natürlicher Personen nach dem Einkommen ist gem. § 19 AO das Finanzamt, in dessen Bezirk die steuerpflichtige Person ihren Wohnsitz oder in Ermangelung eines Wohnsitzes ihren gewöhnlichen Aufenthalt hat (Wohnsitzfinanzamt).

Etwas anderes gilt gem. § 18 AO i. V. m. § 180 AO im Rahmen der **einheitlichen und gesonderten Feststellung**, wenn mehrere Personen an den Einkünften beteiligt sind und diesen für die Zwecke der Besteuerung die Einkünfte zuzurechnen sind.

1.2 Persönliche Einkommensteuerpflicht (§ 1 EStG)

Die persönliche Einkommensteuerpflicht gem. § 1 EStG gibt Antwort auf die Frage: **WER** wird mit der Einkommensteuer besteuert?

Dabei ist zu unterscheiden zwischen der
- unbeschränkten Einkommensteuerpflicht und der
- beschränkten Einkommensteuerpflicht.

1.2.1 Unbeschränkte Einkommensteuerpflicht

Bei der unbeschränkten Einkommensteuerpflicht ist weiter zu unterscheiden zwischen:
- unbeschränkte Einkommensteuerpflicht gem. § 1 Abs. 1 S. 1 EStG,
- erweiterte unbeschränkte Einkommensteuerpflicht gem. § 1 Abs. 2 EStG und
- unbeschränkte Einkommensteuerpflicht auf Antrag gem. § 1 Abs. 3 EStG.

Unbeschränkte Einkommensteuerpflicht gem. § 1 Abs. 1 S. 1 EStG

Unbeschränkt einkommensteuerpflichtig sind gem. § 1 Abs. 1 S. 1 EStG
- alle natürlichen Personen, die
- im Inland (siehe § 1 Abs. 1 S. 2 EStG)
- einen Wohnsitz (siehe § 8 AO) oder
- gewöhnlichen Aufenthalt (siehe § 9 AO)

haben.

Für die Frage nach der unbeschränkten Einkommensteuerpflicht gem. § 1 Abs. 1 S. 1 EStG sind das **Alter**, das **Geschlecht**, die **Staatszugehörigkeit**, der **Familienstand** oder das **Vorhandensein von Einkünften ohne Bedeutung**. Diese Umstände gehören nicht zu den Tatbestandsmerkmalen.

Erweiterte unbeschränkte Einkommensteuerpflicht

Die unbeschränkte Einkommensteuerpflicht wird durch § 1 Abs. 2 EStG auf sog. „Auslands-Deutsche" erweitert. Denn gem. § 1 Abs. 2 EStG sind unbeschränkt einkommensteuerpflichtig:

- → deutsche Staatsangehörige,
- → die im Inland weder einen Wohnsitz noch ihren gewöhnlichen Aufenthalt haben, und
- → zu einer inländischen juristischen Person des öffentlichen Rechts in einem Dienstverhältnis stehen und dafür Arbeitslohn aus einer inländischen öffentlichen Kasse beziehen.

Dies gilt gem. § 1 Abs. 2 S. 2 EStG nur für natürliche Personen, die in dem Staat, in dem sie ihren Wohnsitz oder ihren gewöhnlichen Aufenthalt haben, lediglich in einem der beschränkten Einkommensteuerpflicht ähnlichen Umfang zu einer Steuer vom Einkommen herangezogen werden.

Unbeschränkte Einkommensteuerpflicht auf Antrag

Die unbeschränkte Einkommensteuerpflicht auf Antrag liegt nach § 1 Abs. 3 EStG vor, wenn folgende Voraussetzungen erfüllt sind:

1. Antrag
2. Einkünfte im Kalenderjahr
   a) unterliegen zu mindestens 90 % der deutschen Einkommensteuer oder
   b) die nicht der deutschen Einkommensteuer unterliegenden Einkünfte übersteigen nicht den Grundfreibetrag nach § 32a Abs. 1 S. 2 Nr. 1 EStG
3. Höhe der nicht der deutschen Einkommensteuer unterliegenden Einkünfte wird durch eine Bescheinigung der ausländischen Steuerbehörde nachgewiesen

Die unbeschränkte Einkommensteuerpflicht auf Antrag gilt in der Regel für sog. Grenzpendler.

1.2.2 Beschränkte Einkommensteuerpflicht

Beschränkt einkommensteuerpflichtig sind

- → natürliche Personen,
- → die im Inland weder einen
- → Wohnsitz noch ihren gewöhnlichen Aufenthalt haben,
- → jedoch inländische Einkünfte i. S. d. § 49 erzielen (§ 1 Abs. 4 EStG).

Rechtsfolge der beschränkten Einkommensteuerpflicht ist, dass nur die inländischen Einkünfte i. S. d. § 49 EStG der Einkommensteuer unterliegen.

1.3 Sachliche Einkommensteuerpflicht (§ 2 EStG)

- Die sachliche Einkommensteuerpflicht gem. § 2 EStG beantwortet die Frage: **WAS** wird mit der Einkommensteuer besteuert?

- § 2 EStG ist der rote Faden durch die Einkommensteuer.

Bemessungsgrundlage für die Einkommensteuer, also das, WAS mit der Einkommensteuer besteuert wird, ist gem. § 2 Abs. 5 EStG das **zu versteuernde Einkommen**.

Prüfungsschema

Was das zu versteuernde Einkommen ist und wie dieses zu berechnen ist, bestimmt § 2 EStG wie folgt:

Gewinneinkünfte
(Einkünfte → der Gewinn, § 2 Abs. 2 Nr. 1 EStG)

1. Einkünfte aus Land- und Forstwirtschaft
   (§ 2 Abs. 1 Nr. 1 EStG i. V. m. § 13 EStG)
2. Einkünfte aus Gewerbebetrieb
   (§ 2 Abs. 1 Nr. 2 EStG i. V. m. § 15 EStG)
3. Einkünfte aus selbstständiger Arbeit
   (§ 2 Abs. 1 EStG i. V. m. § 18 EStG)

Überschusseinkünfte
(Einkünfte → der Überschuss der Einnahmen (§ 8 EStG über die Werbungskosten §§ 9, 9a EStG; § 2 Abs. 2 Nr. 2 EStG)

4. Einkünfte aus nichtselbstständiger Arbeit
   (§ 2 Abs. 1 Nr. 4 EStG i. V. m. § 19 EStG)
5. Einkünfte aus Kapitalvermögen
   (§ 2 Abs. 1 Nr. 5 EStG i. V. m. § 20 EStG; aber gesonderter Steuertarif gem. § 32d EStG, daher sog. Schedulenbesteuerung)
6. Einkünfte aus Vermietung und Verpachtung
   (§ 2 Abs. 1 Nr. 6 EStG i. V. m. § 21 EStG)
7. Sonstige Einkünfte
   (§ 2 Abs. 1 Nr. 7 EStG i. V. m. §§ 22, 23 EStG)

= **Summe der Einkünfte**
– Altersentlastungsbetrag (§ 24a EStG)
– Entlastungsbetrag für Alleinerziehende (§ 24b EStG)
– Entlastungsbetrag für Land- und Forstwirte (§ 13 Abs. 3 EStG)

= **Gesamtbetrag der Einkünfte (§ 2 Abs. 3 EStG)**
– Verlustabzug (§ 10d EStG)
– Sonderausgaben (§§ 10, 10a, 10b, 10c EStG)

– außergewöhnliche Belastungen (§§ 33, 33a, 33b EStG) + Erstattungsüberhang (§ 10 Abs. 4b S. 3 EStG)
= **Einkommen (§ 2 Abs. 4 EStG)** – Freibeträge für Kinder (§§ 31, 32 Abs. 6 EStG) – Härteausgleich (§ 46 Abs. 3 EStG, § 70 EStDV)
= **zu versteuerndes Einkommen**

▶ Das zu versteuernde Einkommen ist die Bemessungsgrundlage für die tarifliche Einkommensteuer.

1.4 Einkünfte aus nichtselbstständiger Arbeit

Einkünfte aus nichtselbstständiger Arbeit gem. 19 EStG zählen zu den Überschusseinkünften i. S. d. § 2 Abs. 2 Nr. 2 EStG und werden von Arbeitnehmerinnen und Arbeitnehmern bezogen.

▶ Arbeitnehmerinnen und Arbeitnehmer sind gem. § 1 Abs. 1 S. 1 LStDV Personen, die in öffentlichem oder privatem Dienst angestellt oder beschäftigt sind oder waren und **die aus diesem** Dienstverhältnis **oder einem früheren Dienstverhältnis Arbeitslohn beziehen.**

1.4.1 Allgemein zu den Überschusseinkünften

Bei den **Überschusseinkünften** ganz allgemein sind gem. § 2 Abs. 2 Nr. 2 EStG Einkünfte der Überschuss der **Einnahmen** (§ 8 EStG) über die **Werbungskosten** (§§ 9, 9a EStG).

Einnahmen

Einnahmen sind gem. § 8 EStG alle Güter, die in Geld oder Geldeswert bestehen und dem Steuerpflichtigen im Rahmen einer der Einkunftsarten des § 2 Abs. 1 S. 1 Nr. 4–7 zufließen.

Einnahmen, die nicht in Geld bestehen (**Wohnung, Kost, Waren, Dienstleistungen und sonstige Sachbezüge**) sind grundsätzlich mit den um übliche Preisnachlässe geminderten üblichen Endpreisen am Abgabeort gem. § 8 Abs. 2 S. 1 EStG anzusetzen. Der Ansatz des Sachbezugs für eine Mitarbeiterwohnung zu eigenen Wohnzwecken unterbleibt allerdings gem. § 8 Abs. 2 S. 12 EStG, soweit das vom Arbeitnehmer bzw. von der Arbeitnehmerin gezahlte Entgelt mindestens zwei Drittel des üblichen Mietwerts und dieser nicht mehr als 25,00 € je Quadratmeter ohne umlagefähige Kosten i. S. d. Verordnung über die Aufstellung von Betriebskosten beträgt.

Sachbezüge bleiben weiter außer Ansatz, wenn sie 50,00 € im Kalendermonat nicht übersteigen (Freigrenze – § 8 Abs. 2 S. 11 EStG).

Nicht steuerbare Einnahmen

Einnahmen, die zu einer der sieben Einkunftsarten gehören, sind steuerbar. **Einnahmen, die in keinem Zusammenhang mit einer der sieben Einkunftsarten stehen, sind nicht steuerbar.** Dazu gehören z. B. Erbschaften, Streikunterstützungen, Glücksspielgewinne/Lottogewinne als solche.

Steuerfreie Einnahmen

Aus wirtschafts- und sozialpolitischen Gründen hat der Gesetzgeber eine ganze Reihe von steuerbaren Einnahmen von der Einkommensteuer freigestellt. Dazu gehören z. B.:

- **Leistungen aus einer Krankenversicherung, Pflegeversicherung, gesetzlichen Unfallversicherung,** z. B. Renten aus den Berufsgenossenschaften (§ 3 Nr. 1a EStG);
- **Mutterschaftsgeld** (§ 3 Nr. 1d EStG);
- **Arbeitslosengeld**, Kurzarbeitergeld, Schlechtwettergeld, Arbeitslosenhilfe, Zuschuss zum Arbeitsentgelt, Unterhaltsgeld, Existenzgründerzuschuss (§ 3 Nr. 2 EStG);
- **Kindergeld** (§ 3 Nr. 24 EStG);
- Aufwandsentschädigung für bestimmte nebenberufliche Tätigkeiten, soweit sie den Freibetrag von 3.000,00 € nicht übersteigen (§ 3 Nr. 26 EStG), sog. **Übungsleiterfreibetrag**;
- zusätzlich zum Arbeitslohn erbrachte **Leistungen des Arbeitgebers zur Unterbringung und Betreuung von nicht schulpflichtigen Kindern der Arbeitnehmer/-innen in Kindergärten** oder vergleichbaren Einrichtungen (§ 3 Nr. 33 EStG);
- **Trinkgelder** (§ 3 Nr. 51 EStG);
- Zuschläge für **Sonntags-, Feiertags- oder Nachtarbeit** (§ 3b EStG).

Werbungskosten

Werbungskosten sind gem. § 9 Abs. 1 S. 1 EStG **Aufwendungen zur Erwerbung, Sicherung** und **Erhaltung der Einnahmen**.

Die Werbungskosten sind bei der Einkunftsart abzuziehen, bei der sie erwachsen sind (§ 9 Abs. 1 S. 2 EStG).

In § 9 Abs. 1 S. 3 EStG werden beispielhaft typische Werbungskosten aufgezählt, die immer wieder vorkommen. Diese Aufzählung ist aber keineswegs abschließend, sodass alle Aufwendungen, die die Voraussetzungen der Generalklausel des § 9 Abs. 1 S. 1 EStG erfüllen, als Werbungskosten abgezogen werden können.

Kosten der allgemeinen/privaten Lebensführung (§ 12 EStG)

Kosten der allgemeinen/privaten Lebensführung dürfen gem. § 12 EStG weder bei den einzelnen Einkunftsarten noch vom Gesamtbetrag der Einkünfte abgezogen werden.

Zu den typischen Kosten der privaten Lebensführung gehören z. B.:

- die für den Haushalt der steuerpflichtigen Person und für den Unterhalt ihrer Familienangehörigen aufgewendeten Beträge (§ 12 Nr. 1 EStG), z. B. **Ernährung, Kleidung, Wohnung;**
- Aufwendungen für die Lebensführung, die die wirtschaftliche oder gesellschaftliche Stellung des bzw. der Steuerpflichtigen mit sich bringt, auch wenn sie zur Förderung des Berufs oder der Tätigkeit des oder der Steuerpflichtigen erfolgen (§ 12 Nr. 1 S. 2 EStG), sog. **Repräsentationsaufwendungen**:
- **Privatsteuern**, Umsatzsteuer für Umsätze, die Entnahmen sind. Vorsteuerbeträge auf Aufwendungen, für die das Abzugsverbot gilt. Das gilt auch für die auf diese Steuern entfallenden Nebenleistungen, z. B. **Säumniszuschläge, Stundungszinsen** (§ 12 Nr. 3 EStG);
- **Geldstrafen, Geldbußen** (§ 12 Nr. 4 EStG).

Zufluss-/Abfluss-Prinzip (§ 11 EStG)

Für die zeitliche Zurechnung von Einnahmen und Ausgaben gilt grundsätzlich das Zu- und Abflussprinzip des § 11 EStG.

Für das Zu- und Abflussprinzip gilt grundsätzlich Folgendes:

- Einnahmen sind innerhalb des Kalenderjahres bezogen, in dem sie dem Steuerpflichtigen zugeflossen sind (§ 11 Abs. 1 S. 1 EStG).
- Ausgaben sind für das Kalenderjahr abzusetzen, in dem sie geleistet worden sind (§ 11 Abs. 2 S. 1 EStG).

Es kommt **grundsätzlich** nicht darauf an, zu welchem Kalenderjahr eine Einnahme oder Ausgabe gehört; **entscheidend** ist der **Zeitpunkt des Zu- oder Abflusses.**

Allerdings sind folgende **Ausnahmen vom Zufluss-/Abfluss-Prinzip** zu beachten:

- **Sparbuchzinsen:** Sie gelten immer am 31. Dezember des jeweiligen Jahres als zugeflossen, und zwar unabhängig davon, wann der oder die Steuerpflichtige die Zinsen in sein bzw. ihr Sparbuch eintragen lässt. Es gilt insoweit das Prinzip der wirtschaftlichen Zugehörigkeit.

- **Einnahmen aus nichtselbstständiger Arbeit:** Es gelten die Spezialregelungen des § 38a Abs. 1 und § 40 Abs. 3 S. 2 EStG (§ 11 Abs. 1 S. 4 EStG).

- Regelmäßig wiederkehrende Einnahmen und Ausgaben innerhalb kurzer Zeit (**10-Tage-Regel**): Es handelt sich dabei um Einnahmen und Ausgaben, die ständig in gleicher Art und in etwa gleichbleibender Höhe wiederkehren (z. B. Miete, Schuldzinsen, Versicherungsbeiträge); Zahlung und Fälligkeit liegen innerhalb von zehn Tagen vor Beginn oder nach Beendigung des Kalenderjahres.

- Ein **markübliches Damnum oder Disagio** ist gem. § 1 Abs. 2 S. 4 EStG nicht abzugrenzen.

1.4.2 Einnahmen in Bezug auf Einkünfte aus nichtselbstständiger Arbeit

Bei den Einnahmen in Bezug auf Einkünfte aus nichtselbstständiger Arbeit handelt es sich um Arbeitslohn.

- Zum Arbeitslohn gehören alle Einnahmen, die den Arbeitnehmerinnen und Arbeitnehmern aus dem Dienstverhältnis zufließen. Dabei ist es unerheblich, unter welcher Bezeichnung oder in welcher Form die Einnahmen gewährt werden (§ 2 Abs. 1 LStDV).

Es ist zu unterscheiden zwischen
- Einnahmen aus einem **gegenwärtigen Dienstverhältnis** (§ 19 Abs. 1 EStG und
- steuerbegünstigten Einnahmen aus einem **früheren Dienstverhältnis** (Versorgungsbezüge, § 19 Abs. 2 EStG).

Einnahmen aus einem gegenwärtigen Dienstverhältnis (§ 19 Abs. 1 EStG)

Zu den Einnahmen aus einem **gegenwärtigen Dienstverhältnis** zählen insbesondere
- Bruttogehalt oder Bruttolohn,
- Gratifikationen und Tantiemen sowie
- andere Bezüge und (geldwerte) Vorteile.

Als andere Bezüge und geldwerte Vorteile sollten bekannt sein:
- die verbilligte **Überlassung von Wohnraum**,
- die **Pkw-Gestellung** nach der 1%-Methode oder dem Fahrtenbuch,
- der **Arbeitnehmer-Rabatt** (§ 8 Abs. 3 EStG).

Nicht zum **Arbeitslohn** gehören:
- steuerfreie Einnahmen i. S. d. § 3 EStG
- **Renten aus der gesetzlichen Rentenversicherung.** Es handelt sich um sonstige Einkünfte i. S. d. § 22 EStG.
- übliche Zuwendungen bei **Betriebsveranstaltungen** bis zu einem Freibetrag von 110,00 € je teilnehmendem/-r Arbeitnehmer/-in (§ 19 Abs. 1 S. 1 Nr. 1a EStG).
- übliche **Aufmerksamkeiten** in Form von Sachzuwendungen (z. B. Blumen, Pralinen, Bücher) bis zu einer Freigrenze von 60,00 €. Geldzuwendungen gehören stets zum Arbeitslohn, auch wenn ihr Wert gering ist (R 19.6 LStR).

Verbilligte Überlassung von Wohnraum

Bei der Überlassung einer Wohnung zu Wohnzwecken ist der geldwerte Vorteil grundsätzlich durch den **ortsüblichen Mietwert** zu bestimmen.

Allerdings ist der Ansatz eines Sachbezugs für eine den Arbeitnehmerinnen und Arbeitnehmern vom Arbeitgeber zu eigenen Wohnzwecken überlassene Wohnung in der Einkommensteuer gem. **§ 8 Abs. 2 S. 12 EStG steuerfrei,** soweit
- das von Arbeitnehmerinnen und Arbeitnehmern gezahlte **Entgelt mindestens zwei Drittel des ortsüblichen Mietwerts zuzüglich Nebenkosten** und
- der Mietwert **nicht mehr als 25,00 € je Quadratmeter** ohne umlagefähige Kosten beträgt.

▶ Bei der Ermittlung des geldwerten Vorteils der verbilligten Überlassung an Arbeitnehmerinnen und Arbeitnehmer wird der ortsübliche Mietwert zuzüglich Nebenkosten somit um ein Drittel vermindert. Der **Bewertungsabschlag** hat somit den **Charakter eines Freibetrags**, der vom ortsüblichen Mietwert einschließlich Nebenkosten abgezogen wird.

Pkw-Gestellung nach der 1%-Methode

Überlässt der Arbeitgeber einer Arbeitnehmerin bzw. einem Arbeitnehmer ein Kraftfahrzeug unentgeltlich zur privaten Nutzung, so wird dieser geldwerte Vorteil entweder
- **pauschal** nach der **1%-Methode** oder

- nach den **tatsächlichen Kosten** für die private Nutzung **auf der Grundlage eines ordnungsgemäß geführten Fahrtenbuches**

bewertet.

Bei der pauschalen Bewertung wird unabhängig von den tatsächlichen Kosten für die private Nutzung gem. § 8 Abs. 2 S. 2 EStG i. V. m. § 6 Abs. 1 Nr. 4 S. 2 EStG je Monat der Nutzung auf 1 % des auf volle 100,00 € abgerundeten Brutto-Listenpreises zum Zeitpunkt der Erstzulassung abgestellt.

Der Brutto-Listenpreis ist – auch bei gebraucht erworbenen oder geleasten Fahrzeugen – die unverbindliche Preisempfehlung des Herstellers für das Kraftfahrzeug im Zeitpunkt der Erstzulassung einschließlich der Zuschläge für Sonderausstattungen und der Umsatzsteuer.

Benutzt die Arbeitnehmerin bzw. der Arbeitnehmer das Kraftfahrzeug auch für Fahrten zwischen Wohnung und erster Tätigkeitsstätte, sind monatlich 0,03 % des auf volle 100,00 € abgerundeten Brutto-Listenpreises zum Zeitpunkt der Erstzulassung für jeden Entfernungskilometer gem. § 8 Abs. 2 S. 3 EStG anzusetzen.

Arbeitnehmerrabatt (§ 8 Abs. 3 EStG)

Erhalten Arbeitnehmerinnen bzw. Arbeitnehmer aufgrund ihres Dienstverhältnisses Waren oder Dienstleistungen, die vom Arbeitgeber nicht überwiegend für den Bedarf seiner Beschäftigten hergestellt, vertrieben oder erbracht werden, so gelten als deren Werte die **um 4 % geminderten Endpreise,** zu denen der Arbeitgeber die Waren oder Dienstleistungen fremden Letztverbrauchern im allgemeinen Geschäftsverkehr anbietet. Die sich **nach Abzug der von dem oder der Beschäftigten gezahlten Entgelte ergebenden Vorteile** sind **steuerfrei, soweit** sie aus dem Dienstverhältnis insgesamt **1.080,00 € im Kalenderjahr nicht übersteigen**.

Steuerbegünstigte Einnahmen aus einem früheren Dienstverhältnis (Versorgungsbezüge – § 19 Abs. 2 EStG)

Zu den steuerbegünstigten Einnahmen aus einem früheren Dienstverhältnis zählen insbesondere:

- Wartegelder,
- Ruhegelder (Beamtenpensionen),
- Witwen- und Waisengelder.

▶ Von Versorgungsbezügen bleiben gem. § 19 Abs. 2 EStG ein Versorgungsfreibetrag und ein Zuschlag zum Versorgungsfreibetrag in einer bestimmten Höhe steuerfrei.

Der beim Beginn des Versorgungsbezugs maßgebliche Prozentsatz des Versorgungsfreibetrags, der entsprechende Höchstbetrag sowie der Zuschlag zum Versorgungsfreibetrag ergeben sich unmittelbar aus der Tabelle in § 19 Abs. 2 EStG.

Bemessungsgrundlage für die Ermittlung des Versorgungsfreibetrags ist das Zwölffache des Versorgungsbezugs für den ersten vollen Monat. Der Betrag ist zu erhöhen um voraussichtliche Sonderzahlungen im Kalenderjahr, auf die zu dem maßgebenden Zeitpunkt (Beginn des Versorgungsbezugs) ein Rechtsanspruch besteht (§ 19 Abs. 2 S. 4 EStG).

Für jeden vollen Kalendermonat, für den keine Versorgungsbezüge gezahlt werden, ermäßigen sich der Versorgungsfreibetrag und der Zuschlag zum Versorgungsfreibetrag in diesem Kalenderjahr um je ein Zwölftel (§ 19 Abs. 2 S. 12 EStG).

1.4.3 Typische Werbungskosten in Bezug auf Einkünfte aus nichtselbstständiger Arbeit

Von den steuerpflichtigen Einnahmen sind die Werbungskosten abzuziehen.

Wenn nicht höhere Werbungskosten nachgewiesen werden, wird bei der Ermittlung der Einkünfte aus nichtselbstständiger Arbeit ein (Arbeitnehmer-) Pauschbetrag abgezogen.

Es sind gem. § 9a S. 1 Nr. 1 EStG abzuziehen:
- ein **(Arbeitnehmer-)Pauschbetrag von 1.230,00 €**, sofern keine Versorgungsbezüge i. S. des § 19 Abs. 2 EStG erzielt worden sind,
  oder
- ein **Pauschbetrag** von **102,00 €**, soweit es sich um **Versorgungsbezüge** i. S. des § 19 Abs. 2 EStG handelt.

Als typische Werbungskosten sollten bekannt sein und ggf. berechnet werden können:
- Entfernungspauschale,
- häusliches Arbeitszimmer,
- Homeoffice-Pauschale,
- Arbeitsmittel i. S. d. § 9 Abs. 1 Nr. 6 EStG,
- beruflich bedingte Umzugskosten,
- Kosten der doppelten Haushaltsführung,
- Reisekosten,
- Fortbildungskosten,
- Bewerbungskosten,
- Gewerkschaftsbeiträge,
- Kontoführungsgebühren,
- anteilige Steuerberatungskosten.

1.5 Entlastungsbetrag für Alleinerziehende

Von der Summe der Einkünfte (hier bestehend aus den Einkünften aus nichtselbstständiger Arbeit) werden dann bestimmte Entlastungsbeträge, wie der Altersentlastungsbetrag (§ 24a EStG), der Entlastungsbetrag für Alleinerziehende (§ 24b EStG) oder der Entlastungsbetrag für Land- und Forstwirte abgezogen, um den Gesamtbetrag der Einkünfte gem. § 2 Abs. 3 EStG zu ermitteln.

Entsprechend dem für die Zwischenprüfung relevanten Lernfeld geht es hier um den Entlastungsbetrag für Alleinerziehende gem. § 24b EStG.

Dabei gilt:

Der Entlastungsbetrag steht nur alleinstehenden Steuerpflichtigen (= „echte" allein Erziehende) zu. Als alleinstehend gelten nach § 24b Abs. 3 EStG nur Steuerpflichtige, die

- nicht die Voraussetzungen für die Anwendung des Splitting-Verfahrens erfüllen oder verwitwet sind und
- keine Haushaltsgemeinschaft mit einer anderen volljährigen Person bilden, es sei denn, für diese steht ihnen ein Freibetrag nach § 32 Abs. 6 EStG oder Kindergeld zu oder es handelt sich um ein Kind i. S. d. § 63 Abs. 1 S. 1 EStG, das den Dienst nach § 32 Abs. 5 EStG leistet.

Ist eine andere Person mit Haupt- oder Nebenwohnsitz in der Wohnung des oder der Steuerpflichtigen gemeldet, wird nach § 24b Abs. 3 S. 2 EStG vermutet, dass sie mit dem oder der Steuerpflichtigen gemeinsam wirtschaftet und damit eine Haushaltsgemeinschaft bildet. Der Entlastungsbetrag für Alleinerziehende scheidet dann aus, soweit diese Vermutung nicht widerlegt wird.

Der Entlastungsbetrag beträgt gem. § 24b Abs. 2 EStG im Kalenderjahr 4.260,00 €. Für jedes weitere Kind erhöht sich dieser Betrag um 240,00 €.

Gemäß § 24b Abs. 4 EStG ist zu beachten, dass sich für jeden vollen Kalendermonat, in dem die Voraussetzungen nicht vorgelegen haben, der Entlastungsbetrag um ein Zwölftel ermäßigt.

1.6 Sonderausgaben

Sonderausgaben sind die in den §§ 10 ff. EStG einzeln aufgeführten Aufwendungen der privaten Lebensführung, die aus wirtschafts- und sozialpolitischen Gründen vom Gesamtbetrag der Einkünfte abgezogen werden dürfen, sofern sie weder den Betriebsausgaben noch den Werbungskosten zuzuordnen sind, noch wie solche behandelt werden.

Aufgrund des Zufluss-/Abfluss-Prinzips gem. § 11 EStG sind die Aufwendungen in dem VZ als Sonderausgaben abzuziehen, in dem sie geleistet worden sind.

Im Hinblick auf die steuerliche Auswirkung können die Sonderausgaben wie folgt eingeteilt werden:
- Altersvorsorgeaufwendungen,
- sonstige Vorsorgeaufwendungen,
- übrige Sonderausgaben.

1.6.1 Altersvorsorgeaufwendungen

Zu den begünstigten Altersvorsorgeaufwendungen gehören gem. § 10 Abs. 1 Nr. 2 EStG die Beiträge zu den
- gesetzlichen Rentenversicherungen,
- landwirtschaftlichen Alterskassen,
- berufsständischen Versorgungseinrichtungen (z. B. Versorgungswerke der Steuerberater, Rechtsanwälte und Ärzte),
- kapitalgedeckten privaten Leibrentenversicherungen („Rürup-Rente“; § 10 Abs. 1 Nr. 2 Buchst. b EStG).

Nicht zu den begünstigten Vorsorgeprodukten gehören grundsätzlich Kapitallebensversicherungen. Beiträge zugunsten von Kapitallebensversicherungsverträgen, die vor dem 1. Januar 2005 abgeschlossen wurden und bei denen bereits ein entsprechender Versicherungsbeitrag bis zum 31. Dezember 2005 geleistet worden ist, werden als sonstige Vorsorgeaufwendungen anerkannt (§ 10 Abs. 1 Nr. 3a EStG).

Die **Altersvorsorgeaufwendungen** sind nach § 10 Abs. 3 S. 1 und 6 EStG **ab VZ 2023 zu 100 %** bis zu dem **Höchstbeitrag** zur knappschaftlichen Rentenversicherung, aufgerundet auf einen vollen Betrag in Euro, zu berücksichtigen.

Der Höchstbetrag zur knappschaftlichen Rentenversicherung ergibt sich anhand des Beitragssatzes (VZ 2023: 24,7 %) und der Beitragsbemessungsgrenze (VZ 2023: 107.400,00 €).

Das sind im VZ 2023: 107.400,00 € · 24,7 % = aufgerundet **26.528,00 €. Bei zusammenveranlagten Ehegatten** verdoppelt sich der Höchstbetrag auf **53.056,00 €**.

Bei **Beamtinnen und Beamten** und anderen Steuerpflichtigen, die einen Anspruch auf eine Altersversorgung ganz oder teilweise ohne eigene Beitragsleistung erwerben, wird der Höchstbetrag um einen fiktiven Gesamtversicherungsbeitrag gekürzt, der bezogen auf die Einnahmen aus der betreffenden Tätigkeit unter Berücksichtigung des aktuellen Beitragssatzes zur allgemeinen Rentenversicherung ermittelt wird (§ 10 Abs. 3 S. 3 EStG).

Für die Berechnung der abziehbaren Altersvorsorgeaufwendungen ergibt sich damit folgendes **Prüfungsschema**:

1.6.2 Sonstige Vorsorgeaufwendungen – Kranken- und Pflegeversicherungsbeiträge

Nach § 10 Abs. 1 Nr. 3 S. 1 Buchst. a S. 1 EStG können Beiträge zu Krankenversicherungen, soweit diese zur Erlangung eines durch das Zwölfte Buch Sozialgesetzbuch bestimmten sozialhilfegleichen Versorgungsniveaus erforderlich sind (sog. **Basiskrankenversicherung**), als Sonderausgaben abgezogen werden.

Beiträge zur **gesetzlichen Krankenversicherung (GKV)** gehören in der Regel zu den Beiträgen für eine Basiskrankenversicherung (§ 10 Abs. 1 Nr. 3a S. 2 EStG).

Dies gilt auch für einen von der steuerpflichtigen Person erhobenen Zusatzbeitrag der GKV.

Erwirbt eine gesetzlich versicherte Person mit ihrem Vertrag zugleich einen Anspruch auf **Krankengeld**, ist der geleistete Betrag pauschal um den für das Krankengeld aufgewendeten Beitragsanteil um 4 % gem. § 10 Abs. 1 Nr. 3 S. 4 EStG zu kürzen.

Bezogen auf **die private Krankenversicherung** gehören zur Basisabsicherung die Beitragsanteile, mit denen Versicherungsleistungen finanziert werden, die in Art, Umfang und Höhe den Leistungen nach dem Dritten Kapitel des SGB V – also den Pflichtleistungen der gesetzlichen Krankenversicherung – vergleichbar sind und auf die ein Anspruch besteht (§ 10 Abs. 1 Nr. 3 S. 1 Buchst. a S. 3 EStG).

Nicht zur Basisabsicherung gehören – wie bei der gesetzlichen Krankenversicherung – der Beitragsanteil zur Krankentagegeldversicherung und Beitragsanteile, die der Finanzierung von **Komfortleistungen** (z. B. Chefarzt, Einbettzimmer) dienen. Sie zählen zu den weiteren sonstigen Vorsorgeaufwendungen.

Wie bei den Beiträgen zur Krankenversicherung ist auch bei den **Beiträgen zur Pflegeversicherung** zu differenzieren.

Beiträge zur gesetzlichen wie privaten Pflegepflichtversicherung sind entsprechend der Behandlung der Beiträge zu einer Basiskrankenversicherung unbegrenzt nach **§ 10 Abs. 1 Nr. 3 S. 1 Buchst. b EStG** anzusetzen.

Beiträge zu darüber hinausgehenden Pflegeversicherungen sind wie weitere sonstige Vorsorgeaufwendungen zu behandeln.

Weitere sonstige Vorsorgeaufwendungen

Zu den nach § 10 Abs. 1 Nr. 3a EStG grundsätzlich begünstigten weiteren sonstigen Vorsorgeaufwendungen gehören z. B.:
- Beiträge zu Kranken- und Pflegeversicherungen, die nicht bereits nach § 10 Abs. 1 Nr. 3 EStG zu berücksichtigen sind (z. B. Komfortleistungen);
- Beiträge zu Versicherungen gegen Arbeitslosigkeit;
- Beiträge zu selbstständigen Erwerbs- und Berufsunfähigkeitsversicherungen;
- Beiträge zu Unfallversicherungen;
- Beiträge zu Haftpflichtversicherungen (z. B. Kfz-Haftpflicht, private Haftpflicht, Tierhaftpflicht);
- Beiträge zu Lebensversicherungen, die nur für den Todesfall eine Leistung vorsehen (Risikolebensversicherungen);
- Risikoversicherungen, die nur für den Todesfall eine Leistung vorsehen.

Nicht begünstigt sind z. B. folgende Beiträge:
- Sachversicherungen (z. B. Hausratversicherung, Kfz-Kaskoversicherung, Einbruch- und Diebstahlversicherung, Feuer- und Hagelversicherung),
- Rechtsschutzversicherungen,
- Bausparkassen,
- Kapitallebensversicherungen.

Beiträge zugunsten von Kapitallebensversicherungen, die vor dem 1. Januar 2006 abgeschlossen wurden und bei denen bereits ein entsprechender Versicherungsbeitrag bis zum 31. Dezember 2005 geleistet worden ist, werden jedoch zu 88 % als weitere sonstige Vorsorgeaufwendungen anerkannt.

Vorsorgeaufwendungen i. S. d. § 10 Abs. 1 Nr. 3 (Basisabsicherung) und 3a EStG (Komfortleistungen) können aber nur gem. **§ 10 Abs. 4 S. 1 EStG** bis zu einem **Höchstbetrag in Höhe von 2.800,00 €** abgezogen werden.

Steuerpflichtigen, die **ganz oder teilweise ohne eigene Aufwendungen** einen Anspruch auf vollständige oder teilweise Erstattung oder Übernahme von Krankheitskosten haben oder für deren Krankenversicherung Leistungen i. S. d. § 3 Nr. 9, 14, 57 oder 62 EStG erbracht werden, steht ein **Höchstbetrag von 1.900,00 €** zu.

Der **Höchstbetrag von 1.900,00 €** gilt z. B. für
- sozialversicherungspflichtige Arbeitnehmerinnen und Arbeitnehmer, für die der Arbeitgeber nach § 3 Nr. 62 EStG steuerfreie Beiträge zur Krankenversicherung leistet;
- Rentnerinnen und Rentner, die aus der gesetzlichen Rentenversicherung nach § 3 Nr. 14 EStG steuerfreie Zuschüsse zu den Krankenversicherungsbeiträgen erhalten;

- Beamtinnen und Beamte, die von ihrem Arbeitgeber nach § 3 Nr. 11 EStG steuerfreie Beihilfen zu Krankheitskosten erhalten;
- in der gesetzlichen Krankenversicherung ohne eigene Beiträge familienversicherte Angehörige.

Der Höchstbetrag von 2.800,00 € gilt für alle Steuerpflichtige, für die nicht das gekürzte Abzugsvolumen zum Ansatz kommt. Hierbei handelt es sich z. B. um

- Selbstständige, die keinen steuerfreien Arbeitgeberzuschuss erhalten,
- Angehörige von Beihilfeberechtigten (z. B. Ehegatten, Kinder), die über den Beihilfeanspruch des oder der Beihilfeberechtigten abgesichert sind, und
- geringfügig Beschäftigte, für die vom Arbeitgeber nur ein Pauschalbeitrag zur gesetzlichen Krankenversicherung geleistet wird.

Zusammenveranlagten Ehegattinnen und Ehegatten steht ein gemeinsames Abzugsvolumen zu. Dieses bestimmt sich aus der Summe der jeder/-m Ehegattin/Ehegatten zustehenden Höchstbeträge (§ 10 Abs. 4 S. 3 EStG). Das bedeutet:

- Für jede/-n Ehegattin/Ehegatten ist zunächst nach deren persönlichen Verhältnissen der ihr/ihm zustehende Höchstbetrag zu bestimmen.
- Bis zur Summe des den Ehegatten insgesamt zustehenden Abzugsvolumens sind die von den Ehegatten geleisteten Aufwendungen als Sonderausgaben zu berücksichtigen.

Allerdings ist der sich nach § 10 Abs. 4 S. 1–3 EStG ergebende Abzugsbetrag mit den von der steuerpflichtigen Person gezahlten Beiträgen für eine Basiskranken- und Pflegepflichtversicherung zu vergleichen. Sind die zu berücksichtigenden Basiskranken- und Pflegepflichtversicherungsbeiträge höher, werden gem. **§ 10 Abs. 4 S. 4 EStG** nur diese als Sonderausgaben angesetzt. Weitere sonstige Vorsorgeaufwendungen können in diesem Fall nicht mehr abgezogen werden.

Mindestens abziehbar sind gem. § 10 Abs. 4 S. 4 EStG die Beiträge zur Basiskrankenversicherung und Pflegeversicherung, auch wenn sie die Höchstbeträge übersteigen. Ein Abzug der weiteren sonstigen Vorsorgeaufwendungen (Komfortleistungen etc.) scheidet dann aus.

1.6.3 Übrige Sonderausgaben

Zu den übrigen Sonderausgaben, die keine Vorsorgeaufwendungen sind, gehören z. B.:

- Kirchensteuer (§ 10 Abs. 1 Nr. 4 EStG),
- Kinderbetreuungskosten (§ 10 Abs. 1 Nr. 5 EStG),
- Berufsausbildungskosten (§ 10 Abs. 1 Nr. 7 EStG),
- Schulgeld (§ 10 Abs. 1 Nr. 9 EStG),

- Unterhaltsleistungen (§ 10 Abs. 1a Nr. 1 EStG),
- Spenden (§§ 10b, 34g EStG).

Kirchensteuer (§ 10 Abs. 1 Nr. 4 EStG)

Nach § 10 Abs. 1 Nr. 4 EStG kann die im Veranlagungszeitraum gezahlte Kirchensteuer als Sonderausgaben abgezogen werden. Unerheblich ist, für welchen Veranlagungszeitraum die steuerpflichtige Person die Kirchensteuer zahlt. Die Aufwendungen können aber nur in der Höhe abgezogen werden, in der sie erstattete oder gutgeschriebene Beträge übersteigen.

Ein Erstattungsüberhang ist gem. § 10 Abs. 4b S. 3 EStG dem Gesamtbetrag der Einkünfte des laufenden Veranlagungszeitraums hinzuzurechnen.

Kinderbetreuungskosten (§ 10 Abs. 1 Nr. 5 EStG)

Nach § 10 Abs. 1 Nr. 5 EStG können zwei Drittel der Kinderbetreuungskosten – höchstens 4.000,00 € je Kind – als Sonderausgaben geltend gemacht werden.

Dafür müssen folgende Voraussetzungen erfüllt sein:
- Es muss sich um ein Kind i. S. d. § 32 Abs. 1 EStG handeln.
- zum Haushalt der steuerpflichtigen Person gehören,
- das 14. Lebensjahr noch nicht vollendet haben oder eine Behinderung vor Vollendung des 25. Lebensjahres haben.

Dies gilt gem. § 10 Abs. 1 Nr. 5 S. 2 EStG nicht für Aufwendungen für Unterricht, die Vermittlung besonderer Fähigkeiten sowie für sportliche und andere Freizeitbetätigungen.

▶ Es sind nur die „reinen“ Kinderbetreuungskosten zu berücksichtigen.

Berufsausbildungskosten (§ 10 Abs. 1 Nr. 7 EStG)

Aufwendungen für die eigene Berufsausbildung können nach § 10 Abs. 1 Nr. 7 S. 1 EStG bis zu 6.000,00 € im Kalenderjahr als Sonderausgaben abgezogen werden.

Der Höchstbetrag von 6.000,00 € gilt nach § 10 Abs. 1 Nr. 7 S. 2 EStG für jeden Ehegatten gesondert.

▶ Allerdings sind Aufwendungen der steuerpflichtigen Person für eine Berufsausbildung oder für ein Studium nach § 9 Abs. 6 S. 1 EStG dann **Werbungskosten, wenn** die steuerpflichtige Person zuvor bereits eine **Erstausbildung** (Berufsausbildung oder Studium) **abgeschlossen** hat **oder** wenn die **Berufsausbildung** oder das **Studium im Rahmen eines Dienstverhältnisses** stattfindet.

Ebenfalls sind Aufwendungen für eine **berufliche Fort- und Weiterbildung** Werbungskosten, sofern sie durch den Beruf veranlasst sind.

Zu den abziehbaren Aufwendungen gehören u. a.
- Lehrgangs-, Schul- oder Studiengebühren, Semesterbeiträge, Arbeitsmittel, Fachliteratur;
- Fahrten zwischen Wohnung und Ausbildungsort in Höhe der Entfernungspauschale (§ 10 Abs. 1 Nr. 7 S. 4 EStG);
- Arbeitszimmer und Homeoffice-Pauschale (§ 10 Abs. 1 Nr. 7 S. 4 EStG);
- Mehraufwendungen für Verpflegung nach Maßgabe des § 9 Abs. 4a EStG (§ 10 Abs. 1 Nr. 7 S. 4 EStG).

Schulgeld (§ 10 Abs. 1 Nr. 9 EStG)

Gemäß § 10 Abs. 1 Nr. 9 EStG sind 30 % des gezahlten Schulgeldes – höchstens 5.000,00 € – als Sonderausgaben abzugsfähig.

Nicht abzugsfähig sind allerdings sog. **Internatskosten**, also die Aufwendungen für Beherbergung, Betreuung und Verpflegung.

Voraussetzungen für den Sonderausgabenabzug gem. § 10 Abs. 1 Nr. 9 EStG sind, dass
- der bzw. die Steuerpflichtige für das Kind einen Kinderfreibetrag oder Kindergeld erhält;
- die Aufwendungen für den Besuch einer Schule in freier Trägerschaft oder einer überwiegend privat finanzierten Schule entrichtet werden;
- die Schule in einem Mitgliedstaat der EU oder in einem anderen Staat gelegen ist, auf das das Abkommen über den Europäischen Wirtschaftsraum Anwendung findet;
- die Schule zu einem anerkannten allgemeinbildenden oder berufsbildenden Schul-, Jahrgangs- oder Berufsabschluss führt oder darauf vorbereitet. Der Besuch einer Deutschen Schule im Ausland steht dem Besuch einer solchen Schule gleich.

Unterhaltsleistungen (§ 10 Abs. 1a Nr. 1 EStG)

Unterhaltsleistungen an geschiedene oder dauernd getrennt lebende, unbeschränkt einkommensteuerpflichtige Ehegatten können gem. § 10 Abs. 1a Nr. 1 EStG bis zu einem Höchstbetrag von 13.805,00 € als Sonderausgaben abgezogen werden, wenn folgende Voraussetzungen erfüllt sind:

- Geberinnen und Geber **beantragen den Sonderausgabenabzug**. Der Antrag kann jeweils nur für ein Kalenderjahr gestellt und nicht zurückgenommen werden (§ 10 Abs. 1a Nr. 1 S. 3 EStG).

- Empfängerinnen und Empfänger **sind unbeschränkt einkommensteuerpflichtig**.
- Empfängerinnen und Empfängern **stimmen dem Sonderausgabenabzug zu**.
- In der Steuererklärung der unterhaltsleistenden Person muss die **Identifikationsnummer der unterhaltenen Person** angegeben werden.

Bei Empfängerinnen und Empfängern werden die Unterhaltsleistungen als sonstige Einkünfte i. S. d. § 22 Nr. 1a EStG besteuert, aber der Höhe nur insoweit, als sie der Geber als Sonderausgaben abziehen kann. Von dem zu versteuernden Ehegattenunterhalt ist gem. § 9a Nr. 3 EStG ein Werbungskostenpauschbetrag von 102,00 € abzuziehen, wenn nicht höhere Werbungskosten geltend gemacht werden.

Bei der Berücksichtigung dieser Unterhaltszahlungen wird auch von dem sog. Realsplitting gesprochen.

Spenden (§§ 10b, 34g EStG)

Zuwendungen, also Spenden und Mitgliedsbeiträge können gem. § 10b EStG als Sonderausgaben abgezogen werden.

Dabei sind zu unterscheiden:
- Zuwendungen zur Förderung steuerbegünstigter Zwecke **(§ 10b Abs. 1 EStG)** und
- Zuwendungen an politische Parteien **(§ 10b Abs. 2 EStG)**.

Steuerbegünstigte Zwecke i. S. d. § 10b Abs. 1 EStG sind gemeinnützige Zwecke (§ 52 AO), mildtätige Zwecke (§ 53 AO) und kirchliche Zwecke (§ 54 AO).

Nach **§ 10b Abs. 1 S. 8 EStG** sind aber nicht abziehbar Mitgliedsbeiträge an Körperschaften, die
- den Sport (§ 52 Abs. 2 Nr. 21 AO),
- kulturelle Betätigungen, die in erster Linie der Freizeitgestaltung dienen,
- die Heimatpflege und Heimatkunde (§ 52 Abs. 2 Nr. 22 AO) oder
- Zwecke i. S. des § 52 Abs. 2 Nr. 23 AO (z. B. Tierzucht, Kleingärtnerei, Karneval, Amateurfunken, Modellflug, Hundesport)

fördern.

Die Zuwendungen können nur bis zu einem bestimmten **Höchstbetrag**
- entweder 20 % des Gesamtbetrags der Einkünfte oder
- 4 v. T. der Summe aus Umsätzen, Löhnen und Gehältern

als Sonderausgaben abgezogen werden.

- Übersteigen die Zuwendungen den Höchstbetrag, so kann der übersteigende Teil gem. **§ 10b Abs. 1 S. 9 EStG** im Rahmen der Höchstbeträge zeitlich unbegrenzt in den folgenden Veranlagungszeiträumen abgezogen werden.

Mitgliedsbeiträge und Spenden an **politische Parteien** sind bis zur Höhe von insgesamt **1.650,00 €** und im Fall der **Zusammenveranlagung von Ehegatten** bis zur Höhe von insgesamt 3.300,00 € gem. § 10b Abs. 2 S. 1 EStG als Sonderausgaben abzugsfähig.

- Sie können allerdings gem. **§ 10b Abs. 2 S. 2 EStG nur insoweit** als Sonderausgaben abgezogen werden, **als für sie nicht eine Steuerermäßigung nach § 34g EStG** gewährt worden ist.

Nach § 34g S. 2 EStG beträgt die Ermäßigung der tariflichen Einkommensteuer 50 % der Ausgaben, höchstens jedoch 825,00 €, im Falle der Zusammenveranlagung von Ehegatten höchstens jedoch 1.650,00 €.

- Damit ist bei Zuwendungen an politische Parteien vorrangig die Steuerermäßigung gem. § 34g EStG zu prüfen und erst dann für den noch nicht berücksichtigten Teil der Zuwendung § 10b Abs. 2 EStG.

Die steuerpflichtige Person hat dem zuständigen Finanzamt durch eine Zuwendungsbestätigung i. S. d. § 50 EStDV nachzuweisen, dass die erforderlichen Voraussetzungen für den Abzug der Ausgaben als Sonderausgaben erfüllt sind.

Sonderausgabenpauschbetrag (§ 10c EStG)

- Wenn die steuerpflichtige Person nicht höhere Aufwendungen nachweist, wird für Sonderausgaben nach § 10 Abs. 1 Nr. 4, 5, 7 und 9 sowie Abs. 1a und nach § 10b EStG ein Pauschbetrag von **36,00 €** abgezogen (**Sonderausgabenpauschbetrag; § 10c EStG**). Im Fall der Zusammenveranlagung von Ehegatten verdoppelt sich der Sonderausgabenpauschbetrag.

1.7 Außergewöhnliche Belastungen (agB)

Außergewöhnliche Belastungen gem. den §§ 33, 33a und 33b EStG sind grundsätzlich Kosten der privaten Lebensführung. Um die individuelle Leistungsfähigkeit der steuerpflichtigen Person zu berücksichtigen, werden sie jedoch ausnahmsweise vom Gesamtbetrag der Einkünfte bei der Ermittlung des Einkommens abgezogen.

Dabei sind wie folgt zu unterscheiden:
- allgemeine AGB (§ 33 EStG),
- Unterhaltsleistungen (§ 33a Abs. 1 EStG),
- Ausbildungsfreibetrag (§ 33a Abs. 2 EStG),
- Pauschbeträge für Menschen mit Behinderungen (§ 33b EStG).

Allgemeine agB (§ 33 EStG)

Im Gegensatz zu den Sonderausgaben sind allgemeine außergewöhnliche Belastungen in § 33 EStG nicht einzeln aufgelistet, sondern allgemein in § 33 Abs. 1 EStG wie folgt definiert:

Eine außergewöhnliche Belastung liegt vor, wenn einem Steuerpflichtigen zwangsläufig größere Aufwendungen als der überwiegenden Mehrzahl der Steuerpflichtigen gleicher Einkommensverhältnisse, gleicher Vermögensverhältnisse und gleichen Familienstandes erwachsen.

Entsprechend den Hinweisen zum EStG sind folgende Fallgruppen zu unterscheiden:
- Pflegeaufwendungen (R 33.3 EStR),
- Krankheitskosten (R 33.4 Abs.1 EStR),
- Kurkosten (H 33.1–33.4 (Kur) EStH),
- Bestattungskosten (H 33.1–33.4 [Bestattungskosten] EStH).

Im Fall der allgemeinen agB wird die Einkommensteuer dadurch ermäßigt, dass der Teil der Aufwendungen, der die der steuerpflichtigen Person zumutbare Belastung (§ 33 Abs. 3 EStG) übersteigt, vom Gesamtbetrag der Einkünfte abgezogen wird.

Die Grenze der zumutbaren Belastung ist nach der Rechtsprechung des BFH schrittweise gestaffelt zu berechnen (sog. Staffel-Methode).

Dabei beträgt die zumutbare Belastung in Abhängigkeit vom Gesamtbetrag der Einkünfte der Steuerpflichtigen und in Abhängigkeit davon, ob bei den Steuerpflichtigen der Grundtarif oder das Splittingverfahren zur Anwendung kommt sowie ob mehr oder weniger als drei Kinder zu berücksichtigen sind, zwischen 1 % und 7 % des Gesamtbetrags der Einkünfte (siehe **Tabelle § 33 Abs. 3 EStG**).

Unterhaltsleistungen (§ 33a Abs. 1 EStG)

Begünstigte Unterhaltsaufwendungen i. S. d. § 33a Abs. 1 S. 1 und 4 EStG liegen unter folgenden Voraussetzungen vor,
- wenn die **unterstützte Person** dem oder der Steuerpflichtigen oder seinem bzw. ihrem Ehegatten gegenüber gesetzlich **unterhaltsberechtigt** ist,
- **kein Anspruch auf einen Freibetrag nach § 32 Abs. 6 EStG oder auf Kindergeld** besteht und
- die unterhaltene Person **bedürftig** ist.

Die Einkommensteuer ermäßigt sich auf Antrag dann dadurch, dass gem. § 33a Abs. 1 S. 1 EStG die Aufwendungen bis zur Höhe des Grundfreibetrags nach § 32a Abs. 1 S. 2 Nr. 1 EStG im Kalenderjahr vom Gesamtbetrag der Einkünfte abgezogen werden.

Dabei mindern eigene Einkünfte und Bezüge der unterhaltenen Person den Höchstbetrag gem. § 33a Abs. 1 S. 5 EStG

- → um den Betrag, um den diese Einkünfte und Bezüge den Betrag von 624,00 € im Kalenderjahr übersteigen (= anrechnungsfreier Betrag = Karenzbetrag), sowie
- → um die von der unterhaltenen Person als Ausbildungshilfe aus öffentlichen Mitteln bezogenen Zuschüsse (keine Darlehn) in vollem Umfang, ohne Berücksichtigung des anrechnungsfreien Betrags von 624,00 €.

Bezüge sind alle Einnahmen in Geld oder Geldeswert, die nicht im Rahmen der einkommensteuerrechtlichen Einkunftsermittlung erfasst werden, also nicht steuerbare sowie grundsätzlich steuerfreie Einnahmen (R 33a.1 Abs. 3 S. 3 EStR).

Bei der Feststellung der anzurechnenden Bezüge sind aus Vereinfachungsgründen insgesamt 180,00 € (**Kostenpauschale**) im Kalenderjahr abzuziehen, wenn nicht höhere Aufwendungen, die im Zusammenhang mit dem Zufluss der entsprechenden Einnahmen stehen, nachgewiesen oder glaubhaft gemacht werden (R 33a.1 Abs. 3 S. 5 EStR).

Tipp: Siehe auch das zusammenfassende Beispiel (H 33a.1 [Zusammenfassendes Beispiel für die Anrechnung] EStH).

Wird die unterhaltene Person nicht das ganze Jahr (also volle zwölf Monate) durch Unterhaltszahlungen unterstützt, so sind die **zeitanteiligen Kürzungen gem. § 33a Abs. 3 EStG** zu beachten.

Ausbildungsfreibetrag (§ 33a Abs. 2 EStG)

Für die Abgeltung des Sonderbedarfs eines sich in **Berufsausbildung befindenden, auswärtig untergebrachten, volljährigen Kindes, für das Anspruch auf einen Freibetrag** nach § 32 Abs. 6 EStG **oder Kindergeld** besteht, wird ein Freibetrag (Ausbildungsfreibetrag) gem. § 33a Abs. 2 S. 1 EStG von 1.200,00 € je Kalenderjahr anerkannt. Eine zeitanteilige Kürzung für jeden Monat, in dem die Voraussetzungen nicht vorlagen, ist zu beachten.

Gemäß § 33a Abs. 2 S. 4 EStG steht jedem Elternteil grundsätzlich die Hälfte des Ausbildungsfreibetrages zu.

- Ansonsten wird die steuerliche Freistellung eines Einkommensbetrags in Höhe des Existenzminimums eines Kindes einschließlich der Bedarfe für Betreuung und Erziehung oder Ausbildung im gesamten Veranlagungszeitraum gem. § 31 Abs. 1 EStG entweder durch die Freibeträge nach § 32 Abs. 6 EStG (Kinder- und Betreuungsfreibetrag) oder durch das Kindergeld bewirkt.

Pauschbeträge für Menschen mit Behinderungen (§ 33b EStG)

Wegen der außergewöhnlichen Belastungen, die einem Menschen mit Behinderung unmittelbar infolge seiner Behinderung erwachsen, kann er anstelle einer Steuerermäßigung nach § 33 EStG einen Behindertenpauschbetrag geltend machen.

Die Höhe des Pauschbetrages richtet sich nach dem dauernden Grad der Behinderung (GdB) und kann dann aus der Tabelle zu § 33b Abs. 3 S. 2 EStG abgelesen werden.

Bei Beginn, Änderung oder Wegfall der Behinderung im Laufe eines Kalenderjahres ist stets der Pauschbetrag nach dem höchsten Grad zu gewähren, der im Kalenderjahr festgestellt war. Eine Zwölftelung ist nicht vorzunehmen (R 33b Abs. 8 EStR).

Für Menschen, die hilflos sind, sowie für Blinde und Taubblinde erhöht sich der Pauschbetrag gem. § 33b Abs. 3 S. 3 EStG auf 7.400,00 €.

Steht der **Behindertenpauschbetrag** einem **Kind** zu, für das die steuerpflichtige Person einen Freibetrag nach § 32 Abs. 6 EStG oder Kindergeld erhält, so wird der Pauschbetrag auf Antrag gem. **§ 33b Abs. 5 EStG auf die steuerpflichtige Person übertragen**, wenn ihn das Kind nicht in Anspruch nimmt.

Unabhängig von einer Übertragung des Behindertenpauschbetrags nach § 33b Abs. 5 EStG, können Eltern ihre eigenen zwangsläufigen Aufwendungen für ein behindertes Kind nach § 33 EStG abziehen.

Wegen der außergewöhnlichen Belastungen, die einer steuerpflichtigen Person durch die Pflege einer Person erwachsen, kann sie gem. **§ 33b Abs. 6 S. 1 EStG** anstelle einer Steuerermäßigung nach § 33 EStG einen **Pflegepauschbetrag** im Kalenderjahr geltend machen, wenn sie dafür keine Einnahmen erhält. Es muss sich also um eine **unentgeltliche Pflege** handeln.

- Der **Pflegepauschbetrag** kann gem. R 33b Abs. 6 EStR **neben** dem nach § 33b Abs. 5 EStG vom Kind auf die Eltern übertragenen **Pauschbetrag für Menschen mit Behinderung** in Anspruch genommen werden.

1.8 Freibeträge für Kinder

Gemäß § 32 Abs. 6 EStG wird bei der Veranlagung zur Einkommensteuer **für jedes zu berücksichtigende Kind** der steuerpflichtigen Person ein Freibetrag von **3.192,00 € für das sächliche Existenzminimum** des Kindes (Kinderfreibetrag) sowie ein Freibetrag von **1.464,00 € für den Betreuungs- und Erziehungs- oder Ausbildungsbedarf** des Kindes vom Einkommen abgezogen. Bei **zusammenveranlagten Ehegatten verdoppeln sich die Beträge**, wenn das Kind zu beiden Ehegatten in einem Kindschaftsverhältnis steht.

Unter welchen Voraussetzungen ein Kind als Kind im steuerrechtlichen Sinn zu berücksichtigen ist, ist in § 32 Abs. 3 und 4 EStG geregelt.

Allerdings wird den Steuerpflichtigen ausgehend von der **Günstigerprüfung gem. § 31 EStG entweder** der Freibetrag für Kinder **oder** das Kindergeld gewährt.

Der Freibetrag für Kinder ist immer dann günstiger, wenn die steuerliche Ersparnis größer ist als das Kindergeld.

Es geht um die steuerliche Ersparnis, also die Differenz der tariflichen Einkommensteuer, einmal berechnet vor Berücksichtigung des Freibetrages für Kinder und ein zweites Mal berechnet nach Berücksichtigung des Freibetrages für Kinder.

Nur wenn diese Differenz (Steuerersparnis) größer ist als das Kindergeld, werden die Freibeträge für Kinder berücksichtigt.

Tipp: In der Praxis wird die Günstigerprüfung von Amts wegen durchgeführt. In den Klausuren wurde bisher ein deutlicher Hinweis gegeben, ob die Freibeträge für Kinder günstiger sind oder nicht. Dementsprechend waren dann die Freibeträge zu berücksichtigen oder nicht.

2 Umsatzsteuer – Umsatzsteuerrechtliche Sachverhalte bearbeiten (Lernfeld 3)

Der Fokus der Darstellung liegt hier entsprechend dem Lernfeld 3 auf den Grundlagen zur Umsatzsteuer ohne den Bezug zum übrigen Gemeinschaftsgebiet und Drittland.

2.1 Wesen der Umsatzsteuer

Allgemein

Die Umsatzsteuer ist bezogen auf
- die Ertragshoheit eine **Gemeinschaftsteuer**, weil das Steueraufkommen aus der Umsatzsteuer Bund, Ländern und Gemeinden gemeinschaftlich zusteht;
- die Überwälzbarkeit eine **indirekte Steuer**, weil Steuerschuldner (grundsätzlich der Unternehmer) und Steuerträger (Endverbraucher/-innen) nicht identisch sind;
- den Steuergegenstand eine **Verkehrsteuer**, da der Verkehr von Waren und Dienstleistungen – also Umsätze – besteuert wird;
- die Erhebungsform eine **Veranlagungsteuer** mit der **Besonderheit der Selbstveranlagung**, denn der Steuerschuldner ermittelt die Umsatzsteuerzahllast/den Vorsteuerüberhang selbst und meldet diese beim Finanzamt an.

Rechtsquellen

Die Rechtsgrundlagen der Umsatzsteuer ergeben sich als Rechtsnormen, die alle binden, aus
- dem **Umsatzsteuergesetz (UStG)**,
- der **Umsatzsteuer-Durchführungsverordnung (UStDV)** und
- der **Abgabenordnung (AO)**.

Eine weitere Rechtsquelle, wie bei allen anderen Steuerarten als verwaltungsinterne Dienstanweisung, ist der von der Finanzverwaltung erlassene **Umsatzsteuer-Anwendungserlass (UStAE)**. Dieser behandelt Zweifels- und Auslegungsfragen von allgemeiner Bedeutung, die lediglich die Finanzbehörden mit dem Zweck binden, eine einheitliche Anwendung des Umsatzsteuerrechts zu gewährleisten.

2.2 System der Umsatzsteuer als Allphasen-Nettosteuer mit Vorsteuerabzug

Die Umsatzsteuer wird **auf allen Wirtschaftsstufen** (Urerzeugung, Weiterverarbeitung, Großhandel, Einzelhandel, Endverbraucher/-innen) erhoben. Sie ist deshalb eine **Allphasen-Steuer**.

Bemessungsgrundlage für die Umsatzsteuer ist gem. § 10 UStG das **Nettoentgelt** – also vereinfacht alles, was der Erwerber aufwendet außer der Umsatzsteuer. Sie ist deshalb eine **Nettosteuer**.

Da nur private Endverbraucherinnen und Endverbraucher als Nicht-Unternehmer mit der Umsatzsteuer belastet sein sollen, gibt es in der Umsatzsteuer gem. § 15 UStG den

Vorsteuerabzug. das heißt, **Unternehmer** haben so grundsätzlich die Möglichkeit, **als Empfänger von Leistungen für ihr Unternehmen** die ihnen von anderen Unternehmern in Rechnung gestellte Umsatzsteuer als sog. **Vorsteuer in Abzug zu bringen**. Nicht-Unternehmer sind nicht zum Vorsteuerabzug berechtigt.

Damit ist die **Umsatzsteuer** eine **Allphasen-Nettosteuer mit Vorsteuerabzug**.

2.3 Systematik, Prüfungsschema und Falllösung

Entsprechend der Systematik der Umsatzsteuer ist hieraus dann das Prüfungsschema abzuleiten. Ist das Prüfungsschema bekannt, so bereitet die sich stets wiederholende Darstellung in der Falllösung keine Schwierigkeiten.

Systematik

Der Umsatzsteuer unterliegen als Verkehrsteuer bestimmte, im Umsatzsteuergesetz genau umschriebene wirtschaftliche Vorgänge, sog steuerbare Umsätze.

Bei der Lösung umsatzsteuerrechtlicher Fragestellungen empfiehlt es sich daher, sich an der Systematik des Gesetzes zu orientieren und seine Gedanken für die Falllösung durch folgende Fragen leiten zu lassen:

1. Liegt ein steuerbarer Umsatz i. S. d. § 1 Abs. 1 UStG vor?

Dieses ist z. B. gem. § 1 Abs. 1 Nr. 1 UStG nur dann der Fall, wenn ein **Unternehmer** eine **Lieferung oder sonstige Leistung im Inland** gegen **Entgelt** im **Rahmen seines Unternehmens** erbringt (siehe hierzu steuerbare entgeltliche Leistungen).

Liegt ein steuerbarer Umsatz vor, so ist weiter zu fragen:

2. Ist der steuerbare Umsatz steuerfrei oder steuerpflichtig?

Der Gesetzgeber hat bei bestimmten wirtschaftlichen Vorgängen aus sozial- und wirtschaftspolitischen Gründen auf sein Besteuerungsrecht gem. **§ 4 UStG** verzichtet, d. h., obwohl der Umsatz steuerbar ist, entsteht keine Umsatzsteuer. Zu nennen sind hier insbesondere ärztliche Leistungen im Bereich der Humanmedizin **(§ 4 Nr. 14 UStG)** oder die langfristige Vermietung zu fremden Wohnzwecken **(§ 4 Nr. 12 UStG)**. Bei steuerfreien Umsätzen entsteht grundsätzlich keine Umsatzsteuer.

Allerdings kann der Unternehmer bei manchen steuerbaren und steuerfreien Umsätzen unter bestimmten Voraussetzungen auch auf die Steuerbefreiung gem. § 9 UStG verzichten. Das heißt, der Unternehmer macht von seiner Möglichkeit der **Option gem. § 9 UStG** gebrauch. Der Unternehmer optiert zur Umsatzsteuer. Ein eigentlich steuerfreier Umsatz wird so zu einem steuerpflichtigen Umsatz.

Diese Möglichkeit besteht z. B. bei der Vermietung von Büroräumen an einen Steuerberater bzw. eine Steuerberaterin, der oder die in diesen Büroräumen eine Steuerkanzlei betreibt.

Liegt damit ein steuerpflichtiger Umsatz vor, so ist gedanklich weiter zu fragen:

3. Wie hoch ist die Bemessungsgrundlage gem. § 10 UStG für diesen steuerpflichtigen Umsatz?

Bei der **Bemessungsgrundlage** handelt es sich gem. **§ 10 Abs. 1 UStG** um das **Nettoentgelt** für die Ware oder Dienstleistung. Vereinfacht kann gesagt werden: alles was die erwerbende Person aufwendet um die Leistung zu erhalten, außer der Umsatzsteuer.

In anderen Fällen, insbesondere **bei unentgeltlichen Leistungen**, die entgeltlichen Leistungen gleichgestellt werden, (§ 3 Abs. 1b u. 9a UStG) ist an die sog. **Ersatzbemessungsgrundlage** des **§ 10 Abs. 4 UStG** zu denken. In diesen Fällen ist, vereinfacht auf den **Einkaufspreis** jeweils zum Zeitpunkt des Umsatzes abzustellen. Bedeutend ist hierbei **zum Zeitpunkt des Umsatzes**, also auf den Zeitpunkt, zu dem z. B. der Unternehmer Ware aus seinem Unternehmen entnimmt um diese privat zu verschenken.

Ist die Bemessungsgrundlage geklärt, ist weiter zu fragen:

4. Welcher Steuersatz ist gem. § 12 UStG anzuwenden?

Durch die Anwendung des Steuersatzes auf die Bemessungsgrundlage ergibt sich die Umsatzsteuer (Traglast). Bei einem steuerbaren und steuerpflichtigen Verkauf von Ware im (netto) Wert von 100,00 € zum Regelsteuersatz von 19 % ergibt sich so eine Umsatzsteuer in Höhe von (100,00 € · 19 % USt. =) 19,00 €.

Weiter ist zu fragen:

5. Wann entsteht die Umsatzsteuer gem. §§ 13, 13b Abs. 1 UStG?

Die Umsatzsteuer entsteht, wenn alle Voraussetzungen des § 13 UStG oder des § 13b Abs. 1 UStG erfüllt sind. So entsteht die Umsatzsteuer insbesondere gem. § 13 Abs. Nr. 1 Buchst. a UStG für Lieferungen und sonstige Leistungen bei der Berechnung der Steuer nach vereinbarten Entgelten (§ 16 Abs. 1 S. 1 UStG) **mit Ablauf des Voranmeldungszeitraums** (siehe § 18 UStG), in dem die **Leistungen ausgeführt** worden sind.

Ist damit geklärt, wann die Umsatzsteuer entstanden ist, so ist abschließend für einen **Ausgangsumsatz**, also für den Verkauf von Waren oder das Erbringen von Dienstleistungen durch einen Unternehmer, zu fragen:

6. Wer ist gem. §§ 13a, 13b UStG Schuldner der Umsatzsteuer?

Schuldner der Umsatzsteuer ist **grundsätzlich** gem. § 13a Abs. 1 Nr. 1 UStG der **leistende Unternehmer**. In bestimmten Fällen schuldet gem. § 13b Abs. 5 UStG aufgrund des Wechsels der Umsatzsteuerschuldnerschaft **(Reverse-Charge-Verfahren)** der Leistungsempfänger die Umsatzsteuer.

Damit ist der Gedankengang für die umsatzsteuerrechtliche Betrachtung von Ausgangsumsätzen abgeschlossen.

Getrennt von den Ausgangsumsätzen sind aber auch Eingangsumsätze umsatzsteuerrechtlich zu betrachten.

Eingangsumsätze liegen insbesondere dann vor, wenn ein Unternehmer von einem anderen Unternehmer Waren für sein Unternehmen bezieht.

Im Falle des Eingangsumsatzes ist zu fragen:

Kann die bei dem Bezug von Leistungen für das Unternehmen von einem anderen Unternehmer in Rechnung gestellte Umsatzsteuer gem. § 15 UStG als sog. Vorsteuer in Abzug gebracht werden?

Diesen sog. Vorsteuerabzug bei Eingangsumsätzen regelt **§ 15 UStG**. Dabei ist es für den Vorsteuerabzug z. B. erforderlich, dass der Unternehmer eine nach den §§ 14, 14a UStG ausgestellte – also ordnungsmäßige – Rechnung besitzt.

Demgegenüber ist ein Vorsteuerabzug grundsätzlich gem. § 15 Abs. 2 Nr. 1 UStG ausgeschlossen, wenn der Unternehmer die bezogenen Leistungen seinerseits zur Ausführung umsatzsteuerfreier Umsätze verwendet.

Für das **Besteuerungsverfahren** ist daran zu denken, dass der Unternehmer die Umsatzsteuerzahllast oder das Vorsteuerguthaben selbst berechnet, indem er von der Umsatzsteuertraglast – also der vereinnahmten Umsatzsteuer – die als Vorsteuer abzugsfähige Umsatzsteuer abzieht und zum Ende des Voranmeldungszeitraumes (§ 18 UStG) im Rahmen einer **Umsatzsteuervoranmeldung** bei dem zuständigen Finanzamt (§ 21 AO) anmeldet.

Prüfungsschema

Ausgehend von der Systematik kann damit das Prüfungsschema – also der Gedankengang für die Falllösung – wie folgt dargestellt werden:

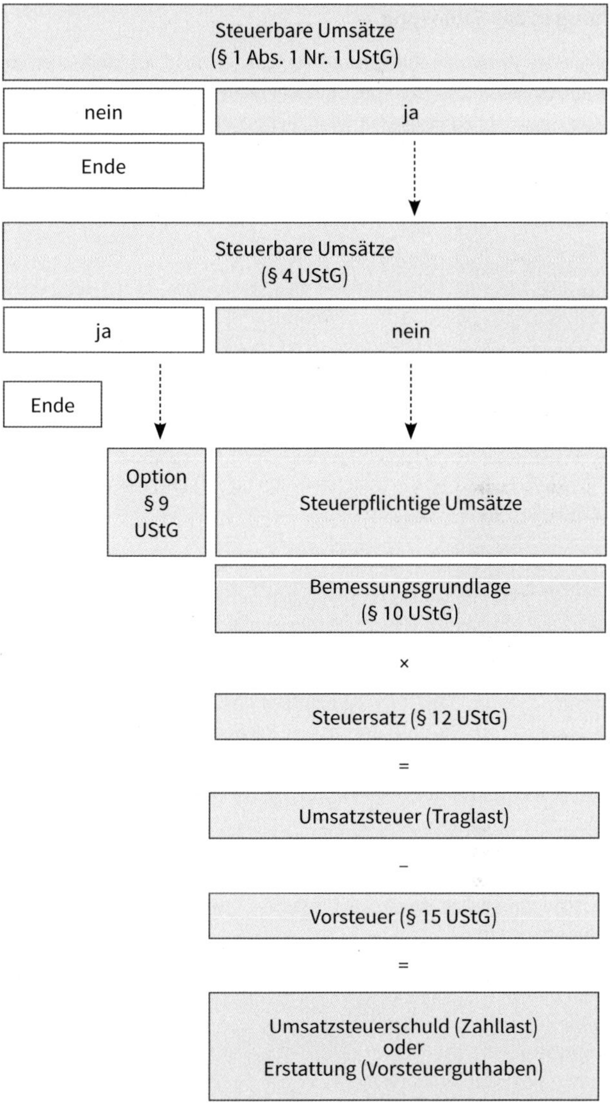
Steuerbare Umsätze
(§ 1 Abs. 1 Nr. 1 UStG)
nein
ja
Ende
Steuerbare Umsätze
(§ 4 UStG)
ja
nein
Ende
Option
§ 9
UStG
Steuerpflichtige Umsätze
Bemessungsgrundlage
(§ 10 UStG)
×
Steuersatz (§ 12 UStG)
=
Umsatzsteuer (Traglast)
–
Vorsteuer (§ 15 UStG)
=
Umsatzsteuerschuld (Zahllast)
oder
Erstattung (Vorsteuerguthaben)

Darstellung in der Falllösung

Da sowohl in den Zwischenprüfungen als auch in den Abschlussprüfungen ein erheblicher Zeitdruck besteht, werden die Gedankengänge zur Umsatzsteuer in der Regel anhand von Lösungstabellen abgeprüft. In diesen Lösungstabellen sind insbesondere Angaben zu machen zu:

	Beispielsangabe
Leistungsart (§)	Lieferung (§ 3 Abs. 1 UStG) oder sonstige Leistung (§ 3 Abs. 9 UStG)
Leistungsort (§)	Ort, z. B. München für den Beginn der Lieferung (§ 3 Abs. 6 UStG)
Steuerbar (ja/nein, §)	ja (§ 1 Abs. 1 Nr. 1 UStG)
Steuerfrei (ja/nein, §)	nein, kein § 4 UStG
Bemessungsgrundlage in Euro	Betragsangabe
Umsatzsteuer in Euro	Betragsangabe
Vorsteuer in Euro (§)	Angaben in der Regel nur bei Eingangsumsätzen erforderlich

Es gibt darüber hinaus noch Themengebiete, die dann außerhalb der Lösungstabelle geprüft werden, wie die Frage nach dem Entstehen der Steuer, der Sondervorauszahlung oder die Frage, ob eine ordnungsmäßige Rechnung vorliegt.

2.4 Steuerbare Umsätze

Der Umsatzsteuer unterliegen bestimmte im UStG genau beschriebene wirtschaftliche Vorgänge. Das UStG bezeichnet diese Vorgänge als steuerbare Umsätze.

Für die Zwischenprüfung als steuerbare Umsätze relevant sind gem. § 1 Abs. 1 Nr. 1 UStG:
- die Lieferungen und
- sonstigen Leistungen, die
- ein Unternehmer
- im Inland
- gegen Entgelt
- im Rahmen seines Unternehmens

ausführt.

Diese Begriffe sollen im Folgenden mit Blick auf die (Zwischen-) Prüfung näher betrachtet werden.

2.4.1 Lieferungen und sonstige Leistungen – Leistungsart und Leistungsort

In der Umsatzsteuer ist bei **Leistungen** und damit in Bezug auf die Leistungsart zwischen **Lieferungen** (§ 3 Abs. 1 UStG) und **sonstigen Leistungen** (§ 3 Abs. 9 UStG) zu unterscheiden.

Diese **Unterscheidung** ist von grundlegender **Bedeutung** für die Bestimmung des **Leistungsortes** und damit für die Frage, ob die Leistung im Inland ausgeführt wird oder nicht. Wird die Leistung nicht im Inland ausgeführt, so ist sie nicht steuerbar.

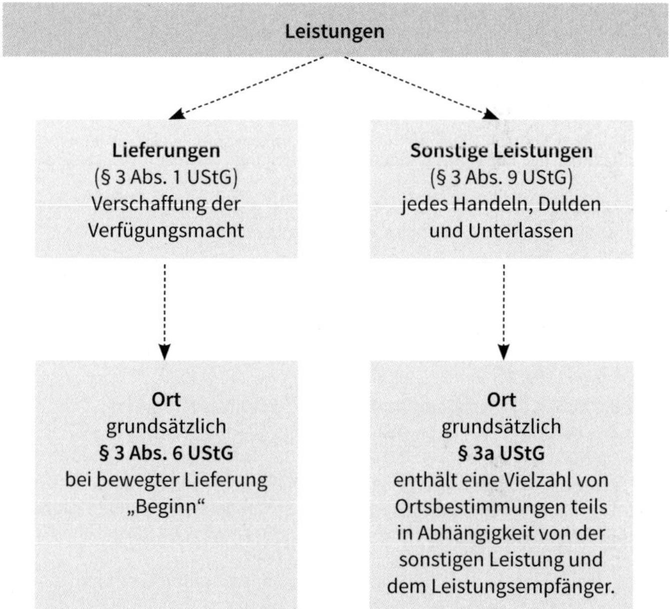

Doch zunächst zu den Begriffen „Lieferung“ und „sonstige Leistung“.

Lieferung

Lieferungen eines Unternehmers sind nach **§ 3 Abs. 1 UStG** Leistungen, durch die der Unternehmer oder in seinem Auftrag ein Dritter dem Abnehmer oder in dessen Auftrag einem Dritten die **Verfügungsmacht an einem Gegenstand** verschafft.

Lieferungen können damit nur in Bezug auf Gegenstände erfolgen.

Gegenstände können sein:
- körperliche Sachen i. S. d. § 90 BGB,
- Tiere gem. § 90a BGB,
- Sachgesamtheiten (z. B. Warenlager, Sammlungen) und
- Wirtschaftsgüter, die im Wirtschaftsverkehr wie Sachen behandelt werden (z. B. elektrischer Strom und Wärme), sowie
- immaterielle Werte (z. B. Geschäfts-/Praxiswert und Kundenstamm).

Keine Gegenstände sind Rechte, die im Rahmen einer Lieferung übertragen werden können. Die Übertragung von Rechten stellt eine sonstige Leistung dar (Abschn. 3.1 Abs. 1 S. 5 UStAE).

Die **Verschaffung der Verfügungsmacht** ist ein Vorgang vorwiegend tatsächlicher Natur.

Anknüpfungspunkt für die Umsatzsteuer ist daher nicht der schuldrechtliche Vertrag (Verpflichtungsgeschäft), sondern das **Erfüllungsgeschäft**.

Die Verfügungsmacht versetzt damit den Abnehmer eines Gegenstandes in die Lage, im eigenen Namen **als** Eigentümer oder **wie** ein Eigentümer (wirtschaftlicher Eigentümer), über einen Gegenstand zu verfügen.

Bei der Verschaffung der Verfügungsmacht sind zwei Grundfälle zu unterscheiden:
- die Verschaffung der Verfügungsmacht mit Eigentumsübertragung,
- die Verschaffung der Verfügungsmacht ohne Eigentumsübertragung.

Die Verfügungsmacht wird in der Regel durch **Eigentumsübertragung** verschafft. Wie das Eigentum an einer Sache übertragen wird, bestimmt sich nach den **sachenrechtlichen Regelungen des BGB**.

Bei Grundstücken erfolgt die Übereignung für Auflassung und Eintragung im Grundbuch gem. §§ 873, 925 BGB.

Bei **beweglichen Sachen** erfolgt die Übereignung grundsätzlich gem. **§ 929 S. 1 BGB** durch **Einigung und Übergabe**. Dabei kann die Übergabe bei beweglichen Sachen durch folgende **Übergabesurrogate** ersetzt werden:

- Übergabe durch **bloße Einigung (§ 929 S. 2 BGB):** Die körperliche Übergabe ist entbehrlich, wenn der Erwerber bereits im Besitz der Sache ist. Hier genügt zur Übereignung die Einigung über den Eigentumsübergang.
- **Vereinbarung eines Besitzkonstituts (§ 930 BGB):** Der Erwerber erlangt mittelbaren Besitz, während der bisherige Eigentümer im Besitz der Sache ist und vorerst auch bleibt.
- **Abtretung des Herausgabeanspruchs (§ 931 BGB):** Ist weder der Veräußerer noch der Erwerber, sondern ein Dritter im Besitz der Sache, so kann die Übergabe dadurch ersetzt werden, dass der Eigentümer dem Erwerber den Anspruch auf Herausgabe der Sache abtritt.
- **Übergabe eines Traditionspapieres** (Ladeschein, Lagerschein oder Konnossement) **(§ 363 HGB):** Keine Traditionspapiere sind Lieferscheine und Frachtbriefe!

Diese Unterscheidungen in Bezug auf die Verschaffung der Verfügungsmacht sind wichtig, denn sie haben Konsequenzen für die Ortsbestimmung der Lieferung!

So ist bei den Lieferungen nicht nur hinsichtlich der Frage, ob mit oder ohne Eigentumsübertragung geliefert wird, sondern auch, ob es sich um eine
- bewegte Lieferung, dann Ortsbestimmung gem. § 3 Abs. 6 UStG, oder
- unbewegte Lieferung, dann Ortsbestimmung gem. § 3 Abs. 7 S. 1 UStG,

handelt, bedeutsam.

In der Vielzahl der Fälle des täglichen Lebens wird es sich um eine **bewegte Lieferung** – also Lieferung mit Warenbewegung – handeln, da die Übereignung von Waren durch **Einigung und Übergabe gem. § 929 S. 1 BGB** erfolgt.

Eine sog. **ruhende Lieferung** – also Lieferung ohne Warenbewegung – liegt insbesondere vor
- bei Übereignung durch Einigung **(§ 929 S. 2 BGB)**,
- bei der Vereinbarung eines Besitzkonstituts **(§ 930 BGB)**,
- bei der Abtretung des Herausgabeanspruchs **(§ 931 BGB)**,
- bei der **Übergabe eines Traditionspapiers** (z. B. Lagerscheins; § 447 HGB) und
- bei **bestimmten Werklieferungen** (§ 3 Abs. 4 UStG),
  z. B. Lieferung und Einbau von Fenstern oder Heizung in ein Haus, da diese wesentlicher Bestandteil des Grundstücks werden.

Eine **Lieferung ohne Eigentumsübertragung** liegt insbesondere in den Fällen vor, in denen eine Ware unter **Eigentumsvorbehalt** i. S. d. § 449 BGB veräußert wird. Der Erwerber erhält ein sog. Anwartschaftsrecht und wird wirtschaftlich befähigt, im eigenen Namen über den Gegenstand zu verfügen. Sie gilt als bewegte Lieferung.

Lieferungen

Bewegte Lieferungen	**Ruhende Lieferungen**
Einigung und Übergabe **(§ 929 S. 1 BGB)** oder Eigentumsvorbehalt	Einigung **(§ 929 S. 2 BGB),** Besitzkonstitut **(§ 930 BGB),** Abtretung des Herausgabeanspruchs **(§ 931 BGB),** Übergabe eines Traditionspapiers, bestimmte Werklieferungen
Ort **§ 3 Abs. 6 UStG** bei bewegter Lieferung „Beginn"	**Ort** **§ 3 Abs. 7 S.1 UStG** wo sich der Gegenstand zur Zeit der Verschaffung der Verfügungsmacht befindet

► An einem **zur Sicherheit übereigneten Gegenstand** wird durch die Übertragung des bürgerlich-rechtlichen Eigentums allerdings noch **keine Verfügungsmacht verschafft**, da der Gläubiger (Sicherungsnehmer, z. B. eine Bank) und der Schuldner (Sicherungsgeber) lediglich eine Forderung zusätzlich absichern wollen.

Sonstige Leistung

Sonstige Leistungen sind gem. § 3 Abs. 9 S. 1 UStG Leistungen, die keine Lieferungen sind.

Sie können gem. § 3 Abs. 9 S. 2 UStG in einem
--> **Tun** (z. B. Dienst-, Werk-, Vermittlungs-, Beförderungs- und Speditionsleistungen),
--> **Dulden** (z. B. Vermietung und Verpachtung) oder
--> **Unterlassen** (z. B. Verzicht auf Verkaufstätigkeit in bestimmten Gebieten)

eines Zustandes bestehen.

▶ Sonstige Leistungen sind jedes Handeln, Dulden oder Unterlassen.

Beispiele:
--> *Der Schornsteinfeger fegt den Schornstein (Tun).*
--> *Die Firma Car-Rent vermietet Autos und duldet damit deren Nutzung durch Dritte/ ihre Kunden (Dulden).*
--> *Bauunternehmer Mörtel unterlässt auf Bitte eines Mitbewerbers sie Abgabe eins Angebotes bei einer Ausschreibung (Unterlassen).*

Ist damit geklärt, was sonstige Leistungen sind, so ist nun zu fragen, **wo** diese sonstigen Leistungen **ausgeführt** werden.

Entsprechend der Gesetzessystematik sind für die Ortsbestimmung zunächst die **Spezialvorschriften** (§ 3a Abs. 3–8 UStG, § 3b UStG bei Beförderungsleistungen und § 3e UStG bei Restaurationsleistungen an Bord eines Flugzeuges, Schiffes oder der Eisenbahn) zu prüfen, **bevor** die **Grundregeln** (§ 3a Abs. 1 und Abs. 2 UStG) angewendet werden.

▶ § 3a Abs. 1 und 2 gelten stets nur vorbehaltlich der Absätze 3–8 und der §§ 3b und 3e UStG.

Insbesondere **§ 3a UStG** beinhaltet eine **Vielzahl von Ortsbestimmungen**, die teilweise abhängig sind
--> von der Art der sonstigen Leistung und
--> wer Empfänger dieser sonstigen Leistungen ist.

Ausgehend von der **Person des Leistungsempfängers** ist zu unterscheiden, ob der Leistungsaustausch zwischen dem Unternehmer (Business) und einer Privatperson (Consumer) erfolgt, ob also der Leistungsempfänger eine Privatperson ist. Dann liegt ein Leistungsaustausch zwischen **business to consumer (B2C)** vor. Oder, ob der Leistungsaustausch zwischen dem Unternehmer (Business) und einem anderen Unternehmer (Business) erfolgt. Dann liegt ein Leistungsaustausch zwischen **business to business (B2B)** vor.

Bezogen auf die **Art der sonstigen Leistungen** können folgende Bestimmungen des Ortes in Abhängigkeit von der sonstigen Leistung innerhalb des § 3a UStG unterschieden werden:

- der **Belegenheitsort eines Grundstücks** (§ 3a Abs. 3 **Nr. 1** UStG),
- der **Übergabeort bei der Vermietung eines Beförderungsmittels** (§ 3a Abs. 3 **Nr. 2** UStG),
- der **Tätigkeitsort/Empfängerort bei sonstigen Leistungen im Bereich Kultur, Kunst, Wissenschaft, Unterricht etc.** (§ 3a Abs. 3 **Nr. 3 Buchst. a** UStG),
- der Tätigkeitsort bei **Restaurationsleistungen, die nicht** an Bord eines Schiffes, Flugzeugs oder einer Eisenbahn erbracht werden (§ 3a Abs. 3 **Nr. 3 Buchst. b** UStG),
- der **Tätigkeitsort bei Arbeiten an beweglichen körperlichen Gegenständen sowie deren Begutachtung** (§ 3a Abs. 3 **Nr. 3 Buchst. c** UStG),
- der **Ort des vermittelten Umsatzes** (§ 3a Abs. 3 **Nr. 4** UStG),
- die **Orte bei Katalogleistungen** (§ 3a **Abs. 4** UStG).

Erst wenn diese speziellen Vorschriften nicht greifen, kann der Ort der sonstigen Leistung nach den **Grundregeln des § 3a Abs. 1 und 2 UStG** bestimmt werden.

Die **Grundregel des § 3a Abs. 1 UStG** bestimmt, dass eine sonstige Leistung an einen Nichtunternehmer **(B2C-Umsatz)** grundsätzlich an dem **Ort** ausgeführt wird, **von dem aus der leistende Unternehmer sein Unternehmen betreibt** bzw. seine Betriebsstätte unterhält **(Sitzort des Leistenden)**.

Die **Grundregel des § 3a Abs. 2 S. 1 und 2 UStG** bestimmt, dass eine sonstige Leistung an einen Unternehmer für dessen Unternehmen **(B2B-Umsatz)** an dem **Ort** ausgeführt wird, **von dem aus der Leistungsempfänger sein Unternehmen betreibt** bzw. seine Betriebsstätte unterhält **(Empfängerortprinzip)**.

In Kombination von der Art der sonstigen Leistung und dem Leistungsempfänger (B2B- oder B2C-Umsatz) lassen sich für die Ortsbestimmungen der sonstigen Leistungen nach § 3a UStG folgende Aussagen aufstellen:

Art der sonstigen Leistungen	Ort der sonstigen Leistungen	
	B2B-Umsätze	B2C-Umsätze
Grundregeln für sonstige Leistungen	Sitzort des Empfängers § 3a **Abs. 2**	Sitzort des Leistenden § 3a **Abs. 1**
grundstücksbezogene Leistungen	Belegenheitsort § 3a Abs. 3 **Nr. 1**	Belegenheitsort § 3a Abs. 3 **Nr. 1**
kurzfristige Vermietung eines Beförderungsmittels	Übergabeort § 3a Abs. 3 **Nr. 2**	Übergabeort § 3a Abs. 3 **Nr. 2**
langfristige Vermietung eines Beförderungsmittels	Sitzort des Empfängers § 3a **Abs. 2**	Sitzort des Empfängers § 3a Abs. 3 **Nr. 2**
sonstige Leistungen im Bereich Kultur, Kunst, Wissenschaft, Unterricht etc.	Sitzort des Empfängers § 3a **Abs. 2**	Tätigkeitsort § 3a Abs. 3 **Nr. 3a**
Restaurationsleistungen, die nicht an Bord eines Schiffes, Luftfahrzeugs oder einer Eisenbahn erbracht werden	Tätigkeitsort § 3a Abs. 3 **Nr. 3b**	Tätigkeitsort § 3a Abs. 3 **Nr. 3b**
Arbeiten an beweglichen körperlichen Gegenständen sowie deren Begutachtung	Sitzort des Empfängers § 3a **Abs. 2**	Tätigkeitsort § 3a Abs. 3 **Nr. 3c**
Vermittlungsleistungen	Sitzort des Empfängers § 3a **Abs. 2**	Ort des vermittelten Umsatzes § 3a Abs. 3 **Nr. 4**

Tipp: Markern Sie sich im § 3a UStG für Ihr Lernen die Orte der sonstigen Leistungen, die nur für eine Privatperson als Leistungsempfänger gelten, gesondert, damit Sie dieses schnell erkennen.

Unternehmer im Rahmen seines Unternehmens

Für die Beurteilung der Steuerbarkeit der Leistungen kommt es weiter darauf an, dass die Leistung durch einen Unternehmer im Rahmen seines Unternehmens erbracht wird.

Unternehmer ist gem. **§ 2 UStG**, wer eine gewerbliche oder berufliche Tätigkeit selbstständig ausübt, unabhängig davon, ob diese Person nach anderen Vorschriften rechtsfähig ist. Dabei umfasst das Unternehmen die gesamte gewerbliche oder berufliche Tätigkeit des Unternehmers.

▶ ein Unternehmer, ein Unternehmen

Mehrere **Betriebe**, selbst wenn der Gegenstand dieser Betriebe ein ganz unterschiedlicher ist, **bilden immer (nur) ein Unternehmen**.

Daraus folgt:
- → Für das gesamte Unternehmen ist nur **eine konsolidierte Steuererklärung** (Voranmeldung, Jahreserklärung) unter einer Steuernummer abzugeben.
- → Umsätze zwischen den einzelnen Betrieben sind sog. **Innenumsätze**. Diese sind nicht steuerbar.

Gewerblich oder beruflich ist jede nachhaltige Tätigkeit zur Erzielung von Einnahmen, auch wenn die Absicht, Gewinn zu erzielen, fehlt.

Damit reicht in der Umsatzsteuer eine Einnahmenerzielungsabsicht aus, während in der Einkommensteuer eine Gewinnerzielungsabsicht gefordert wird. Dieses ist dadurch zu erklären, dass die Umsatzsteuer eine Verkehrsteuer ist.

Die Leistungen müssen durch den Unternehmer im Rahmen seines Unternehmens erbracht worden seien. Dabei kennzeichnen den **Rahmen des Unternehmens** nicht nur die eigentlichen **Haupt- bzw. Grundgeschäfte** (z. B. die Steuerberaterin leistet Hilfe in Steuersachen), sondern auch die **Hilfs- und Nebengeschäfte**.

Grundgeschäfte bilden den eigentlichen Gegenstand der geschäftlichen Betätigung (Abschn. 2.7 Abs. 2 S. 1 UStAE).

Zu den **Hilfsgeschäften** gehört jede Tätigkeit, die die Haupttätigkeit mit sich bringt. Zum Beispiel den Verkauf des alten und Kauf eines neuen Pkw durch eine Unternehmerin für ihr Unternehmen. Auf die Nachhaltigkeit der Hilfsgeschäfte kommt es nicht an (Abschn. 2.7 Abs. 2 S. 2 und 3 UStAE).

Nebengeschäfte sind solche, die sich nicht notwendig aus der Haupttätigkeit ergeben, mit dieser aber wirtschaftlich zusammenhängen; z. B. das Verfassen eines Lehrbuches, Dozententätigkeit im Steuerrecht.

▶ Vorgänge, die in die **Privatsphäre** eines Unternehmers fallen, liegen als Privatvorgänge **außerhalb des Rahmens seines Unternehmens** und sind deshalb **nicht steuerbar**.

Beispiel: *Eine Steuerberaterin verkauft auf einem Flohmarkt Kleidung, die ihren Kindern zu klein geworden ist. Diese Umsätze erfolgen nicht im Rahmen ihres Unternehmens und sind damit nicht steuerbar. Diese Veräußerungen liegen in ihrer Privatsphäre. Anders ist es, wenn sie den betrieblichen Pkw ihrer Steuerkanzlei verkauft. Diese Veräußerung gehört als Hilfsgeschäft zum Rahmen ihres Unternehmens und ist damit steuerbar.*

Gegen Entgelt

Die Leistungen müssen für die Steuerbarkeit auch gegen Entgelt erbracht worden sein.

▶ **Entgelt** meint im Rahmen der Steuerbarkeit einer Leistung, dass ein **Leistungsaustauschverhältnis (LAT)** vorliegt.

Mit Entgelt wird auch die Bemessungsgrundlage gem. § 10 UStG für die Umsatzsteuer bezeichnet.

Ein **Leistungsaustauschverhältnis (LAT)** liegt – wie es in Abschn. 1.1 Abs. 1 UStAE näher umschrieben wird – vor, wenn

- zwei verschiedene Personen (Leistender ≠ Leistungsempfänger),
- eine Leistung und eine Gegenleistung sowie
- ein unmittelbarer wirtschaftlicher Zusammenhang zwischen Leistung und Gegenleistung besteht.

▶ Fehlt eine dieser Voraussetzungen, ist der Vorgang mangels Leistungsaustauschs nicht steuerbar.

An einem Leistungsaustauschverhältnis fehlt es insbesondere in folgenden Fallkonstellationen:

Innenumsatz: Leistungen zwischen verschiedenen Betrieben eines Unternehmens. Innenumsätze sind, wenn sie im Inland ausgeführt werden, nicht steuerbar (Abschn. 2.7 Abs. 1 S. 3 UStAE).

Die **Zahlung mit Geldmitteln** ist eine Gegenleistung; sie stellt keine Leistung i. S. d. UStG (Abschn. 1.1 Abs. 3 S. 3 UStAE) dar.

Bei einem **echten Schadenersatz** liegt kein Leistungsaustausch vor (Abschn. 1.3 Abs. 1 S. 1 UStAE). Wer einen echten Schadenersatz zu leisten hat, tut das nicht, weil er eine Lieferung oder sonstige Leistung erhalten hat, sondern weil er nach dem Gesetz oder Vertrag für den Schaden und seine Folgen einzustehen hat (Abschn. 1.3 Abs. 1 S. 2 UStAE).

Demgegenüber liegt bei einem **unechten Schadensersatz** – also, wenn der Geschädigte im Auftrag des Schädigers gegen Entgelt den Schaden selbst wieder repariert – eine steuerbare sonstige Leistung vor (Abschn. 1.3 Abs. 11 S. 1 UStAE).

Allerdings gehören **Mahngebühren** und **Verzugszinsen** zum **echten Schadensersatz** (Abschn. 1.3 Abs. 6 S. 1–3 UStAE).

Im Inland

Für eine Steuerbarkeit nach § 1 Abs. 1 Nr. 1 UStG müssen die Leistungen auch im Inland ausgeführt worden sein.

Da die Ortsbestimmung als solche bereits besprochen ist, geht es hier um eine Klärung des Inlandsbegriffes.

Inland i. S. d. UStG ist gem. (§ 1 Abs. 2 S. 1 UStG) das Gebiet der Bundesrepublik Deutschland mit Ausnahme des Gebiets von Büsinge, der Insel Helgoland, der Freizonen des Kontrolltyps I nach § 1 Abs. 1 S. 1 des Zollverwaltungsgesetzes (Freihäfen), der Gewässer und Watten zwischen der Hoheitsgrenze und der jeweiligen Strandlinie sowie der deutschen Schiffe und der deutschen Luftfahrzeuge in Gebieten, die zu keinem Zollgebiet gehören.

	Gebiet der Bundesrepublik Deutschland
./:	Insel Helgoland
./:	**Freizonen des Kontrolltyps I** (Freihäfen: Bremerhaven und Cuxhaven)
./.	**Gewässer und Watten** zwischen der Hoheitsgrenze und der jeweiligen Strandlinie **(12 Seemeilen)**
./.	deutsche Schiffe und deutsche Luftfahrzeuge in Gebieten, die zu keinem Zollgebiet gehören
=	**Inland**

▶ **Werden Lieferungen und sonstige Leistungen durch einen Unternehmer im Rahmen seines Unternehmens gegen Entgelt im Inland ausgeführt, so sind diese Leistungen gem. § 1 Abs. 1 Nr. 1 UStG steuerbar.**

2.4.2 Steuerbefreiungen und Option

Sind Leistungen steuerbar, lösen sie nur dann Umsatzsteuer aus, wenn sie auch steuerpflichtig sind, d. h., nicht aufgrund einer Befreiungsvorschrift von der Umsatzsteuer ausgenommen sind.

Steuerbefreiungen

Welche Leistungen von der Umsatzsteuer befreit sind, ist in § 4 UStG einzeln aufgelistet.

So sind neben der Steuerfreiheit des Exports gem. **§ 4 Nr. 1 Buchst. a** wie **Ausfuhr** und **Buchst. b** wie **Binnenmarkt**, mit der Zielsetzung, die inländischen Gegenstände ohne Umsatzsteuerbelastung dem ausländischen Markt zuzuführen, **bestimmte Inlandsumsätze** aus sozialen, kulturellen und haushaltsmäßigen Gründen ebenfalls von der Umsatzsteuer befreit.

Hierzu zählen insbesondere die Leistungen gem. **§ 4 Nr. 8–29 UStG**.

Beispielhaft zu nennen sind insbesondere
- § **4 Nr. 8** Geld-, Kapital- und Kreditumsätze;
- § **4 Nr. 9** Konkurrenz zu anderen Verkehrsteuern (z. B. Grunderwerbsteuer);
- § 4 Nr. 10 Versicherungsumsätze;
- § 4 Nr. 11 Bausparkassenvertreter, Versicherungsvertreter, Versicherungsmakler;
- § 4 **Nr. 12** Vermietungen und Verpachtungen (z. B. Vermietung von Wohnungen in einem Mietwohngrundstück; siehe aber auch Satz 2!) und
- § 4 **Nr. 14** Umsätze der Heilberufe (z. B. als Arzt/Ärztin, Zahnarzt/Zahnärztin, Heilpraktiker/-in, Krankengymnast/-in, Hebamme/Geburtshelfer, Podologin/Podologe = medizinische/-r Fußpfleger/-in).

▶ **Diese Steuerfreien Leistungen sind sog. Ausschlussumsätze, d. h., diese Leistungen schließen einen Vorsteuerabzug aus.**

Beispiel: *Frau Asmuss ist Eigentümerin eines in Hamburg gelegenen gemischt genutzten Hauses. Das Haus hat drei Geschosse mit je 400 m² Fläche. Das Erdgeschoss ist vermietet an einen Versicherungsmakler. Das 1. Obergeschoss ist vermietet an eine Steuerberaterin. Das 2. Obergeschoss ist vermietet an Familie Müller zu Wohnzwecken. Frau Asmuss erzielt folgende Einnahmen:*

EG (400 m²)	Versicherungsmakler	1.000,00 €
1. OG (400 m²)	Steuerberaterin	1.190,00 €
2. OG (400 m²)	Familie Müller	800,00 €

Die Mietparteien haben das ganze Jahr über stets pünktlich die Miete gezahlt.

Neben den üblichen Aufwendungen für die Gebäudeversicherung und Grundsteuer musste Frau Asmuss eine Dachreparatur durchführen lassen. Der Dachdecker berechnete Frau Asmuss für die Reparatur 10.000,00 € zzgl. 1.900,00 € USt.

Zunächst sollen nur die Einnahmen umsatzsteuerrechtlich wie folgt betrachtet werden:

Frau Asmuss ist als Vermieterin eine Unternehmerin i. S. d. UStG. Sie erzielt mit der Vermietung nachhaltig Einnahmen.

Bei der Vermietung handelt es sich um eine sonstige Leistung gem. § 3 Abs. 9 UStG. Sie duldet die Nutzung ihres Eigentums durch fremde Dritte.

Diese sonstige Leistung erbringt sie offensichtlich gegen Entgelt im Rahmen ihres Unternehmens.

Ort der sonstigen Leistung ist gem. § 3a Abs. 3 Nr. 1 Buchst. a UStG Hamburg, da es sich bei der Vermietung um eine sonstige Leistung im Zusammenhang mit einem Grundstück handelt.

Frau Asmuss erbringt diese sonstigen Leistungen auch offensichtlich gegen Entgelt im Rahmen ihres Unternehmens.

Damit sind die Vermietungsleistungen von Frau Asmuss steuerbar.

Allerdings lösen die steuerbaren sonstigen Leistungen von Frau Asmuss nur dann eine Umsatzsteuer aus, wenn sie nicht aufgrund einer Befreiungsvorschrift von der Umsatzsteuer ausgenommen sind.

Bei der von Frau Asmuss durchgeführten Vermietung ihres Hauses greift aber die Befreiungsvorschrift des § 4 Nr. 12 Buchst. a UStG. Die Vermietung ist langfristig im Zusammenhang mit einem Grundstück.

Damit löst die Vermietung von Frau Asmuss aufgrund der Befreiung des § 4 UStG keine Umsatzsteuer aus.

Die Lösungstabelle ist wie folgt auszufüllen:

Leistungsart (§)	sonstige Leistung (§ 3 Abs. 9 UStG)
Leistungsort (§)	Hamburg (§ 3a Abs. 3 Nr. 1 Buchst. a UStG)
Steuerbar (ja/nein, §)	ja, § 1 Abs. 1 Nr. 1 UStG
Steuerfrei (ja/nein, §)	ja, § 4 Nr. 12 Buchst. a UStG
Bemessungsgrundlage in Euro	
Umsatzsteuer in Euro	
Vorsteuer in Euro (§)	

Da Frau Asmuss mit der Vermietung von der Umsatzsteuer gem. § 4 UStG befreite Ausgangsumsätze als Unternehmerin ausführt, kann sie nicht die ihr mit den Dachdeckerarbeiten als Eingangsumsatz berechnete Umsatzsteuer in Höhe von 1.900,00 € als Vorsteuer geltend machen (siehe § 15 Abs. 2 Nr. 1 UStG).

Option

In bestimmten Fällen kann auf die Steuerbefreiung gem. § 9 UStG verzichtet werden (sog. Option), Der steuerbare und steuerfreie Ausschlussumsatz wird dann durch die Option steuerpflichtig.

Hat der Unternehmer bzw. die Unternehmerin zur Steuerpflicht optiert, so schließen diese Umsätze den Vorsteuerabzug nicht mehr aus.

Voraussetzungen sind für die Option gem. § 9 UStG:
- → Die **verzichtende Person** muss **Unternehmer/-in** sein.
- → Es muss sich um einen **Umsatz** handeln, **der nach § 4 Nr. 8a–g, 9a, 12, 13 oder 19 UStG steuerfrei** ist.
- → Der Umsatz muss **an einen anderen Unternehmer (und!) für dessen Unternehmen ausgeführt** werden.
- → Bei der Vermietung oder Verpachtung von Grundstücken ist eine Option gem. **§ 9 Abs. 2 S. 1 UStG** nur zulässig, soweit der **Leistungsempfänger** das **Grundstück (seinerseits) ausschließlich für Umsätze verwendet** oder zu verwenden beabsichtigt, **die den Vorsteuerabzug nicht ausschließen**.

Beispiel: *Frau Asmuss aus dem Beispiel zuvor beabsichtigt soweit wie möglich bei den von ihr als Unternehmerin durchgeführten Vermietungen als sonstigen Leistungen Gebrauch zu machen.*

Es sind damit die Voraussetzungen für die Option gem. § 9 UStG je Vermietung, also für die Vermietung des Erdgeschosses an den Versicherungsmakler, des 1. Obergeschosses an die Steuerberaterin und des 2. Obergeschosses an Familie Müller, einzeln wie folgt zu prüfen:

Frau Asmuss ist Unternehmerin und erbringt mit der Vermietung eine sonstige Leistung, die gem. § 4 Nr. 12 Buchst. a UStG von der Umsatzsteuer befreit ist.

Bezogen auf das Erdgeschoss vermietet sie an einen anderen Unternehmer, den Versicherungsmakler. Allerdings nutzt der Versicherungsmakler als Leistungsempfänger die von ihm gemieteten Räume für seine Tätigkeit als Versicherungsmakler. Diese von ihm getätigten Umsätze als Versicherungsmakler dürften einen Vorsteuerabzug bei ihm nicht ausschließen. Das ist aber nicht der Fall, da die Umsätze eines Versicherungsmaklers selbst gem. § 4 Nr. 11 UStG von der Umsatzsteuer befreit sind und damit als Ausschlussumsätze einen Vorsteuerabzug bei dem Versicherungsmakler selbst ausschließen.

Damit ist Frau Asmuss eine Option in Bezug auf die Vermietung des Erdgeschosses gegenüber dem Versicherungsmakler nicht möglich.

In Bezug auf das 1. Obergeschoss (Vermietung an die Steuerberaterin) vermietet Frau Asmuss an eine andere Unternehmerin. Die Steuerberaterin nutzt die gemieteten Räume für ihre Steuerkanzlei und tätig damit selbst Umsätze, die nicht von der Umsatzsteuer gem. § 4 UStG ausgeschlossen sind. Damit ist der Steuerberaterin ein Vorsteuerabzug möglich, da sie selbst keine Ausschlussumsätze tätigt.

Somit kann Frau Asmuss bei der Vermietung des 1. Obergeschosses gegenüber der Steuerberaterin zur Umsatzsteuer optieren. Die eigentlich umsatzsteuerfreie Vermietung des 1. Oberschosses wird damit umsatzsteuerpflichtig.

Die Lösungstabelle ist damit bei Option für das 1. Obergeschoss wie folgt auszufüllen:

Leistungsart (§)	sonstige Leistung (§ 3 Abs. 9 UStG)
Leistungsort (§)	Hamburg (§ 3a Abs. 3 Nr. 1 Buchst. a UStG)
Steuerbar (ja/nein, §)	ja (§ 1 Abs. 1 Nr. 1 UStG)
Steuerfrei (ja/nein, §)	nein, da Option gem. § 9 UStG
Bemessungsgrundlage in Euro	(1.190,00 : 1,19 =) **1.000,00**
Umsatzsteuer in Euro	190,00
Vorsteuer in Euro (§)	(kein Eingangsumsatz)

Bezogen auf das 2. Obergeschoss, die Vermietung an die Familie Müller, ist festzustellen, dass Familie Müller Privatpersonen sind und keine Unternehmer. Sie nutzen die gemieteten Räume zu privaten Wohnzwecken. Damit scheidet eine Option für Frau Asmuss bezogen auf das 2. Obergeschoss aus.

Frau Asmuss nutzt damit ihr Haus in Hamburg sowohl für steuerpflichtige als auch für steuerfreie Umsätze. Es handelt sich dabei um eine gemischte Nutzung. Frau Asmuss ist es damit möglich, die ihr von dem Dachdecker berechnete Umsatzsteuer zumindest anteilig gem. § 15 Abs. 4 UStG in Abzug zu bringen. Aufteilungsmaßstab ist hier die umsatzsteuerpflichtig vermietete Fläche im Verhältnis zur Gesamtfläche, da eine Aufteilung nach Umsätzen nur nachrangig, wenn keine andere wirtschaftliche Zurechnung möglich ist, in Betracht kommt. Aufteilungsmaßstab sind damit 400 m^2 zu 1 200 $m^2 = \frac{1}{3}$.

Damit kann Frau Asmuss als Unternehmerin aus der ihr von dem Dachdecker mit seiner Rechnung berechneten Umsatzsteuer in Höhe von 1.900,00 € einen Betrag in Höhe von (1.900,00 € $\cdot \frac{1}{3} =$) 633,33 € als Vorsteuer geltend machen.

Bei dem Eingangsumsatz ist die Lösungstabelle wie folgt auszufüllen:

Leistungsart (§)	
Leistungsort (§)	
Steuerbar (ja/nein, §)	
Steuerfrei (ja/nein, §)	
Bemessungsgrundlage in Euro	
Umsatzsteuer in Euro	
Vorsteuer in Euro (§)	633,33 (§ 15 Abs. 1 u. 4 UStG)

2.4.3 Bemessungsgrundlage

Um die Umsatzsteuer für steuerpflichtige Umsätze berechnen zu können, bedarf es neben dem Steuersatz eines Wertmaßstabes (= Bemessungsgrundlage, § 10 UStG), auf den der Steuersatz anzuwenden ist und so die Umsatzsteuer berechnet werden kann.

Entgelt

Entgelt ist gem. § 10 Abs. 1 S. 2 UStG alles, was den Wert der Gegenleistung bildet, die der leistende Unternehmer vom Leistungsempfänger oder von einem anderen als dem Leistungsempfänger für die Leistung erhält oder erhalten soll, einschließlich der unmittelbar mit dem Preis dieser Umsätze zusammenhängenden Subventionen, jedoch abzüglich der für diese Leistung gesetzlich geschuldeten Umsatzsteuer.

▶ Entgelt ist stets der Nettobetrag!

Durchlaufende Posten

Kein Entgelt sind gem. § 10 Abs. 1 S. 5 UStG die Beträge, die ein Unternehmer im Namen und für Rechnung eines anderen vereinnahmt und verausgabt (sog. **durchlaufende Posten**).

Beispiel: *Eine Rechtsanwältin erhält von ihrem Mandanten 1.000,00 € auf ihr Konto überwiesen für den Ausgleich von Gerichtskosten, die sie zuvor für den Mandanten verauslagt hatte. Diese 1.000,00 € sind für die Rechtsanwältin ein durchlaufender Posten und kein Entgelt für die von ihr erbrachten Beratungsleistungen als sonstige Leistungen i. S. d. UStG.*

Tausch/tauschähnlicher Umsatz

In den meisten Fällen des Wirtschaftslebens besteht das Entgelt in Geld. Entgelt können aber auch eine Lieferung (Tausch) oder eine sonstige Leistung (tauschähnlicher Umsatz) darstellen (§ 3 Abs. 12 i. V. m. § 10 Abs. 2 S. 2 UStG). Entgelt ist dann der **gemeine Wert der Gegenleistung**; die Umsatzsteuer gehört nicht zum Entgelt (§ 10 Abs. 2 S. 2 und 3 UStG). Es handelt sich um zwei selbstständig zu beurteilende Umsätze; der Wert jedes Umsatzes gilt dabei als Entgelt für den anderen Umsatz.

Beispiel: *Der Autohändler Staake aus Bremen verkauft an einen Kunden ein Auto für 50.000,00 € inkl. 19 % USt. Hierfür nimmt er von dem Kunden das gebrauchte Auto für 10.000,00 € in Zahlung und bekommt weiter einen Betrag in bar in Höhe von 40.000,00 €.*

Die Bemessungsgrundlage für den Autohändler für den steuerbaren und steuerpflichtigen Tausch mit Baraufgabe ist also der Wert der Gegenleistung abzüglich der Umsatzsteuer. Der Wert der Gegenleistung besteht in der Hingabe des gebrauchten Autos (10.000,00 €) und in der Baraufgabe (40.000,00 €), insgesamt also 50.000,00 €. Das Entgelt beträgt (50.000,00 € : 1,19 =) 42.016,81 €; die Umsatzsteuer (42.016,81 € · 19 % =) 7.983,19 €.

Bemessungsgrundlage bei unentgeltlicher Lieferung und sonstiger Leistung (§ 10 Abs. 4 UStG – Ersatzbemessungsgrundlage)

Bemessungsgrundlage für die **unentgeltlichen Lieferungen i. S. d. § 3 Abs. 1b UStG** ist nach § 10 Abs. 4 Nr. 1 UStG grundsätzlich der **Einkaufspreis** (= Wiederbeschaffungspreis) zuzüglich Nebenkosten **zum Zeitpunkt des Umsatzes**. Die Umsatzsteuer gehört nicht zur Bemessungsgrundlage.

Beispiel: *Frau Schön betreibt eine Boutique in Kiel. Zum 16. Geburtstag im Juni schenkt sie Ihrer Tochter ein Kleid aus dem Warenbestand. Frau Schön hatte dieses Kleid im Anfang des Jahres für 200,00 € zzgl. 38,00 € USt. eingekauft. Im Juni kostet dieses Kleid im Einkauf nur noch 100,00 € zzgl. 19 % USt. Im Laden verkauft Sie diese Kleider ihre Kundschaft für 389,00 € inkl. 19 % USt.*

Bei der Entnahme des Kleides aus dem Warenbestand handelt es sich um eine unentgeltliche Lieferung gem. § 3 Abs. 1b Nr. 1 UStG. Bemessungsgrundlage für die Umsatzsteuer ist gem. § 10 Abs. 4 Nr. 1 UStG der Einkaufspreis zum Zeitpunkt des Umsatzes, also im Juli, als sie das Kleid ihrer Tochter schenkt. Also beträgt die Bemessungsgrundlage 100,00 € und die Umsatzsteuer 19,00 €.

Die Lösungstabelle ist in diesem Fall wie folgt auszufüllen:

Leistungsart (§)	(unentgeltliche) Lieferung (§ 3 Abs. 1b Nr. 1 UStG)
Leistungsort (§)	Kiel (§ 3 Abs. 6 UStG)
Steuerbar (ja/nein, §)	ja (§ 1 Abs. 1 Nr. 1 UStG)
Steuerfrei (ja/nein, §)	nein, kein § 4 UStG
Bemessungsgrundlage in Euro	100,00 (§ 10 Abs. 4 Nr. 1 UStG)
Umsatzsteuer in Euro	19,00
Vorsteuer in Euro (§)	

Bei der **Bemessungsgrundlage** für **unentgeltliche sonstige Leistungen i. S. d. § 9a UStG** ist zu unterscheiden, ob es um

- die Verwendung von Gegenständen für Zwecke außerhalb des Unternehmens (§ 9a Abs. 1 Nr. 1 UStG) oder
- die unentgeltliche Erbringung einer anderen sonstigen Leistung durch den Unternehmer für Zwecke, die außerhalb des Unternehmens liegen (§ 3 Abs. 9a Nr. 2 UStG)

geht.

Bemessungsgrundlage für die steuerbaren unentgeltlichen sonstigen Leistungen i. S. d. **§ 3 Abs. 9a Nr. 1 UStG (Verwendung von Gegenständen für Zwecke außerhalb des Unternehmens)** sind die bei Ausführung dieser Umsätze entstandenen Ausgaben. Dies gilt allerdings nur, wenn die Ausgaben den Unternehmer zum vollen oder zumindest teilweisen Vorsteuerabzug berechtigt haben (§ 10 Abs. 4 Nr. 2 UStG).

Zu diesen Ausgaben gehören auch die Anschaffungs- oder Herstellungskosten eines Wirtschaftsguts, soweit das Wirtschaftsgut dem Unternehmen zugeordnet ist und für die Erbringung der sonstigen Leistung verwendet wird.

Betragen die **Anschaffungs- oder Herstellungskosten mindestens 500,00 €**, sind sie gleichmäßig auf einen Zeitraum zu verteilen, der dem für das Wirtschaftsgut maßgeblichen Berichtigungszeitraum nach § 15a UStG entspricht (5 bzw. 10 Jahre).

Nach Ablauf des jeweils nach § 15a UStG maßgeblichen Berichtigungszeitraums sind die auf das Wirtschaftsgut entfallenden Ausgaben vollständig in die Bemessungsgrundlage eingeflossen und in den Folgejahren nicht mehr als Bemessungsgrundlage zu berücksichtigen.

Betragen bei einem Wirtschaftsgut die Anschaffungs- oder Herstellungskosten **nicht mehr als 500,00 €**, sind diese nicht auf mehrere Jahre zu verteilen, sondern im Jahr der Anschaffung oder Herstellung komplett zu berücksichtigen.

Beispiel: *Die Münchner Unternehmerin U hat im Januar für ihr Unternehmen eine neue Telefonanlage für 2.000,00 € + 380,00 € USt. = 2.380,00 € gekauft. Die ihr in Rechnung gestellte Umsatzsteuer von 380,00 € hat sie als Vorsteuer abgezogen. Sie nutzt das betriebliche Telefon zu 20 % für private Zwecke.*

Die Nutzungsdauer dieser Telefonanlage beträgt laut AfA-Tabelle 5 Jahre. Sie entspricht dem Korrekturzeitraum des § 15a UStG.

Durch die Nutzung der Telefonanlage für Zwecke außerhalb des Unternehmens, liegt eine unentgeltliche sonstige Leistung i. S. d. § 3 Abs. 9a Nr. 1 UStG vor (Abschn. 3.4 Abs. 4 S. 2 UStAE).

Die Bemessungsgrundlage für die Berechnung der Umsatzsteuer beträgt für das ganze Jahr damit 80,00 € (2.000,00 € : 5 Jahre Korrekturzeitraum § 15a UStG = 400,00 € · 20 % privater Nutzungsanteil = 80,00 €).

Bei **sonstigen Leistungen i. S. d. § 3 Abs. 9a Nr. 2 UStG (unentgeltliche Erbringung einer anderen sonstigen Leistung)** werden **sämtliche** bei der Ausführung dieser Umsätze entstandenen Ausgaben angesetzt (§ 10 Abs. 4 Nr. 3 UStG). **Einzubeziehen** sind **auch solche Aufwendungen, die nicht mit Umsatzsteuer belastet waren**.

Beispiel: *Der selbstständige Dachdeckermeister Huber aus Hannover setzt für die Dachreparatur an seinem in Hannover gelegenen privaten Haus einen Gesellen seiner Dachdeckerfirma ein. Es entstehen für die Dachreparatur Lohnkosten in Höhe von 500,00 €.*

Obwohl im Zusammenhang mit den Personalkosten keine Vorsteuer angefallen ist, sind diese Aufwendungen in die Bemessungsgrundlage für den Umsatz, der nach § 3 Abs. 9a Nr. 2 UStG einer sonstigen Leistung gegen Entgelt gleichgestellt ist, einzubeziehen. Die Bemessungsgrundlage beträgt damit nach § 10 Abs. 4 Nr. 3 UStG 500,00 €, die Umsatzsteuer (500,00 € · 19 % =) 95,00 €.

Die Lösungstabelle ist wie folgt auszufüllen:

Leistungsart (§)	(unentgeltliche) sonstige Leistung (§ 3 Abs. 9a Nr. 2 UStG)
Leistungsort (§)	Hannover (§ 3a Abs. 3 Nr. 1 UStG)
Steuerbar (ja/nein, §)	ja (§ 1 Abs. 1 Nr. 1 UStG)
Steuerfrei (ja/nein, §)	nein, kein § 4 UStG
Bemessungsgrundlage in Euro	500,00 (§ 10 Abs. 4 Nr. 2 UStG)
Umsatzsteuer in Euro	95,00
Vorsteuer in Euro (§)	

Bemessungsgrundlage bei verbilligter Abgabe an nahestehende Personen (§ 10 Abs. 5 UStG – Mindestbemessungsgrundlage)

Bei Umsätzen von

- Einzelunternehmern und -unternehmerinnen an ihnen nahestehende Personen (= Angehörige i. S. d. § 15 AO), die nach § 1 Abs. 1 Nr. 1 S. 1 UStG steuerbar sind **(siehe § 10 Abs. 5 Nr. 1 UStG)** oder
- die Unternehmer/-innen an ihr Personal oder deren Angehörige aufgrund des Dienstverhältnisses (verbilligt) ausführen (siehe **§ 10 Abs. 5 Nr. 2 UStG**),

ist die **Bemessungsgrundlage nach § 10 Abs. 4 UStG anzusetzen**, wenn diese das Entgelt nach § 10 Abs. 1 UStG übersteigt, sog. Mindestbemessungsgrundlage (§ 10 Abs. 5 UStG).

▶ Auf diese Weise soll erreicht werden, dass eine verbilligte Abgabe mindestens so wie bei einer unentgeltlichen Wertabgabe versteuert wird.

Beispiel: *Der selbstständige Getränkehändler Durst aus Hildesheim möchte seinen Schwager bei der Ausrichtung seines 40. Geburtstages unterstützen und verkauft ihm 5 Kartons Champagner für 100,00 € zzgl. 19 % USt. Im Einkauf hatte Durst je Kiste Cham-*

pagner 100,00 € zzgl. 19 % USt. bezahlt. An seine Kundschaft verkauft Durst die Kiste Champagner für 300,00 € zzgl. USt.

Durst hat mit dem Verkauf der fünf Kisten Champagner jeweils eine steuerbare und steuerpflichtige Lieferung ausgeführt. Allerdings hat er die Kisten an seinen Schwager als nahestehende Person unter dem Einkaufspreis verkauft. Bemessungsgrundlage für diese Umsätze ist damit jeweils gem. § 10 Abs. 5 Nr. 1 UStG i. V. m. § 10 Abs. 4 UStG der Einkaufspreis zum Zeitpunkt des Umsatzes, damit 5 · 100,00 € = 500,00 €.

Die Umsatzsteuer beträgt damit 500,00 € · 19 % = 95,00 €.

Die Lösungstabelle ist wie folgt auszufüllen:

Leistungsart (§)	Lieferung (§ 3 Abs. 1 UStG)
Leistungsort (§)	Hildesheim (§ 3 Abs. 6 UStG)
Steuerbar (ja/nein, §)	ja (§ 1 Abs. 1 Nr. 1 UStG)
Steuerfrei (ja/nein, §)	nein, kein § 4 UStG
Bemessungsgrundlage in Euro	500,00 (§ 10 Abs. 5 Nr. 1 UStG i. V. m. Abs. 4 UStG)
Umsatzsteuer in Euro	95,00
Vorsteuer in Euro (§)	

Änderung der Bemessungsgrundlage

Hat sich die Bemessungsgrundlage nach § 10 Abs. 1–5 UStG für einen steuerpflichtigen Umsatz **nachträglich (!)** geändert, so haben

- Unternehmer/-innen, die diesen Umsatz ausgeführt haben, den dafür geschuldeten Umsatzsteuerbetrag, und
- Unternehmer/-innen, an den dieser Umsatz ausgeführt worden ist, den dafür in Anspruch genommenen Vorsteuerbetrag

zu berichtigen (**§ 17 Abs. 1 S. 1 und 2 UStG**).

▶ Die Berichtigungen sind für den Besteuerungszeitraum vorzunehmen, in dem die Änderung der Bemessungsgrundlage eingetreten ist (§ 17 Abs. 1 S. 8 UStG).

Beispiel: *Der vorsteuerabzugsberechtigte Unternehmer U aus Hamburg gibt monatlich Umsatzsteuervoranmeldungen ab und versteuert seine Umsätze nach vereinbarten Entgelten. Am 30. Januar lieferte er an einen Kunden Ware im Wert von 10.000,00 € zzgl. 19 % Umsatzsteuer. Am 5. Februar bezahlte der Kunde die Ware unter Abzug von 2 % Skonto.*

Bemessungsgrundlage für die Umsatzsteuervoranmeldung Januar ist damit gem. § 10 Abs. 1 UStG das Entgelt in Höhe von 10.000,00 € und damit eine Umsatzsteuer in Höhe von 1.900,00 €.

Durch die Bezahlung unter Skontoabzug ist die Bemessungsgrundlage im Voranmeldungszeitraum Februar gem. § 17 Abs. 1 UStG um den gewährten Skonto in Höhe von (10.000,00 € · 2 % =) 200,00 € und damit die Umsatzsteuer um (220,00 € · 19·% =) 38,00 € zu korrigieren.

2.4.4 Umsatzsteuersatz und Umsatzsteuer

Steuerbare Umsätze, für die keine Steuerbefreiungen infrage kommen, sind steuerpflichtig. Durch Anwendung des Steuersatzes auf die Bemessungsgrundlage ergibt sich die Umsatzsteuer (Traglast).

Im deutschen Umsatzsteuerrecht gibt es im Wesentlichen zwei Steuersätze:
- allgemeiner Steuersatz
- ermäßigter Steuersatz.

▶ Der jeweils für die Hauptleistung anzuwendende Steuersatz gilt auch für Nebenleistungen, die das Schicksal der Hauptleistung teilen (z. B. Transportkosten, Verpackung etc.).

Allgemeiner Steuersatz

Der allgemeine Steuersatz (= Regelsteuersatz) ist seit dem 1. Januar 2008 gem. § 12 Abs. 1 UStG mit 19 % anzusetzen.

Ermäßigter Steuersatz

Der ermäßigte Steuersatz beträgt gem. § 12 Abs. 2 UStG 7 %.

▶ Dieser Steuersatz ist anzuwenden auf die in § 12 Abs. 2 UStG abschließend aufgeführten Umsätze.

Entstehen der Umsatzsteuer

Die Vorschrift des **§ 13 UStG** regelt den Zeitpunkt der Entstehung der Umsatzsteuer.

Dafür ist u. a. entscheidend, ob die Besteuerung
- gem. § 16 Abs. 1 UStG nach vereinbarten Entgelten (Soll-Besteuerung) oder
- gem. § 20 UStG nach vereinnahmten Entgelten (Ist-Besteuerung)

vorgenommen wird.

Bei der Besteuerung nach **vereinbarten Entgelten (Soll-Besteuerung)**, die der Regelfall ist (sog. Regelbesteuerung), richtet sich die Entstehung der Steuer nach dem Zeitpunkt der Leistung.

▶ Für den Entstehungszeitpunkt der Steuer sind demnach unerheblich:
- der Zeitpunkt der Rechnungserteilung und
- der Zeitpunkt des Zahlungseingangs.

Beispiel: *Unternehmerin U aus München versteuert ihre Umsätze nach vereinbarten Entgelten und gibt monatlich ohne Dauerfristverlängerung Umsatzsteuervoranmeldungen ab. Ende Januar bestellt ein Kunde bei ihr Ware. Mitte Februar liefert U die Ware an den Kunden. Anfang März schickt U die Rechnung für die Ware an den Kunden. Der Kunde bezahlt die Ware Anfang April. Wann ist die Umsatzsteuer entstanden bzw. anzumelden? Die Umsatzsteuer ist mit Ausführung der Lieferung im Februar entstanden und damit mit Ablauf des Voranmeldungszeitraums Februar anzumelden. Auf den Zeitpunkt der Rechnungstellung oder Bezahlung kommt es nicht an.*

Eine **Ausnahme** von diesem Grundsatz enthält **§ 13 Abs. 1 Nr. 1 Buchst. a S. 4 UStG** für **Anzahlungen**.

Nach dieser Vorschrift entsteht die Steuer, wenn Entgelt oder Teilentgelt bereits vor Ausführung der Leistung oder Teilleistung vereinnahmt wird, bereits mit Ablauf des Voranmeldungszeitraumes, in dem das Entgelt (Anzahlung) vereinnahmt wurde.

Dieses Verfahren wird als **Mindest-Ist-Besteuerung** bezeichnet.

Die Besteuerung nach **vereinnahmten Entgelten (Ist-Besteuerung)** ist für Unternehmer auf Antrag möglich (§ 20 UStG).

Dieses setzt voraus, dass
- der Gesamtumsatz im vorangegangenen Kalenderjahr nicht mehr als 800.000,00 € betragen hat oder
- der Unternehmer von der Verpflichtung, Bücher zu führen und aufgrund jährlicher Bestandsaufnahmen Abschlüsse zu machen, nach § 148 AO befreit ist oder
- soweit er Umsätze aus einer Tätigkeit als Angehöriger eines freien Berufs i. S. d. § 18 Abs. 1 Nr. 1 EStG ausführt.

▶ Die Steuer entsteht bei der Ist-Besteuerung gem. § 13 Abs. 1 Nr. 1b UStG mit Ablauf des Voranmeldungszeitraumes, in dem das Entgelt vereinnahmt wurde.

Beispiel: *Wie im Beispiel zuvor bestellt ein Kunde Ende Januar bei der Unternehmerin U aus München Ware. Mitte Februar liefert U die Ware an den Kunden. Anfang März schickt U die Rechnung für die Ware an den Kunden. Der Kunde bezahlt die Ware Anfang April. Allerdings versteuert U ihre Umsätze nun nach vereinnahmten Entgelten (Ist-Besteuerung). Wann ist die Umsatzsteuer entstanden bzw. anzumelden? Die Umsatzsteuer ist mit Vereinnahmung des Entgelts Anfang April entstanden und mit Ablauf des Voranmeldungszeitraums April anzumelden.*

2.5 Vorsteuerabzug (§ 15 UStG)

Gemäß § 15 Abs. 1 Nr. 1 UStG kann der Unternehmer die gesetzlich geschuldete Steuer für Lieferungen und sonstige Leistungen, die von einem anderen Unternehmer für sein Unternehmen ausgeführt worden sind, als Vorsteuer abziehen.

Die Ausübung des Vorsteuerabzugs setzt voraus, dass der Unternehmer eine nach den §§ 14, 14a UStG ausgestellte Rechnung – also ordnungsgemäße Rechnung – besitzt.

Auch aus ordnungsmäßigen **Kleinbetragsrechnungen** und **Fahrausweisen** kann der Unternehmer nach **§ 35 UStDV** den Vorsteuerabzug in Anspruch nehmen.

Ein **Vorsteuerabzug** ist grundsätzlich gem. **§ 15 Abs. 2 UStG ausgeschlossen**, wenn der Unternehmer umsatzsteuerfreie Umsätze ausführt. Für die Ausnahmen hierzu siehe **§ 15 Abs. 3 UStG**.

Bei **gemischt genutzten Gegenständen** ist gem. **§ 15 Abs. 4 UStG** der Teil der jeweiligen Vorsteuerbeträge nicht abziehbar, der den zum Ausschluss vom Vorsteuerabzug führenden Umsätzen wirtschaftlich zuzurechnen ist. Der Unternehmer kann die nicht abziehbaren Teilbeträge im Wege einer sachgerechten Schätzung ermitteln (siehe Beispiel Vermietungsobjekt Frau Asmuss).

▶ Kleinunternehmer i. S. d. § 19 Abs. 1 UStG sind gem. § 19 Abs. 1 S. 4 UStG nicht zum Vorsteuerabzug berechtigt.

2.6 Besteuerungsverfahren

Die Umsatzsteuer ist u. a. eine Veranlagungssteuer, allerdings mit der Besonderheit, dass der **Unternehmer** die Steuern **gem. § 18 Abs. 3 S. 1 UStG selbst zu berechnen und dem Finanzamt anzumelden** hat (Prinzip der **Selbstveranlagung**),

Besteuerungszeitraum ist gem. § 16 Abs. 1 S. 2 UStG das **Kalenderjahr**.

Der Unternehmer hat gem. § 18 Abs. 3 UStG für jedes Kalenderjahr auf amtlich vorgeschriebenem Vordruck eine Steuererklärung abzugeben, in der die zu entrichtende Steuer oder der Überschuss, der sich zu seinen Gunsten ergibt, selbst zu berechnen ist.

Ergibt sich aufgrund der Steuererklärung eine **Abschlusszahlung**, so ist diese gem. **§ 18 Abs. 4 UStG innerhalb eines Monats nach Abgabe der Steuererklärung zu entrichten** und zwar ohne, dass das Finanzamt einen Steuerbescheid erteilt oder separat zur Zahlung auffordert.

Wurde ein Überschuss errechnet, wird dieser vom Finanzamt erstattet.

Unabhängig von der Umsatzsteuerjahreserklärung hat der Unternehmer bereits während des laufenden Kalenderjahres regelmäßig **Umsatzsteuervoranmeldungen** abzugeben und entsprechende Vorauszahlungen zu leisten.

Die Voranmeldung ist gem. § 18 Abs. 1 S. 1 UStG jeweils bis zum 10. Tag nach Ablauf eines jeden Voranmeldungszeitraums auf einem amtlichen Vordruck auf elektronischem Weg zu übermitteln und dabei ist die Steuer für den betreffenden Voranmeldungszeitraum selbst zu errechnen.

Voranmeldungszeitraum ist gem. **§ 18 Abs. 2 UStG** das **Kalendervierteljahr**. Beträgt die Steuer für das vorangegangene Kalenderjahr **mehr als 7.500,00 €**, ist der **Kalendermonat** Voranmeldungszeitraum. Beträgt die Steuer für das vorangegangene Kalenderjahr **nicht mehr als 1.000,00 €**, kann das Finanzamt den Unternehmer **von der Verpflichtung zur Abgabe der Voranmeldungen und Entrichtung der Vorauszahlungen befreien**.

Als Erleichterung gewährt das Finanzamt dem Unternehmer für die Übermittlung der Umsatzsteuervoranmeldungen und die Entrichtung der Vorauszahlungen auf Antrag eine **Dauerfristverlängerung** gem. **§ 18 Abs. 6 UStG i. V. m. §§ 46–48 UStDV** von einem Monat.

Unternehmerinnen Unternehmern, die monatliche Voranmeldungen übermitteln, wird die Dauerfristverlängerung unter der Auflage gewährt, dass bis zum 10. Februar (zuzüglich Schonfrist) eine **Sondervorauszahlung in Höhe von einem Elftel** der Summe der Vorauszahlungen für das vorangegangene Kalenderjahr angemeldet und entrichtet wird.

Die festgesetzte **Sondervorauszahlung ist** bei der Festsetzung der Vorauszahlung für den letzten Voranmeldungszeitraum des Besteuerungszeitraums **zu berücksichtigen**, für den die Fristverlängerung gilt. Ein danach verbleibender Erstattungsanspruch ist mit Ansprüchen aus dem Steuerschuldverhältnis gem. § 226 AO aufzurechnen, im Übrigen gem. § 48 Abs. 4 UStDV zu erstatten).

Beispiel: *Die vorsteuerabzugsberechtigte Unternehmerin U versteuert ihre Umsätze nach vereinbarten Entgelten und gibt monatlich ihre Umsatzsteuervoranmeldungen ab. Sie hat hierfür eine Dauerfristverlängerung. Als Sondervorauszahlung (ein Elftel) hat sie 7.000,00 € Anfang des Jahres gezahlt. Für den Monat Dezember ergibt sich eine Umsatzsteuerzahllast in Höhe von 7.500,00 €. Da die Sondervorauszahlung in Höhe von 7.000,00 € gem. § 48 Abs. 4 UStDV bei der Festsetzung der Vorauszahlung für den Monat Dezember zu berücksichtigen ist, hat U für den Voranmeldungszeitraum Dezember lediglich 500,00 € an das Finanzamt zu zahlen.*

3 Rechnungswesen – Buchführungsarbeiten durchführen (Lernfeld 2)

Die Buchführungsarbeiten bilden die Grundlage der steuerrechtlichen Beratung von Mandantinnen und Mandanten insbesondere mit Einkünften aus Gewerbebetrieb.

3.1 Rechnungswesen und Buchführung

Das betriebliche Rechnungswesen teilt sich in die Bereiche

- **Buchführung** als Zeitraumrechnung,
- **Kalkulation** als Stückrechnung,
- **Statistik** als Vergleichsrechnung und
- **Planung** als Vorschaurechnung.

Dabei ist **Buchführung** die planmäßige, **lückenlose** und **ordnungsmäßige Erfassung der Geschäftsvorfälle** eines Unternehmens mit ihrem **wesentlichen Inhalt** und ihrem **Geldwert** mithilfe von **Belegen**.

Geschäftsvorfälle sind die wirtschaftlichen und rechtlichen **Vorgänge, die** das **Vermögen und die Schulden** eines Unternehmens **ständig verändern**.

Diese Veränderungen des Vermögens und der Schulden eines Unternehmens können erfolgen durch **Einkäufe**, **Lagerungen**, **Nutzung und Verbrauch von Gebäuden**, **Maschinen**, **Werkzeugen**, **Werkstoffen**, Inanspruchnahme von Dienstleistungen und **Verkäufe**.

Die **Buchführung dient** vor allem

- der **Selbstinformation** der Unternehmerinnen und Unternehmer,
- der **Rechenschaftslegung** gegenüber den Gesellschaftern,
- dem **Nachweis der Besteuerungsgrundlagen** durch **Bilanzierung und Gewinnermittlung** nach dem **Steuerrecht (AO, EStG, KStG)**,

- dem **Gläubigerschutz** durch **Bilanzierung und Gewinnermittlung** nach dem **Handelsrecht (HGB)** und
- als **Beweismittel**.

Buchführungspflicht

Ob Bücher zu führen sind, ist nicht in das Ermessen des Unternehmers gestellt. Vielmehr ergibt sich die Buchführungspflicht aufgrund folgender gesetzlicher Vorschriften des Handels- und des Steuerrechts.

Ausgehend von den Vorschriften des Steuerrechts (§§ 140, 141 AO) ist zwischen
- **derivativer** (aus anderen Gesetzen abgeleiteter) **Buchführungspflicht (§ 140 AO)** und
- **originären** (ursprünglichen) **Buchführungspflicht (§ 141 AO)**

zu unterscheiden.

§ 140 AO bestimmt die aus anderen Gesetzen abgeleitete Buchführungspflicht wie folgt:

Wer nach anderen Gesetzen als den Steuergesetzen Bücher und Aufzeichnungen zu führen hat, die für die Besteuerung von Bedeutung sind, hat die Verpflichtungen, die ihm nach den anderen Gesetzen obliegen, auch für die Besteuerung zu erfüllen.

Mit anderen Gesetzen ist hier vor allem § 238 HGB gemeint.

§ 238 HGB bestimmt, dass **jeder Kaufmann** verpflichtet ist, Bücher zu führen und in diesen seine Handelsgeschäfte und die Lage seines Vermögens nach den Grundsätzen ordnungsmäßiger Buchführung ersichtlich zu machen.

Die Buchführungspflicht gem. § 238 HGB knüpft damit an die Kaufmanneigenschaft an.

Wer Kaufmann ist bestimmt sich insbesondere nach den §§ 1, 2, 3 und 6 HGB.

Dabei ist zu unterscheiden:

Kaufleute		
Ist-Kaufmann (§ 1 HGB)	**Kann-Kaufmann (§§ 2, 3 HGB)**	**Form-Kaufmann (§ 6 HGB)**
Betrieb eines **Handelsgewerbes** gem. 1 Abs. 2 HGB = **Gewerbebetrieb**, der nach Art und Umfang einen in **kaufmännischer Weise eingerichteten Geschäftsbetrieb erfordert**	Gewerbetreibender oder Land- und Forstwirt; hat sich **freiwillig** in das Handelsregister **eintragen lassen**	Das Unternehmen gilt aufgrund seiner **Rechtsform** (z. B. GmbH oder AG) als Handelsgewerbe (siehe § 13 Abs. 3 GmbHG).

- Nicht jeder Gewerbetreibende ist Kaufmann, aber jeder Kaufmann ist Gewerbetreibender.

- Einzelkaufleute können gem. **§ 241a HGB** von der Buchführungspflicht befreit sein. Diese Befreiung entfällt, sobald sie eine der Grenzen überschreiten, denn es müssen beide Grenzen in zwei aufeinanderfolgenden Jahren unterschritten sein.

Beispiel: *Heinz Meier e. K. hat seinen Handel mit Eisenwaren neu eröffnet. Im ersten Jahr erzielt er einen Gewinn von 60.000,00 €, im zweiten Jahr einen Gewinn von 75.000,00 € und im dritten Jahr einen Gewinn von 85.000,00 €. Danach sinkt sein Gewinn für die Folgejahre wieder auf 75.000,00 €. Seine Umsätze liegen stets unter 800.000,00 €. Herr Meier ist damit im dritten Jahr seiner Geschäftstätigkeit buchführungspflichtig, weil er nicht beide Grenzen unterschreitet, sondern eine der beiden Grenzen überschreitet. Für das vierte und fünfte Jahr seiner Geschäftstätigkeit gilt die Buchführungspflicht fort, da er erst im sechsten Jahr seiner Geschäftstätigkeit wieder in zwei aufeinanderfolgenden Jahren beide Grenzen nicht mehr überschritten hat. Erst ab dem sechsten Jahr ist er wieder von der Buchführungspflicht befreit.*

Gemäß § 141 AO sind **gewerbliche Unternehmer** sowie **Land- und Forstwirte**, die keine Kaufleute i. S. d. HGB sind, **unmittelbar nach der Abgabenordnung (also originär) buchführungspflichtig**, **wenn** sie bestimmte, im Gesetz genannte Größenmerkmale überschreiten.

Diese originäre Buchführungspflicht ist gem. § 141 Abs. 2 AO vom **Beginn des Wirtschaftsjahrs** an zu erfüllen, **das auf die Bekanntgabe** der Mitteilung **folgt**, durch die die Finanzbehörde auf den Beginn dieser Verpflichtung hingewiesen hat.

Beispiel: *Steuerberaterin Kluge beschäftigt in ihrer Kanzlei zwei Steuerfachwirte und vier Steuerfachangestellte. Ihr durchschnittlicher Gewinn beträgt seit Jahren 90.000,00 €. Und dennoch ist Frau Kluge nicht gem. § 141 AO buchführungspflichtig, da sie keine gewerbliche Unternehmerin ist. Sie übt einen sog. freien Beruf aus und erzielt Einkünfte aus selbstständiger Arbeit.*

Grundsätze ordnungsgemäßer Buchführung

Buchführungspflichtige müssen gem. § 238 Abs. 1 HGB und §§ 140, 141 AO bei der Führung ihrer Bücher die **Grundsätze ordnungsmäßiger Buchführung (GoB)** beachten.

▶ Eine Buchführung gilt dann als ordnungsgemäß, wenn die für die kaufmännische Buchführung erforderlichen Bücher geführt werden, die Bücher förmlich in Ordnung sind und der Inhalt sachlich richtig ist (H 5.2 [Grundsätze ordnungsgemäßer Buchführung] EStH).

Bei den GoB kann damit zwischen **formeller** und **materieller** (sachlicher) Ordnungsmäßigkeit wie folgt unterscheiden werden:

Formelle Ordnungsmäßigkeit = Art und Weise der Dokumentation; Klarheit und Übersichtlichkeit der Buchführung	
§ 238 Abs. 1 S. 2 HGB	Die Buchführung muss so beschaffen sein, dass sie einem sachverständigen Dritten innerhalb einer angemessenen Zeit einen Überblick über die Geschäftsvorfälle und die Geschäftslage des Unternehmens vermitteln kann.
§ 239 Abs. 1 S. 2 HGB	Verwendete **Abkürzungen** müssen **eindeutig** und **nachvollziehbar** sein.
§ 239 Abs. 3 HGB; § 146 Abs. 4 AO	Buchungen und sonstige erforderliche Aufzeichnungen dürfen nicht in der Weise verändert werden, dass der ursprüngliche Inhalt nicht mehr festgestellt werden kann. **Radieren, Überkleben, Löschen, Überspielen etc. sind deshalb unzulässig.** Fehlerhafte Buchungen dürfen nicht entfernt bzw. gelöscht werden. Sie sind vielmehr durch Stornierungen und Neubuchungen bzw. durch Umbuchungen zu berichtigen.

Formelle Ordnungsmäßigkeit = Art und Weise der Dokumentation; Klarheit und Übersichtlichkeit der Buchführung	
§ 257 HGB; § 147 AO	**Bücher, Konten, Buchungsbelege** und die sonstigen erforderlichen Aufzeichnungen (z. B. Arbeitspapiere) müssen **zehn Jahre aufbewahrt** werden. **Handels-/Geschäftsbriefe** und sonstige für steuerliche Zwecke bedeutsame Unterlagen müssen **sechs Jahre aufbewahrt** werden.

Materielle Ordnungsmäßigkeit = Inhalt der Aufzeichnungen	
	Die Buchführung muss systematisch aufgebaut sein, um eine formal korrekte Erfassung und Dokumentation aller buchungspflichtigen Vorgänge zu gewährleisten. Deshalb: Verwendung eines systematisch angeordneten **Kontenrahmens**, aus dem der **betriebsindividuelle Kontenplan** abgeleitet wird.
§ 239 Abs. 2 HGB, § 146 Abs. 1 AO	Die Aufzeichnungen müssen **einzeln, vollständig, richtig, zeitgerecht** und **geordnet** vorgenommen werden. Kasseneinnahmen und Kassenausgaben sind täglich festzuhalten.
§ 238 Abs. 1 S. 3 HGB	Buchungen und Aufzeichnungen erfolgen auf der Grundlage vorliegender Belege; damit: **„Keine Buchung ohne Beleg!“**
§ 146 Abs. 5 AO	Eine **EDV-gestützte Buchführung** ist grundsätzlich nach den gleichen Ordnungsprinzipien zu beurteilen, die auch für eine manuelle Buchführung gelten. Spezielle Aspekte gehen u. a. aus § 146a AO sowie dem Schreiben „Grundsätze zur ordnungsmäßigen Führung und Aufbewahrung von Büchern, Aufzeichnungen und Unterlagen in elektronischer Form sowie zum Datenzugriff (GoBD)“ des Bundesfinanzministeriums vom 11. März 2024 hervor.

3.2 Inventur – Inventar – Bilanz

Buchführungspflichtige sind entweder als Kaufleute gem. § 240 Abs. 1 und 2 HGB oder als Gewerbetreibende und Land- und Forstwirte, die nur nach Steuerrecht buchführungspflichtig sind, gem. § 141 Abs. 1 S. 2 AO also stets inventurpflichtig.

Wird eine vorgeschriebene Inventur nicht durchgeführt, ist die Buchführung als nichtordnungsgemäß anzusehen (R 5.3 Abs. 4 EStR).

3.2.1 Inventur

▶ Die **Inventur** ist eine **mengen-** und **wertmäßige Bestandsaufnahme** aller Vermögensgegenstände und Schulden.

Es sind zu unterscheiden:

Inventur	
Körperliche Bestandsaufnahme	**Buchmäßige Bestandsaufnahme**
Erfassung körperlicher Vermögensgegenstände	Erfassung nicht-körperlicher Vermögensgegenstände und Schulden
BGA, Waren, Rohstoffe	Forderungen aus Lieferungen und Leistungen, Verbindlichkeiten gegenüber Kreditinstituten

In **zeitlicher** Hinsicht wird unterschieden:

Inventur		
Stichtags- Inventur (§ 240 Abs. 1, 2 HGB)	**Zeitverschobene** Inventur (§ 241 Abs. 3 HGB)	**Permanente** Inventur (§ 241 Abs. 2 HGB)

Stichtagsinventur

Die **Stichtagsinventur** (siehe R 5.3 [Inventur] EStR) wird
- am Bilanzstichtag selbst oder
- zeitnah (innerhalb eines **Zeitraums von bis zu zehn Tagen** vor oder nach diesem Termin)

durchgeführt.

Bei der Inventur einige Tage vor oder nach dem Bilanzstichtag muss dann sichergestellt sein, dass die Bestandsveränderungen zwischen dem Bilanzstichtag und dem Tag der Bestandsaufnahme mengen- und wertmäßig anhand von Belegen oder Aufzeichnungen ordnungsgemäß berücksichtigt werden.

Zeitverschobene Inventur

Nach § 241 Abs. 3 HGB kann die jährliche körperliche Bestandsaufnahme ganz oder teilweise innerhalb der letzten drei Monate vor oder der ersten zwei Monate nach dem Bilanzstichtag durchgeführt werden. Für die Einzelheiten wird auf § 5.3 (zeitverschobene Inventur) EStR verwiesen.

Permanente Inventur

Bei der nach § 241 Abs. 2 HGB zulässigen permanenten Inventur können die Bestände des Abschlussstichtags anhand von Lagerbüchern (Lagerkarteien) festgestellt werden, ohne dass zu diesem Zeitpunkt eine körperliche Bestandsaufnahme stattfindet. Für die Voraussetzungen der Zulässigkeit einer permanenten Inventur siehe H 5.3 (permanente Inventur) EStH.

Eine permanente oder eine zeitverschobene Inventur ist nach R 5.3 Abs. 3 EStR nicht zulässig

- für Bestände, bei denen durch Schwund, Verdunsten, Verderb, leichte Zerbrechlichkeit oder ähnliche Vorgänge ins Gewicht fallende unkontrollierbare Abgänge eintreten, es sei denn, dass diese Abgänge aufgrund von Erfahrungssätzen schätzungsweise annähernd zutreffend berücksichtigt werden können;
- für Wirtschaftsgüter, die – abgestellt auf die Verhältnisse des jeweiligen Betriebs – besonders wertvoll sind.

3.2.2 Inventar und Bilanz

Das Inventar ist ein Verzeichnis, das alle Vermögensgegenstände und Schulden nach Art, Menge und Wert in Form einer Auflistung (Staffelform) ausweist.

In das Inventar sind grundsätzlich **alle Vermögensgegenstände** und **Schulden** aufzunehmen.

Die Werte aller Vermögensgegenstände und Schulden sind zu addieren. Der Unterschiedsbetrag zwischen der Summe des Vermögens und der Summe der Schulden ist das Reinvermögen (= Eigenkapital).

Es gilt damit:

	I.	Vermögen
./.	II.	Schulden
=	III.	**Reinvermögen**

Im Hinblick darauf, dass das inventarisierte Vermögen und die inventarisierten Schulden in die Bilanz übernommen werden, haben sich in der Praxis für die Gliederung des Inventars bestimmte Regeln gebildet, die auch für die Bilanz gelten.

Das Vermögen wird nach seiner „Flüssigkeit" (Liquidität) geordnet, d. h. nach dem Grad, wie es in Geld umgesetzt werden kann. Die weniger flüssigen Vermögensgegenstände (z. B. Grundstücke) werden im Inventar zuerst und die flüssigsten Vermögensgegenstände (z. B. Kassenbestand) zuletzt aufgeführt.

Das **Vermögen** selbst ist untergliedert in **Anlagevermögen** (Vermögensgegenstände, die dem Unternehmen langfristig dienen) und **Umlaufvermögen** (Vermögensgegenstände, die dem Unternehmen kurzfristig/nur vorübergehend dienen).

Die Schulden werden unterteilt in langfristige Verbindlichkeiten (Fälligkeit länger als 90 Tage) und kurzfristige Verbindlichkeiten (Fälligkeit weniger als 90 Tage).

Es gilt damit:

Reinvermögen = Vermögen – Schulden
Vermögen = Reinvermögen + Schulden

Während bei dem Inventar Vermögen und Schulden untereinander in Listen-/Staffelform geschrieben sind, sind bei der Bilanz Vermögen und Kapital also Reinvermögen (Eigenkapital) und Schulden (Fremdkapital, Verbindlichkeiten) in Kontenform gegenübergestellt.

Die **Bilanz** ist eine kurz gefasste **Gegenüberstellung von Vermögen und Kapital in Kontenform** zu einem **bestimmten Zeitpunkt** (dem Bilanzstichtag); in ihr werden das Vermögen auf der linken Seite und das Eigenkapital sowie die Schulden auf der rechten Seite erfasst. Das Eigenkapital steht vor den Schulden.

Die Zusammenhänge zwischen Inventur, Inventar und Bilanz können zusammenfassend auch wie folgt dargestellt werden:

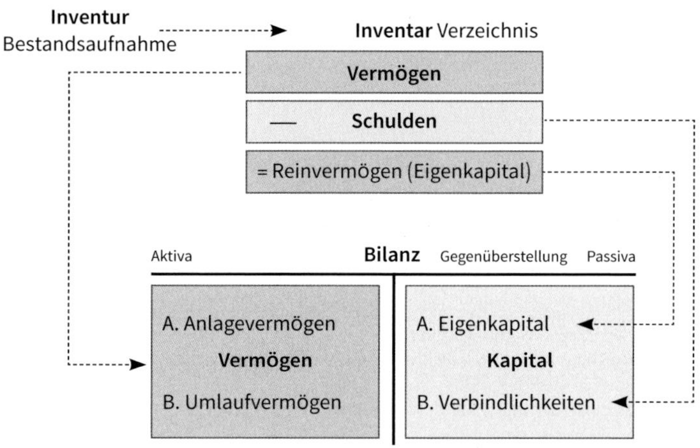

Ausgehend von diesem engen Zusammenhang von Inventar und Bilanz, ist die Ansicht der Finanzverwaltung zu beachten, dass die Buchführung insgesamt als nicht ordnungsgemäß anzusehen ist, wenn kein Inventar aufgestellt wird oder wenn das Inventar hinsichtlich der Form oder des Inhalts wesentliche Mängel aufweist (vgl. R 5.3 Abs. 4 EStR).

- Das Inventar bildet die Grundlage der Bilanz.
- Die Aktivseite der Bilanz gibt Auskunft über die Mittelverwendung (Investition).
- Die Passivseite der Bilanz gibt Auskunft über die Mittelherkunft (Finanzierung)

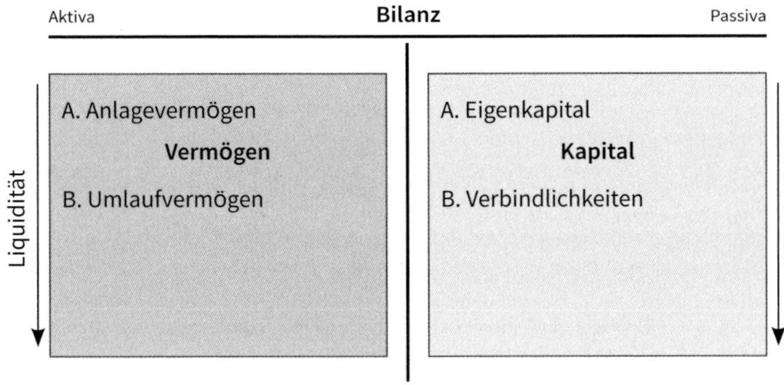

Gibt Auskunft über die **Verwendung** der Finanzmittel **(Investition)**

Gibt Auskunft über die **Herkunft** der Finanzmittel **(Finanzierung)**

- Es gilt folgende Bilanzgleichung:

  Aktiva (also Vermögen) = Passiva (also Kapital)

  Denn **alle Vermögensgegenstände** in einem Unternehmen **müssen** in irgendeiner Form **finanziert sein**, sei es durch Eigenkapital oder Fremdkapital. Vermögensgegenstände fallen nicht wie die Goldstücke im Märchen „Sterntaler“ vom Himmel.

3.3 Bestandsveränderungen, Bestands- und Erfolgskonten, Technik der doppelten Buchführung

Die Bilanz wird für einen bestimmten Zeitpunkt aufgestellt.

3.3.1 Bestandsveränderungen

Unmittelbar nach diesem Zeitpunkt ändern sich aufgrund von Geschäftsvorfällen (z. B. Kauf eines Lieferfahrzeuges auf Rechnung) die Bestände des Vermögens und/ oder des Kapitals.

Allerdings bleibt das Bilanzgleichgewicht (Aktiva = Passiva) auch nach den Änderungen erhalten, da jede Änderung eines Bestandes durch eine entsprechende Änderung eines anderen Bestandes ausgeglichen wird.

Beispiel: *Kauf eines Lieferfahrzeuges auf Rechnung (siehe oben); das Vermögen, also Fuhrpark, nimmt zu. Da das Fahrzeug auf Rechnung gekauft ist, nehmen auf der Passiv-Seite der Bilanz auch die Verbindlichkeiten in der Höhe der Anschaffungskosten des Lieferfahrzeuges zu. Das Eigenkapital ist von diesem Geschäftsvorfall nicht betroffen. Weiter erhöhen sich sowohl die Bilanzsumme Aktiva als auch Passiva um den Betrag der Anschaffungskosten des Lieferfahrzeuges.*

Von diesen bestandsverändernden Geschäftsvorfällen, bei denen das Eigenkapital nicht betroffen ist, können insgesamt vier typische Geschäftsvorfälle unterschieden werden.

(Nur) bestandsverändernde Geschäftsvorfälle	
Aktivtausch	Es ändern sich zwei Aktivposten der Bilanz. **Ein Aktivposten** wird **vermehrt**, ein **anderer Aktivposten** um den gleichen Betrag **vermindert**. Die **Bilanzsumme ändert sich nicht**.
Passivtausch	Es ändern sich zwei Passivposten der Bilanz. **Ein Passivposten wird vermehrt**, ein **anderer Passivposten** wird **vermindert**. Die **Bilanzsumme ändert sich nicht**.
Aktiv-Passiv- Mehrung (Bilanzverlängerung)	Es ändern sich ein Aktivposten und ein Passivposten. Sowohl ein **Aktivposten** als auch ein **Passivposten** der Bilanz **werden vermehrt**. Die **Bilanzsumme nimmt** um den gleichen Betrag **zu**.
Aktiv-Passiv- Minderung (Bilanzverkürzung)	Es ändern sich **ein Aktivposten** und **ein Passivposten**. Sowohl ein Aktivposten als auch ein Passivposten der Bilanz **werden vermindert**. Die **Bilanzsumme nimmt** um den gleichen Betrag **ab**.

Beispiel: *Bei dem Beispiel „Kauf eines Lieferfahrzeuges auf Rechnung“ (siehe oben) handelt es sich damit um eine Aktiv-Passiv-Mehrung (Bilanzverlängerung).*

3.3.2 Bestandskonten

Um nicht nach jedem Geschäftsvorfall eine neue Bilanz erstellen zu müssen, werden in der Praxis die Bestandsveränderungen auf Konten erfasst.

Die **(T) Konten** sind **Einzelabrechnungen der verschiedenen Bilanzposten.**

Wie die Bilanz hat auch das **(T) Konto** zwei Seiten. Die **linke Seite** des Kontos heißt **Soll** (S) und die **rechte Seite** des Kontos heißt **Haben** (H):

S (Soll)	Fuhrpark	Haben (H)

Dabei gilt:

Konten, die die **Bestände der Bilanz** aufnehmen, heißen **Bestandskonten**.

Konten, die die **Bestände der Aktivseite** der Bilanz aufnehmen, heißen **Aktivkonten**.

Konten, die die **Bestände der Passivseite** der Bilanz aufnehmen, heißen **Passivkonten**.

▶ Für jeden Posten der Bilanz wird mindestens ein Konto geführt.

Da sich die Änderungen auf diesen Konten durch bzw. aufgrund von Geschäftsvorfällen ergeben, sind eben diese auf den Konten zu erfassen, also zu buchen.

▶ Buchen ist das Erfassen von Geschäftsvorfällen auf Konten.

Um Geschäftsvorfälle richtig zu erfassen, also auf den Konten zu buchen, werden Buchungssätze gebildet. Dabei wird immer zuerst das Konto genannt, welches auf seiner Soll-Seite bebucht wird, also bei dem der Betrag auf die Soll-Seite geschrieben wird, und dann wird das Konto genannt, bei welchem der Betrag auf seine Haben-Seite geschrieben wird. Diese Buchungen bzw. Konten werden durch das Wort „an" miteinander verbunden.

▶ Ein Buchungssatz lautet immer: **Soll an Haben.**

Um zu wissen, auf welcher Seite des Kontos der Betrag zu erfassen, also zu buchen ist, gilt für **Bestandskonten** Folgendes:

▶ Bei **Aktivkonten** werden **Anfangsbestände** und **Zugänge** im **Soll** gebucht.

Abgänge werden bei Aktivkonten dementsprechend im Haben gebucht.

▶ Bei **Passivkonten** werden **Anfangsbestände** und **Zugänge** im **Haben** gebucht.

Abgänge werden bei Passivkonten dementsprechend im Soll gebucht.

Beispiel: *Kauf eines Lieferfahrzeuges für 25.000,00 € auf Rechnung bei Vernachlässigung der Umsatzsteuer (siehe auch Beispiel Aktiv-Passiv-Mehrung)*

*Um diesen Geschäftsvorfall richtig zu erfassen sind die Konten Fuhrpark und Verbindlichkeiten anzusprechen. Bei dem Konto **„Fuhrpark"** handelt es sich um ein **Aktivkonto**. Bei dem Konto **„Verbindlichkeiten"** handelt es sich um ein **Passivkonto**. Das **Aktivkonto** Fuhrpark **erhöht** sich um 25.000,00 €, also liegt ein **Zugang** vor. Es gilt: Bei Aktivkonten werden Zugänge im **Soll** gebucht, also muss der Betrag von 25.000,00 € auf der Soll-Seite des Kontos Fuhrpark erfasst/gebucht werden. **Ebenfalls nehmen** durch diesen Geschäftsvorfall die **Verbindlichkeiten zu**. Das Konto „Verbindlichkeiten" ist ein **Passivkonto**. Bei Passivkonten werden **Zugänge** im **Haben** erfasst. Also muss der Betrag von 25.000,00 € auf dem Konto „Verbindlichkeiten" im Haben erfasst/gebucht werden. Der **Buchungssatz** lautet damit:*

Fuhrpark 25.000,00 € an Verbindlichkeiten 25.000,00 €.

Damit ist ein erster Geschäftsvorfall nach Eröffnung der Bestandskonten erfasst. Die Eröffnung der Bestandskonten erfolgt, indem die Anfangsbestände der Aktivkonten auf deren Soll-Seite und die Bestände der Passivkonten auf deren Haben-Seite vorgetragen/gebucht werden.

Die Formulierung der Buchungssätze für die Anfangsbestände erfolgt unter Nutzung des Saldenvortragskontos als Hilfskonto.

Beispiel: *Die Bilanzposition Forderungen aus Lieferungen und Leistungen der Unternehmerin Ulrike Schön e. K. weist in der Eröffnungsbilanz zum 1. Januar einen Betrag in Höhe von 75.000,00 € aus. Dann ist dieser Betrag auf die Soll-Seite des Aktivkontos Forderungen aus Lieferungen und Leistungen vorzutragen/zu buchen. Die Formulierung des Buchungssatzes erfolgt unter Zuhilfenahme des Kontos Saldenvorträge. Der Buchungssatz lautet:*

***Forderungen** aus Lieferungen und Leistungen 25.000,00 € an Saldenvorträge 25.000,00 €.*

In der Praxis werden diese Eröffnungsbuchungen für die Saldenvorträge durch die Rechnungswesen-Programme automatisch bei der Werteübernahme in ein neues Wirtschaftsjahr erzeugt.

Zum Ende des Wirtschaftsjahres sind die Bestandskonten wie folgt abzuschließen, also zu **saldieren**:

1. Die wertmäßig größere Kontoseite wird **addiert**.
2. Die **Summe dieser Seite** wird **auf die andere Seite übertragen**.
3. Die **Differenz** auf der **wertmäßig kleineren Seite** wird **errechnet**. Diese Differenz nennt man **Saldo**. Der Saldo stellt den Bestand des Abschlussstichtages **(Schlussbestand)** dar.
4. Alle **Schlussbestände** werden **auf** dem **Schlussbilanzkonto** (SBK) **gegengebucht**.

Beispiel: *Aus der Eröffnungsbilanz der Unternehmerin U sind insbesondere folgende Werte bekannt: Fuhrpark 30.000,00 € und Verbindlichkeiten aus Lieferungen und Leistungen 10.000,00 €. Da die Geschäfte gut laufen, kauft U am 10. Januar einen weiteren Lieferwagen für 25.000,00 € auf Rechnung. Die Umsatzsteuer ist dabei zu vernachlässigen. Weitere Geschäftsvorfälle ereignen sich nicht.*

Von der Eröffnungsbilanz bis zum Schlussbilanzkonto (SBK) stellt sich dieser Sachverhalt wie folgt dar:

Aktiva	**Bilanz 01.01. (vereinfacht)**		**Passiva**
Anlagevermögen		Eigenkapital	… €
Fuhrpark	30.000,00 €	Verbindlichkeiten a. LL.	10.000,00 €
Umlaufvermögen			
…	… €		
	… €		… €

Soll	**Saldenvorträge (SV)**		**Haben**
Verbindlichkeiten a. LL.	10.000,00 €	Fuhrpark	30.000,00 €

S	**Fuhrpark**		**H**
SV	30.000,00 €	SBK	55.000,00 €
10.01.	25.000,00 €		
	55.000,00 €		55.000,00 €

S	**Verb. a. LL.**		**H**
SBK	35.000,00 €	SV	10.000,00 €
		10.01	25.000,00 €
	35.000,00 €		35.000,00 €

Soll	SBK		Haben
...	... €	...	... €
Fuhrpark	55.000,00 €	Verbindlichkeiten a. LL.	35.000,00 €
...	... €	...	... €
	... €		... €

Die Buchungen lauten wie folgt:

Eröffnungsbuchungen zum 1. Januar

Konto Soll		an	Konto Haben	
Fuhrpark	30.000,00 €	an	Saldenvorträge	30.000,00 €
Saldenvorträge	10.000,00 €	an	Verb. a. LL.	10.000,00 €

Kauf des Lieferwagens auf Rechnung am 1. Januar

Konto Soll		an	Konto Haben	
Fuhrpark	25.000,00 €	an	Verb a. LL.	25.000,00 €

Abschlussbuchungen zum 31. Dezember

Konto Soll		an	Konto Haben	
SBK	55.000,00 €	an	Fuhrpark	55.000,00 €
Verb a. LL.	35.000,00 €	an	SBK	55.000,00 €

3.3.3 Erfolgskonten

Der Erfolg eines Unternehmens wird deutlich in der Entwicklung des Eigenkapitals im Vergleich zu zwei aufeinanderfolgenden Geschäftsjahren (Denken Sie an den Betriebsvermögensvergleich gem. § 4 Abs. 1 EStG.).

Erfolgswirksame Geschäftsvorfälle sind damit Geschäftsvorfälle, die betriebsbedingt das Eigenkapital mehren oder mindern.

Diese erfolgswirksamen Geschäftsvorfälle werden auf den sog. Erfolgskonten gebucht.

Dabei gilt:

- Aufwand = betriebsbedingte Eigenkapitalminderung

- Ertrag = betriebsbedingte Eigenkapitalmehrung

Aufwand und Ertrag sind auf den Erfolgskonten wie folgt zu buchen:

- **Aufwendungen** sind auf dem jeweiligen **Aufwandskonto** im **Soll** zu buchen.
  Erträge sind auf dem jeweiligen **Ertragskonto** im **Haben** zu buchen.

Abgeschlossen werden die Aufwands- und Ertragskonten über das Gewinn- und Verlustkonto (GuV) und damit indirekt über das Eigenkapitalkonto. Denn:

- Das GuV ist als Unterkonto des Eigenkapitalkontos ein Sammelkonto.

- Es nimmt auf der Soll-Seite die Salden der Aufwandskonten und auf der Haben-Seite die Salden der Ertragskonten auf.

- Das GuV selbst wird über das Eigenkapitalkonto abgeschlossen.

Zum **Abschluss** des **GuV**-Kontos **bei Verlust** ist zu beachten:

⇢ Bei **Verlust** sind die **Aufwendungen höher als die Erträge**. Damit steht der **Saldo** des **GuV-**Kontos auf dessen **Haben-**Seite.

⇢ Die **Abschlussbuchung** des GuV-Kontos lautet dann **„Eigenkapital an GuV"**.

⇢ Das **Eigenkapitalkonto** wird also im **Soll** bebucht und das **Eigenkapital mindert sich** dadurch.

Zum **Abschluss** des **GuV-**Kontos **bei Gewinn** ist zu beachten:

⇢ Bei **Gewinn** sind die **Erträge höher als die Aufwendungen**. Damit steht der **Saldo** des **GuV-**Kontos auf dessen **Soll-Seite**.

⇢ Die **Abschlussbuchung** des GuV-Kontos lautet dann **„GuV an Eigenkapital"**.

⇢ Das **Eigenkapitalkonto** wird also im **Haben** bebucht und das **Eigenkapital mehrt sich** dadurch.

Beispiel: *Aus der Eröffnungsbilanz der Unternehmerin U sind – wie im Beispiel zuvor – insbesondere folgende Werte bekannt: Fuhrpark 30.000,00 €, Verbindlichkeiten aus Lieferungen und Leistungen 10.000,00 €, Eigenkapital 75.000,00 €, Guthaben auf dem betrieblichen Bankkonto in Höhe von 1.000,00 €.*

Da die Geschäfte gut laufen, kauft U am 10. Januar einen weiteren Lieferwagen für 25.000,00 € auf Rechnung. Die Umsatzsteuer ist dabei zu vernachlässigen.

Am 1. Februar bekommt U die Miete für ein Grundstück in Höhe von 5.000,00 € auf Ihrem Bankkonto gutschrieben, U hat das Grundstück an einen anderen Unternehmer vermietet.

Am 31. Dezember ist die Absetzung für Abnutzung (AfA) bzw. Abschreibung für den Fuhrpark in Höhe von 9.000,00 € zu buchen.

Von der Eröffnungsbilanz bis zum Schlussbilanzkonto (SBK) stellt sich dieser Sachverhalt wie folgt dar:

Aktiva	**Bilanz 01.01. (vereinfacht)**		**Passiva**
Anlagevermögen		Eigenkapital	75.000,00 €
Fuhrpark	30.000,00 €		
Umlaufvermögen		Verbindlichkeiten a. LL.	10.000,00 €
Bank	1.000,00 €		
…	… €		
	… €		… €

Soll	**Saldenvorträge (SV)**		**Haben**
Eigenkapital	75.000,00 €	Fuhrpark	30.000,00 €
Verbindlichkeiten a. LL.	10.000,00 €	Bank	1.000,00 €

S	**Fuhrpark**		**H**
SV	30.000,00 €	**31.12.**	**9.000,00 €**
10.01.	25.000,00 €	SBK	46.000,00 €
	55.000,00 €		55.000,00 €

S	**Verb. a. LL.**		**H**
SBK	35.000,00 €	SV	10.000,00 €
		10.01.	25.000,00 €
	35.000,00 €		35.000,00 €

S	**Bank**		**H**
SBK	1.000,00 €	SBK	6.000,00 €
01.02.	5.000,00 €		
	6.000,00 €		6.000,00 €

S	**Grundstückserträge**		**H**
GuV	5.000,00 €	01.02.	5.000,00 €
	5.000,00 €		5.000,00 €

S	Abschreibung		H
31.12.	**9.000,00 €**	GuV	9.000,00 €
	9.000,00 €		9.000,00 €

S	Eigenkapital		H
GuV	**4.000,00 €**	SBK	75.000,00 €
SBK	**71.000,00 €**		
	75.000 €		75.000,00 €

Soll	GuV Konto		Haben
Abschreibungen	9.000,00 €	Grundstückserträge	5.000,00 €
		Eigenkapital	**4.000,00 €**
	9.000,00 €		9.000,00 €

Soll	SBK		Haben
…	… €	Eigenkapital	**71.000,00 €**
Fuhrpark	46.000,00 €	Verbindlichkeiten a. LL.	35.000,00 €
Bank	6.000,00 €	…	… €
	… €		… €

Die Buchungen lauten wie folgt:

***Eröffnungsbuchungen** zum 1. Januar*

Konto Soll		an	Konto Haben	
Fuhrpark	30.000,00 €	**an**	Saldenvorträge	30.000,00 €
Bank	1.000,00 €	**an**	Saldenvorträge	1.000,00 €
Saldenvorträge	75.000,00 €	**an**	Eigenkapital	75.000,00 €
Saldenvorträge	10.000,00 €	**an**	Verb. a. LL.	10.000,00 €

Kauf des Lieferwagens auf Rechnung am 10. Januar

Konto Soll		an	Konto Haben	
Fuhrpark	25.000,00 €	**an**	Verb. a. LL.	25.000,00 €

Grundstückserträge 1. Februar und Abschreibungen zum 31. Dezember

Konto Soll		an	Konto Haben	
Bank	5.000,00 €	an	Grundstücksertr.	5.000,00 €
Abschreibungen	9.000,00 €	an	Fuhrpark	9.000,00 €

Abschlussbuchungen zum 31. Dezember ***Erfolgskonten***

Konto Soll		an	Konto Haben	
GuV	9.000,00 €	an	Abschreibungen	9.000,00 €
Grundstücksertr.	5.000,00 €	an	GuV	5.000,00 €
Eigenkapital	4.000,00 €	an	GuV	4.000,00 €

Abschlussbuchungen zum 31. Dezember ***Bestandskonten***

Konto Soll		an	Konto Haben	
SBK	46.000,00 €	an	Fuhrpark	46.000,00 €
Verb a. LL.	35.000,00 €	an	SBK	35.000,00 €
Eigenkapital	71.000,00 €	an	GuV	71.000,00 €

3.4 Kontenrahmen/Kontenplan

Kontenrahmen und Kontenplan dienen dazu, die Konten systematisch zu ordnen.

- Der Konten**rahmen** ist ein Ordnungsinstrument für Konten der Buchhaltung. Er ist **branchenspezifisch** und beinhaltet die **Obermenge aller für die einzelnen Branchen** möglichen Konten.

So gibt es neben den Standardkontenrahmen auch spezielle Kontenrahmen für die Landwirtschaft, die Industrie oder Hotels und Gaststätten.

- Der Kontenplan ist ein Ordnungsinstrument der Buchhaltung eines bestimmten Unternehmens. Im Konten**plan** sind die **individuell für das Unternehmen** relevanten Konten zusammengefasst. Der Kontenplan basiert auf einem Kontenrahmen.

Bei den Kontenrahmen sind als Standardkontenrahmen (SKR) zu unterscheiden:
- der SKR 03 – Prozessgliederung und
- der SKR 04 – Bilanzgliederung.

Das heißt, der SKR 03 orientiert sich mit seinen Kontenklassen durch das Prozessgliederungsprinzip an Betriebsabläufen; der SKR 04 orientiert sich aufgrund des Bilanzgliederungsprinzips mit seinen Kontenklassen an der Gliederung der Bilanz gem. § 266 HGB sowie der Gewinn- und Verlustrechnung gem. § 275 HGB.

Dementsprechend wird folgende Reihenfolge der Kontenklassen vorgesehen:

Kontenklasse	SKR 03	SKR 04
0	Anlagevermögen, Eigenkapital, langfristige Verbindlichkeiten, Rechnungsabgrenzungsposten	Anlagevermögen
1	Umlaufvermögen, Verbindlichkeiten aus Lieferungen und Leistungen, sonstige Verbindlichkeiten	Umlaufvermögen
2	Finanzergebnis, a. o. Ergebnis, sonstige betriebliche Aufwendungen, sonstige betriebliche Erträge	Eigenkapital
3	Wareneingang und Warenbestand	Rückstellungen, Verbindlichkeiten
4	betriebliche Aufwendungen	Umsatzerlöse, Bestandsveränderungen, sonstige betriebliche Erträge
5	frei	Materialaufwand
6	frei	Personalaufwand, sonstige betriebliche Aufwendungen
7	Bestand an Fertigerzeugnissen, Bestand an halb fertigen Erzeugnissen	Finanzergebnis, a. o. Ergebnis, Steuern, Gewinnverwendung
8	Umsatzerlöse, Bestandsveränderungen	frei
9	Vortragskonten, statistische Konten	Vortragskonten, statistische Konten

Die Verwendung einheitlicher Kontenrahmen ermöglicht

- einen Vergleich der einzelnen Aufwendungen und Erträge desselben Unternehmens in verschiedenen Zeiträumen **(innerer Betriebsvergleich)**,

- einen Vergleich der einzelnen Aufwendungen und Erträge eines Unternehmens mit denen anderer Unternehmen desselben Wirtschaftszweiges **(äußerer Betriebsvergleich)**,
- die Vereinheitlichung und Vereinfachung des Buchungstextes durch die **Verwendung von Kontennummern**.

3.5 Buchen der Umsatzsteuer

In diesem Abschnitt geht es ausschließlich um das **Buchen der Umsatzsteuer**.

Dabei ist zwischen **Ausgangsumsätzen**, bei denen die **Umsatzsteuer als Verbindlichkeit** gegenüber dem Finanzamt entsteht, und **Eingangsumsätzen**, aufgrund derer ein vorsteuerabzugsberechtigter Unternehmer durch den Abzug der Umsatzsteuer als **Vorsteuer** eine **Forderung** gegenüber dem Finanzamt hat, zu unterscheiden.

Ist die entstandene Umsatzsteuer größer als die angefallene Vorsteuer, hat der Unternehmer den Unterschiedsbetrag als Umsatzsteuerschuld (Umsatzsteuerzahllast) an das Finanzamt zu zahlen. Im umgekehrten Falle erstattet das Finanzamt das Vorsteuerguthaben.

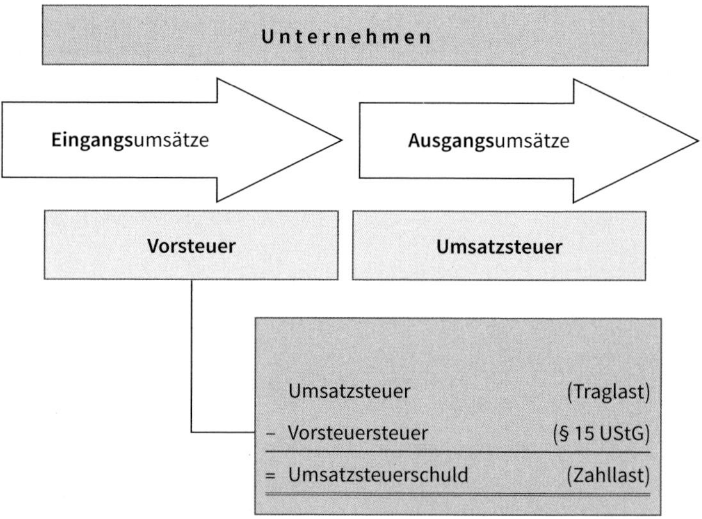

Gemäß **§ 22 Abs. 2 Nr. 5 UStG** ist der Unternehmer verpflichtet, beim **Leistungseingang** die Entgelte **(Nettobeträge)** für empfangene Leistungen und die auf diese Entgelte entfallende Steuer **(Vorsteuer) getrennt aufzuzeichnen**.

In diesem Zusammenhang sehen dann auch die Standardkontenrahmen u. a. folgende Konten für die als Vorsteuer abziehbare Umsatzsteuer vor:

SKR 03	SKR 04	Konto
1570	1400	Abziehbare Vorsteuer
1571	1401	Abziehbare Vorsteuer 19 %
1576	1406	Abziehbare Vorsteuer 7 %

Bei den Vorsteuerkonten handelt es sich um Aktivkonten (Forderungen).

Eine entsprechende Verpflichtung trifft den Unternehmer gem. **§ 22 Abs. 2 Nr. 1 UStG** auch für die ausgeführten Lieferungen und sonstigen Leistung, also die **Ausgangsumsätze**. Dabei ist ersichtlich zu machen, wie sich die **Entgelte** auf die steuerpflichtigen Umsätze, **getrennt nach Steuersätzen** verteilen.

Deshalb sehen die Standardkontenrahmen auch in diesem Zusammenhang dann u. a. folgende Erlöskonten und dazu korrespondierende Umsatzsteuerkonten vor:

SKR 03	SKR 04	Konto
8000	4000	Umsatzerlöse
1770	3800	Umsatzsteuer
8300	4300	Erlöse 7 %
1771	3801	Umsatzsteuer 7 %
8400	4400	Erlöse 19 %
1776	3806	Umsatzsteuer 19 %

Bei den Umsatzsteuerkonten handelt es sich um Passivkonten (Verbindlichkeiten).

Beispiel:

Eingangsumsatz: *Die vorsteuerabzugsberechtigte Unternehmerin U* ***kauft*** *für ihr Unternehmen Waren für 1.000,00 € zuzüglich 19 % USt. in Höhe von 190,00 € auf Rechnung.*

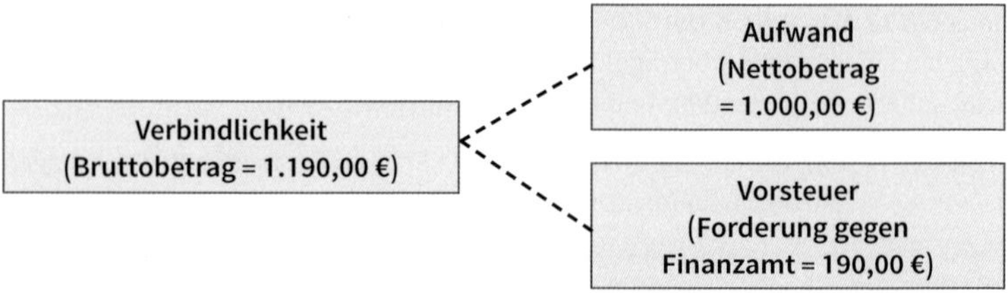

Buchungssatz:

SKR 03	SKR 04		Soll	Haben
3200	5200	Wareneingang	1.000,00 €	
1570	1400	Abz. Vorst,	190,00 €	
		an		
1610	3310	Verb. a. LL.		1.190,00 €

Ausgangsumsatz: *Die vorsteuerabzugsberechtigte Unternehmerin U* ***verkauft*** *für Waren für 1.000,00 € zuzüglich 19 % USt. in Höhe von 190,00 € auf Rechnung.*

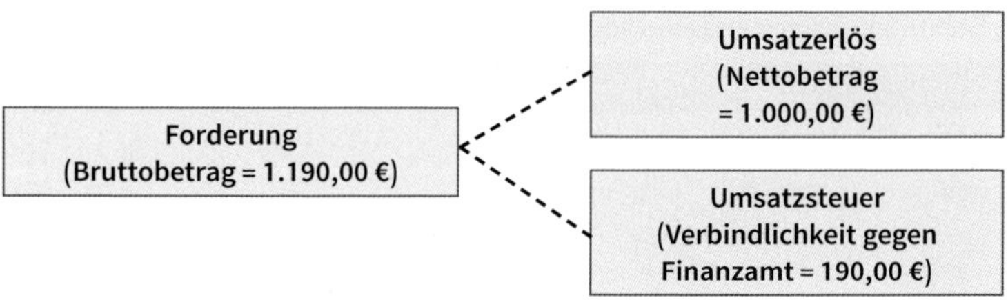

Buchungssatz:

SKR 03	SKR 04		Soll	Haben
1410	1210	Ford. a. LL.	1.190,00 €	
		an		
8000	4000	Umsatzerlöse		1.000,00 €
1770	3800	Umsatzsteuer		190,00 €

Umsatzsteuervorauszahlungen

Gemäß § 18 UStG hat der Unternehmer bis zum zehnten Tag nach Ablauf jedes Voranmeldungszeitraums eine Voranmeldung an das Finanzamt zu übermitteln und eine entsprechende Umsatzsteuervorauszahlung zu leisten.

Für das Buchen dieser Umsatzsteuervorauszahlung gibt es zwei Möglichkeiten:

Der Unternehmer bzw. die Unternehmerin bucht die Vorauszahlung auf das Umsatzsteuerkonto im Soll oder die Vorauszahlung auf ein zusätzlich eingerichtetes Umsatzsteuer-Vorauszahlungskonto (1780 SKR 03; 3820 SKR 04) im Soll.

Das Konto „Umsatzsteuervorauszahlungen" ist ein Unterkonto des Umsatzsteuerkontos. Die Buchung der Vorauszahlungen auf diesem Konto ist in der Praxis häufiger verbreitet als die Buchung auf dem Konto „Umsatzsteuer". Die **Trennung der Vorauszahlungen von den laufenden Geschäftsvorfällen erhöht die Transparenz der Buchführung** und erleichtert die Abschlussarbeiten.

Abschluss der Umsatzsteuerkonten

Zum Schluss des Geschäftsjahres werden die Salden aller Umsatzsteuerkonten zusammengefasst und das Ergebnis dieser Zusammenfassung in das Schlussbilanzkonto übernommen.

Dabei kann die Zusammenfassung der Salden aller Umsatzsteuerkonten auf dem Umsatzsteuerkonto erfolgen oder auf dem Vorsteuerkonto, wenn am Schluss des Jahres ein Vorsteuerguthaben besteht.

In der Praxis erfolgt der Abschluss der Umsatzsteuerkonten, d. h., die Konten werden mit ihren Salden unter der Bilanzposition „Sonstige Verbindlichkeiten" (bei einer Umsatzsteuerschuld) oder „Sonstige Vermögensgegenstände" (bei einem Vorsteuerguthaben) ausgewiesen.

Beispiel: *Der Unternehmer U (München) hat in einem Geschäftsjahr gebucht:*
- *auf dem Vorsteuerkonto 35.000,00 €,*
- *auf dem Umsatzsteuerkonto im Haben 45.000,00 €,*
- *auf dem Umsatzsteuerkonto im Soll (Vorauszahlungen) 7.000,00 €.*

Er schließt die Umsatzsteuerkonten wie folgt ab:

1.

SKR 03	SKR 04		Soll	Haben
1770	1400	Umsatzsteuer	35.000,00 €	
		an		
1570	1400	Abz. Vorsteuer		35.000,00 €

und 2.

SKR 03	SKR 04		Soll	Haben
1770	3800	Umsatzsteuer	3.000,00 €	
		an		
9998	9998	SBK		3.000,00 €

S	abz. Vorst.		H
	35.000,00 €	USt.	35.000,00 €

S	USt.		H
Vorausz.	7.000,00 €		45.000,00 €
abz. Vorst.	35.000,00 €		
SBK	3.000,00 €		
	45.000,00 €		45.000,00 €

S	SBK		H
		USt.	3.000,00 €

3.6 Privatkonten

- Kapitalgesellschaften, z. B. die GmbH, haben keine Privatsphäre. Bei den Kapitalgesellschaften sind keine Privatkonten zu bebuchen!

- Demgegenüber ereignen sich bei Einzelunternehmen und Personengesellschaften neben den vielzähligen betrieblichen Geschäftsvorfällen auch Vorgänge, die der Privatsphäre des Unternehmers bzw. der Unternehmerin zuzuordnen sind.

Es ist daher eine **Abgrenzung** zwischen dem betrieblichen und dem **privaten Bereich** zwingend erforderlich. Diese **Abgrenzung** erfolgt **durch** das Führen von **Privatkonten** als **Unterkonten des Eigenkapitalkontos**.

Privatentnahmen

Privatentnahmen sind „Aufwendungen"/Entnahmen, die das **Eigenkapital mindern ohne eine betriebliche Veranlassung**. Sie werden auf dem **Konto „Privatentnahmen" im Soll** gebucht.

Privateinlagen

Privateinlagen sind „Erträge"/Einlagen, die das **Eigenkapital mehren ohne eine betriebliche Veranlassung**. Sie werden auf dem **Konto „Privateinlagen" im Haben** gebucht.

Die Konten „Privatentnahme" und „Privateinlage" werden über das Eigenkapitalkonto abgeschlossen.

Beispiel: Privatentnahme – Geld

Unternehmer U bezahlt seine Einkommensteuervorauszahlung für das erste Quartal durch Überweisung von dem betrieblichen Bankkonto in Höhe von 1.000,00 €.

Buchung:

SKR 03	SKR 04		Soll	Haben
1800	2100	Privatentnahme	1.000,00 €	
		an		
1200	1800	Bank		1.000,00 €

Gewinnauswirkung:
Handels- und steuerrechtlich: gewinnneutral; es werden nur Bestandskonten bebucht, aber das Eigenkapital mindert sich ohne betriebliche Veranlassung.

Beispiel: Privateinlage – Geld

Unternehmer U hat im Lotto gewonnen. Mit dem Lottogewinn in Höhe von 10.000,00 € begleicht er Verbindlichkeiten aus Lieferungen und Leistungen gegenüber seinen Lieferanten, in dem er die Verbindlichkeiten unmittelbar von seinem Privatkonto aus überweist.

Buchung:

SKR 03	SKR 04		Soll	Haben
1610	3310	Verb. a. LL.	10.000,00 €	
		an		
1890	2180	Privateinlage		10.000,00 €

Gewinnauswirkung:
Handels- und steuerrechtlich: gewinnneutral; es werden nur Bestandskonten bebucht, aber das Eigenkapital erhöht sich ohne betriebliche Veranlassung.

Für die Gewinnermittlung nach dem Betriebsvermögensvergleich (BVV) ist deshalb gem. § 4 Abs. 1 EStG das Eigenkapital (Betriebsvermögen) zum Schluss des Wirtschaftsjahres um die Privatentnahmen zu erhöhen und um die Privateinlagen zu mindern. Durch diese Korrekturen wird das rein betrieblich veranlasste Eigenkapital ermittelt!

Weitere Privatentnahmen

Neben der Entnahme von Geld durch den Unternehmer bzw. die Unternehmerin für private Zwecke kommen weitere Entnahmen in Betracht:

--> **Sachentnahmen**, § 3 Abs. 1b S. 1 Nr. 1 UStG
(Entnahme von Waren für den privaten Haushalt),

--> **Nutzungsentnahmen**, § 3 Abs. 9a Nr. 1 UStG
(Privatfahrten mit dem Firmen-Pkw; private Nutzung von betrieblichen Telekommunikationsgeräten),

--> **Leistungsentnahmen**, § 3 Abs. 9a Nr. 2 UStG
(Einsatz betrieblicher Arbeitnehmer/-innen für private Zwecke).

Einzelheiten im Zusammenhang mit den weiteren Privatentnahmen siehe auch in der Umsatzsteuer – Bemessungsgrundlage – unentgeltliche Lieferungen und sonstige Leistungen.

3.7 Laufende Buchungen Warenein- und -verkauf

Bei den Buchungen im Zusammenhang mit Waren sowie Rohstoffen und Vorräten handelt es sich um **Buchungen im Umlaufvermögen**, nicht Anlagevermögen!

Beachten Sie, was Sie buchen sollen:

Wareneinkauf

Also aus Sicht des Käufers, dann:

SKR 03	SKR 04		Soll	Haben
3200	5200	Wareneingang		
1570	1400	Abz. Vorsteuer		
		an		
1610	3310	Verb. a. LL.		

Warenverkauf

Also aus Sicht des Verkäufers, dann:

SKR 03	SKR 04		Soll	Haben
1410	1210	Ford. a. LL.		
		an		
8000	4000	Umsatzerlöse		
1770	3800	Umsatzsteuer		

3.7.1 Wareneinkauf mit Bezugs(neben)kosten auf Rechnung

Bezugsnebenkosten

Warenbezugskosten sind **alle Kosten**, die bei der Anschaffung der Waren **neben dem Kaufpreis** anfallen.

Sie werden auf Unterkonten des Wareneingangskontos gebucht und über das Wareneingangskonto abgeschlossen.

Zu den Warenbezugs(neben)kosten gehören z. B. **Verpackung** und **Fracht**, aber auch **Zölle** und Einfuhrabgaben (3850 SKR 03/5840 SKR 04).

Beispiel: *Der vorsteuerabzugsberechtigte Unternehmer U (Düsseldorf) kauft Waren im Wert von 10.000,00 € (netto) + 1.900,00 € USt. bei der Lieferantin L aus Köln auf Rechnung. L weist in der Rechnung zusätzlich Frachtkosten in Höhe von 200,00 € + 38,00 € USt. aus.*

Buchung:

SKR 03	SKR 04		Soll	Haben
3200	5200	Wareneingang	10.000,00 €	
3800	5800	Bezugskosten	200,00 €	
1570	1400	Abz. Vorsteuer	1.938,00 €	
		an		
1610	3310	Verb. a. LL.		12.138,00 €

Gewinnauswirkung: *handels- und steuerrechtlich: gewinnmindernd um 10.200,00 €*

3.7.2 Wareneinkauf – Rücksendung der Ware

- Spiegeln der Wareneinkaufsbuchung

Beispiel: *Die vorsteuerabzugsberechtigte Unternehmerin U (Rostock) hat Ware bei Lieferant L auf Rechnung gekauft. Da Ware im Wert von 1.000,00 € + 190,00 € USt. beschädigt war, sendet sie diese an L zurück. Die Lieferung der Ware mit Wareneingangsrechnung ist bereits ordnungsgemäß gebucht.*

Buchung:

SKR 03	SKR 04		Soll	Haben
1610	3310	Verb. a. LL.	1.190,00 €	
		an		
3200	5200	Wareneingang		1.000,00 €
1570	1400	Abz. Vorsteuer		190,00 €

Gewinnauswirkung: *handels- und steuerrechtlich: gewinnmindernd um 1.000,00 €*

3.7.3 Wareneinkauf – Lieferant erteilt nach Mängelrüge eine Gutschrift

Beispiel: *Die vorsteuerabzugsberechtigte Unternehmerin U (Kiel) rügt bei Lieferant L (Koblenz) die Lieferung von mangelhafter Ware. L erteilt daraufhin eine Gutschrift in Höhe von 1.000,00 € + 190,00 € USt. Es ist aus der Sicht der Käuferin U zu buchen. Die Wareneingangsrechnung ist ordnungsgemäß gebucht, aber noch nicht bezahlt.*

Buchung:

SKR 03	SKR 04		Soll	Haben
1510	3310	Verb. a. LL.	1.190,00 €	
		an		
3700	5700	Nachlässe (Skonti, Boni) Wareneingang		1.000,00 €
1570	1400	Abz. Vorsteuer		190,00 €

Gewinnauswirkung: *handels- und steuerrechtlich: gewinnerhöhend um 1.000,00 €*

3.7.4 Wareneinkauf – Bezahlung unter Skontoabzug

- **Rabatte** werden in der Regel beim Ausstellen der Rechnung vom Lieferanten sofort berücksichtigt (sog. Sofortrabatte). Bei Sofortrabatten berechnet der Lieferant die Umsatzsteuer schon vom verminderten Rechnungsbetrag. Sofortrabatte sind deshalb nicht zu buchen.

- **Skonto** ist ein Abzug der Kundinnen und Kunden vom Rechnungsbetrag bei Zahlung innerhalb einer vereinbarten kurzen Frist (Preisabzug).

Umsatzsteuerlich bewirkt der Skontoabzug beim Lieferanten eine Entgeltminderung und damit eine Minderung der Umsatzsteuer, während sich beim vorsteuerabzugsberechtigten Käufer die Vorsteuer verringert (§ 17 UStG).

Einkommensteuerlich verringert der Skontoabzug beim Lieferanten den Ertrag aus dem Warenverkauf und beim Käufer den Aufwand des Wareneingangs.

Es ist deshalb bei Buchung aus Sicht des Käufers die Aufwendungen für Waren durch Buchung auf dem Konto und die abziehbare Vorsteuer durch Buchung auf dem Konto jeweils im Haben zu korrigieren.

Aus Sicht des Lieferanten sind die Umsatzerlöse durch Buchung auf dem Konto und die Umsatzsteuer durch Buchung auf dem Konto jeweils im Soll zu korrigieren.

- **Bonus** ist ein nachträglich entweder viertel-, halb- oder jährlich vom Lieferer gewährter Nachlass, den dieser meistens nach der Höhe des Umsatzes staffelt, den der Kunde bei ihm erreicht hat (nachträglich gewährter Rabatt).

Steuerlich werden Boni genauso behandelt wie Skonti: Boni mindern die Umsatzsteuer bzw. die Vorsteuer und verringern den Ertrag/die Umsatzerlöse bzw. den Aufwand bei dem Wareneingang.

Beispiel: *Der vorsteuerabzugsberechtigte Unternehmer U (Kiel) bezahlt die Wareneingangsrechnung des Lieferanten L (Dortmund) in Höhe von 10.000,00 € + 1.900,00 € USt. unter Abzug von 2 % Skonto per Banküberweisung.*

Buchung:

SKR 03	SKR 04		Soll	Haben
1610	3310	Verb. a. LL.	11.190,00 €	
		an		
1200	1800	Bank		11.662,00 €
3700	5700	Nachlässe (Skonti, Boni) Wareneingang		200,00 €
1570	1400	Abz. Vorsteuer		38,00 €

Gewinnauswirkung: *handels- und steuerrechtlich: gewinnerhöhend um 200,00 €*

3.7.5 Wareneinkauf – innergemeinschaftlicher Erwerb (igE)

Bei dem innergemeinschaftlichen Erwerb erbringt der Lieferant eine steuerfreie innergemeinschaftliche Lieferung. Der Erwerber/Käufer ist gem. § 13a Abs. 1 Nr. 2 UStG Schuldner der Umsatzsteuer für den innergemeinschaftlichen Erwerb und kann diese Umsatzsteuer gleichzeitig als Vorsteuer gem. § 15 Abs. 1 Nr. 3 UStG geltend machen (siehe auch Umsatzsteuer – igE).

Beispiel: *Der vorsteuerabzugsberechtigte Unternehmer U (Hamburg, Deutschland) kauft bei Lieferant L (Paris, Frankreich) Waren im Wert von 10.000,00 € auf Rechnung. Beide Unternehmer verwenden die Umsatzsteuer-Identifikationsnummer ihres Landes.*

Buchung:

Buchung der Warenrechnung aus der Sicht des Erwerbers U

SKR 03	SKR 04		Soll	Haben
3420	5425	Innergem. Erwerb	10.000,00 €	
		an		
1610	3310	Verb. a. LL.		10.000,00 €

Buchung der Vorsteuer/Umsatzsteuer für den Erwerber U

SKR 03	SKR 04		Soll	Haben
1572	1402	Vorsteuer iGe	1.900,00 €	
		an		
1772	3802	USt. iGe		1.900,00 €

Gewinnauswirkung: handels- und steuerrechtlich: gewinnmindernd um 10.000,00 €

3.7.6 Wareneinkauf – igE/Zahlung unter Skontoabzug

Die Ausführungen zu Rabatt – Skonto – Bonus gelten entsprechend. das heißt, auch hier sind insbesondere die Umsatzsteuer und Vorsteuer zu korrigieren!

Beispiel: *Der vorsteuerabzugsberechtigte Unternehmer U (Hamburg, Deutschland) kauft bei Lieferant L (Paris, Frankreich) Waren im Wert von 10.000,00 € auf Rechnung. Beide Unternehmer verwenden die Umsatzsteuer-Identifikationsnummer ihres Landes. U bezahlt die Rechnung des L durch Banküberweisung unter Abzug von 2 % Skonto.*

Buchungen:

Buchung der Bezahlung der Rechnung unter Skontoabzug

SKR 03	SKR 04		Soll	Haben
1610	3310	Verb. a. LL.	10,000,00 €	
		an		
1200	1800	Bank		9.800,00 €
3785	5725	Nachlässe/Skonti/ Boni iGe		200,00 €

Buchung der Umsatzsteuer-/Vorsteuerkorrektur

SKR 03	SKR 04		Soll	Haben
1772	3802	USt. iGe	38,00 €	
		an		
1572	1402	Vorsteuer iGe		38,00 €

Gewinnauswirkung: *handels- und steuerrechtlich: gewinnerhöhend um 200,00 €*

3.7.7 Wareneinkauf – Einfuhr „unverzollt und unversteuert"

Bei der Einfuhr aus dem Drittlandgebiet handelt es sich um Einkäufe in Ländern, die nicht zur EU gehören (z. B. Schweiz, USA etc.), für das im Inland liegende Unternehmen. Die im Drittland eingekauften Gegenstände werden hierbei in das deutsche Inland befördert oder versendet.

Im deutschen Inland unterliegt die Einfuhr der deutschen Umsatzsteuer (Einfuhrumsatzsteuer gem. § 1 Abs. 1 Nr. 4 UStG).

Es hängt dann von der vertraglichen Vereinbarung zwischen dem Lieferanten und dem Abnehmer der Gegenstände ab, wer Schuldner der Einfuhrumsatzsteuer ist. Bei der Lieferbedingung „unverzollt und unversteuert" schuldet der Abnehmer der Ware die Einfuhrumsatzsteuer Er deklariert die Einfuhr dem deutschen Zoll und bezahlt die Einfuhrumsatzsteuer (EUSt.). Bemessungsgrundlage für die Einfuhrumsatzsteuer ist der Warenwert plus Zoll.

Vorsteuerabzugsberechtigte Unternehmerinnen und Unternehmer können die an das Zollamt geschuldete und durch einen zollamtlichen Beleg nachgewiesene Umsatzsteuer auf die steuerbare Einfuhr gleichzeitig als Vorsteuer abziehen (vgl. § 15 Abs. 1 Nr. 2 UStG). Für den vorsteuerabzugsberechtigten Erwerber entsteht dann keine Umsatzsteuerzahllast aus solchen Erwerbsvorgängen.

Beispiel: *Die vorsteuerabzugsberechtigte Unternehmerin U erhält am 20. August eine Warenlieferung aus den USA im Wert von umgerechnet 5.000,00 € netto. Die Rechnung ging am 15. August per E-Mail bei ihr ein. Die Lieferkonditionen lauten „unverzollt und unversteuert".*

Bei Abholung der Ware am 20. August zahlt U bei der Zollabfertigung 500,00 € Zoll und die Einfuhrumsatzsteuer in Höhe von (5.500,00 € · 19 % EUSt. =) 1.045,00 € mit ihrer betrieblichen EC-Karte.

Buchungen:

Buchung der Warenrechnung 15. August

SKR 03	SKR 04		Soll	Haben
3559	5559	Einfuhr	5.000,00 €	
		an		
1610	3310	Verb. a. LL.		5.000,00 €

Buchung von Zoll und EUSt. 20 August

SKR 03	SKR 04		Soll	Haben
3850	5840	Zölle und Einfuhrabgaben	500,00 €	
1588	1433	Entstandene Einfuhrumsatzsteuer	1.045,00 €	
		an		
1200	1800	Bank		1.545,00 €

Gewinnauswirkung: *handels- und steuerrechtlich: gewinnmindernd um 5.500,00 €*

3.7.8 Warenvertriebskosten – Einkauf von Verpackungsmaterial

Warenvertriebskosten wie Verpackungs-, Versand-, Versicherungs- oder Frachtkosten gehören zu den sofort abzugsfähigen Aufwendungen (Betriebsausgaben). Sie werden deshalb zum Zeitpunkt ihrer Entstehung mit dem Nettobetrag auf dem entsprechenden Vertriebskostenkonto im Soll erfasst.

Beispiel: *Die vorsteuerabzugsberechtigte Unternehmerin U (Hamburg) kauft für ihr Unternehmen Versandverpackungen (Kartons) für 500,00 € + 95,00 € USt. auf Rechnung.*

Buchung:

SKR 03	SKR 04		Soll	Haben
4700	6700	Kosten der Warenabgabe	500,00 €	
1570	1400	Abz. Vorsteuer	95,00 €	
		an		
1610	3310	Verb. a. LL.		595,00 €

Gewinnauswirkung: *handels- und steuerrechtlich: gewinnmindernd um 500,00 €*

3.7.9 Warenverkauf auf Rechnung

Beispiel: *Der vorsteuerabzugsberechtigte Unternehmer U (Braunschweig) erbringt steuerbare und steuerpflichtige Leistungen, indem er Waren an die Kundin K in seinem Geschäft in Höhe von 1.000,00 € + 190,00 € USt. auf Rechnung verkauft.*

Buchung:

SKR 03	SKR 04		Soll	Haben
1410	6700	Ford. a. LL.	1.190,00 €	
		an		
8000	4000	Umsatzerlöse		1.000,00 €
1770	3800	Umsatzsteuer		190,00 €

Gewinnauswirkung: *handels- und steuerrechtlich: gewinnerhöhend um 1.000,00 €*

3.7.10 Warenverkauf – Kundschaft sendet die Ware zurück

▶ Spiegeln der Verkaufsbuchung

Beispiel: *Der vorsteuerabzugsberechtigte Unternehmer U (Braunschweig) erbringt steuerbare und steuerpflichtige Leistungen, indem er Waren an die Kundin K in seinem Geschäft in Höhe von 1.000,00 € + 190,00 € USt. auf Rechnung verkauft. Später stellt sich heraus, dass die Waren mangelhaft sind, weshalb die Kundin diese an U zurücksendet.*

Buchung:

SKR 03	SKR 04		Soll	Haben
8000	4000	Umsatzerlöse	1.000,00 €	
1770	3800	Umsatzsteuer	190,00 €	
		an		
1410	1210	Ford. a. LL.		1.190,00 €

Gewinnauswirkung: *handels- und steuerrechtlich: gewinnmindernd um 1.000,00 €*

3.7.11 Warenverkauf – Kundschaft bezahlt unter Skontoabzug

▶ Siehe hierzu auch Wareneinkauf – Rabatt, Skonto, Bonus.

Beispiel: *Unternehmerin U (Düsseldorf) hat steuerbar und steuerpflichtig Ware für 10.000,00 € + 1.900,00 € USt. an den Kunden K auf Rechnung verkauft.*

Aufgrund einer Mängelrüge des K einigen sich U und K auf einen Preisnachlass in Höhe von 1.000,00 € + 190,00 € USt.

Buchung:

SKR 03	SKR 04		Soll	Haben
8700	4700	Erlösschmälerungen/ Skonti/Boni	1.000,00 €	
1770	3800	Umsatzsteuer	190,00 €	
		an		
1410	1210	Ford. a. LL.		1.190,00 €

Gewinnauswirkung: *Handels- und steuerrechtlich: Gewinnmindernd um 1.000,00 €*

3.7.12 Warenverkauf an andere Unternehmer im übrigen Gemeinschaftsgebiet (igL)

Die innergemeinschaftlichen Lieferung ist eine steuerbare Lieferung i. S. d. UStG. Sie ist aber unter den Voraussetzungen des § 4 Nr. 1 Buchst. b UStG i. V. m. § 6a UStG von der Umsatzsteuer befreit (siehe zu den Einzelheiten Umsatzsteuer – igL).

Beispiel: *Die Unternehmerin U (Köln, Deutschland) verkauft Waren im Wert von 1.000,00 € an eine Kundin (ebenfalls Unternehmerin) in Paris, Frankreich auf Rechnung. Beide Unternehmerinnen verwenden die Umsatzsteuer-Identifikationsnummer ihres Landes.*

Buchung *(aus der Sicht der Verkäuferin U):*

SKR 03	SKR 04		Soll	Haben
1410	1210	Ford. a. LL.	1.000,00 €	
		an		
8125	4125	Steuerfreie igL § 4 Nr. 1b UStG		1.000,00 €

Gewinnauswirkung: *handels- und steuerrechtlich: gewinnerhöhend um 1.000,00 €*

3.7.13 Warenverkauf – igL, Preisnachlass aufgrund von Mängelrüge

Beispiel: *Die Unternehmerin U (Köln, Deutschland) verkauft Waren im Wert von 1.000,00 € an eine Kundin (ebenfalls Unternehmerin) in Paris, Frankreich auf Rechnung. Beide Unternehmerinnen verwenden die Umsatzsteuer-Identifikationsnummer ihres*

Landes. Aufgrund einer berechtigten Mängelrüge gewährt U einen Preisnachlass in Höhe von 200,00 €.

Buchung *(aus der Sicht der Verkäuferin U):*

SKR 03	SKR 04		Soll	Haben
8725	4724	Erlösschmälerung/ Skonti/Boni stfr. igL	200,00 €	
		an		
1410	1210	Ford. a. LL.		200,00 €

Gewinnauswirkung: *handels- und steuerrechtlich: gewinnmindernd um 200,00 €*

3.7.14 Warenverkauf – igL, Bezahlung unter Skontoabzug

Beispiel: *Die Unternehmerin U (Münster, Deutschland) verkauft Waren im Wert von 5.000,00 € an einen Kunden (ebenfalls Unternehmer) in Brüssel, Belgien auf Rechnung. Beide Unternehmer/-innen verwenden die Umsatzsteuer-Identifikationsnummer ihres Landes. Der Kunde aus Brüssel bezahlt die Rechnung unter Abzug von 2 % Skonto.*

Buchung *(aus der Sicht der U):*

SKR 03	SKR 04		Soll	Haben
1200	1800	Bank	4.900,00 €	
8725	4724	Erlösschmälerungen/ Skonti/Boni stfr. igL	100,00 €	
		an		
1410	1210	Ford. a. LL.		5.000,00 €

Gewinnauswirkung: *handels- und steuerrechtlich: gewinnmindernd um 1.000,00 €*

3.7.15 Warenverkauf – § 3c UStG „kleiner Fernverkauf“

Eine Lieferung gilt im Normalfall gem. § 3 Abs. 6 UStG an dem Ort als ausgeführt, an dem die Beförderung oder Versendung an den Abnehmer beginnt.

Mit der Fernverkaufsregelung des § 3c UStG wird erreicht, dass die Umsatzsteuer in dem EU-Land erhoben wird, in dem die Ware auch verbraucht wird (sog. Bestimmungslandprinzip).

Dies gilt aber nur, soweit die Lieferung an eine Privatperson in das übrige Gemeinschaftsgebiet erfolgt und die Lieferschwelle in Höhe von 10.000,00 € vom Lieferanten überschritten wird, oder er auf die Anwendung der Lieferschwelle verzichtet („großer Fernverkauf"). Der Lieferant schuldet die Umsatzsteuer des Bestimmungslandes.

Bei dem sog. „kleinen Fernverkauf" wird diese Lieferschwelle vom Lieferanten eben nicht überschritten bzw. er verzichtet auf die Anwendung der Lieferschwelle nicht. Es kommt nicht zu einer Ortsverlagerung in das Bestimmungsland. Der Lieferant schuldet die Umsatzsteuer des Ursprungslandes (siehe Umsatzsteuer – Fernverkauf).

Beispiel: *Unternehmer U (München, Deutschland) verkauft und liefert Ware an den Kunden K (Privatperson) in Kopenhagen, Dänemark für netto 1.000,00 € auf Rechnung.*

Die dänische Umsatzsteuer beträgt 25 %; die deutsche Umsatzsteuer beträgt 19 %.

Die Lieferschwelle in Höhe von 10.000,00 € hat U nicht überschritten; er verzichtet auch nicht auf ihre Anwendung.

Buchung:

SKR 03	SKR 04		Soll	Haben
1410	1210	Ford. a. LL.	1.190,00 €	
		an		
8315	4315	Erlöse aus im Inland steuerpfl. EU-Lieferungen		1.000,00 €
1777	3807	USt. aus im Inland steuerpfl. EU-Lieferungen		190,00 €

Gewinnauswirkung: *handels- und steuerrechtlich: gewinnerhöhend um 1.000,00 €*

3.7.16 Warenverkauf – § 3c UStG „großer Fernverkauf"

Siehe Ausführungen zum „kleinen Fernverkauf".

Beispiel: *Unternehmer U (München, Deutschland) verkauft und liefert Ware an den Kunden K (Privatperson) in Kopenhagen, Dänemark für netto 1.000,00 € auf Rechnung.*

Die dänische Umsatzsteuer beträgt 25 %; die deutsche Umsatzsteuer beträgt 19 %.

Die Lieferschwelle in Höhe von 10.000,00 € hat U überschritten.

Buchung:

SKR 03	SKR 04		Soll	Haben
1410	1210	Ford. a. LL.	1.250,00 €	
		an		
8320	4320	Erlöse aus im anderen EU-Land steuerpfl. Lieferungen		1.000,00 €
1767	3817	USt. aus im anderen EU-Land steuerpfl. Lieferungen		250,00 €

Gewinnauswirkung: *handels- und steuerrechtlich: gewinnerhöhend um 1.000,00 €*

3.7.17 Warenverkauf – Ausfuhr

Die Ausfuhr oder Ausfuhrlieferung ist eine steuerbare, aber gem. § 4 Nr. 1 Buchst. a UStG i. V. m. § 6 UStG von der Umsatzsteuer befreite, Lieferung in das Drittland (siehe Umsatzsteuer – Ausfuhr).

Beispiel: *Die Unternehmerin U (München, Deutschland) verkauft und liefert an den Kunden K (Zürich, Schweiz) Waren für 1.000,00 € (netto) auf Rechnung.*

Buchung:

SKR 03	SKR 04		Soll	Haben
1410	1210	Ford. a. LL.	1.000,00 €	
		an		
8120	4120	Steuerfr. Umsätze § 4 Nr. 1a UStG		1.000,00 €

Gewinnauswirkung: *handels- und steuerrechtlich: gewinnerhöhend um 1.000,00 €*

3.7.18 Warenverkauf – Ausfuhr, Preisnachlass aufgrund von Mängelrüge

Beispiel: *Die Unternehmerin U (München, Deutschland) verkauft und liefert an den Kunden K (Zürich, Schweiz) Waren für 1.000,00 € (netto) auf Rechnung. Aufgrund einer berechtigten Mängelrüge gewährt U einen Nachlass in Höhe von 100,00 €.*

Buchung:

SKR 03	SKR 04		Soll	Haben
8705	4705	Erlösschmälerung/ Skonti/Boni stfr. Ausführlieferung	100,00 €	
		an		
1410	1210	Ford. a. LL.		100,00 €

Gewinnauswirkung: *handels- und steuerrechtlich: gewinnmindernd um 100,00 €*

3.7.19 Warenverkauf – Ausfuhr, Bezahlung unter Skontoabzug

Beispiel: *Die Unternehmerin U (München, Deutschland) verkauft und liefert an den Kunden K (Zürich, Schweiz) Waren für 1.000,00 € (netto) auf Rechnung. Aufgrund einer berechtigten Mängelrüge gewährt U einen Nachlass in Höhe von 100,00 €. Den verbleibenden Restbetrag in Höhe von 900,00 € überweist der Kunde unter Abzug von 2 % Skonto.*

Buchung:

SKR 03	SKR 04		Soll	Haben
1200	1800	Bank	882,00 €	
8705	4705	Erlösschmälerung/ Skonti/Boni stfr. Ausführlieferung	18,00 €	
		an		
1410	1210	Ford. a. LL.		900,00 €

Gewinnauswirkung: *handels- und steuerrechtlich: gewinnmindernd um 18,00 €*

3.7.20 Warenverkauf – Weiterberechnung von Vertriebskosten an die Kundschaft

Die in der Ausgangsrechnung gegenüber der Kundschaft ausgewiesenen und so an diese weiterberechneten Vertriebskosten erhöhen den Umsatzerlös, der auf dem jeweiligen Erlöskonto zu buchen ist. Diese Vertriebskosten werden im Fall des Warenverkaufs nicht separat gebucht.

3.7.21 Warenverkauf – Bestellungen

Bestellungen durch Kunden oder Preisanfragen sind nicht zu buchen. Eine Buchung erfolgt erst, wenn ein Geschäftsvorfall vorliegt. Das heißt, wenn eine Lieferung erfolgte und eine Forderung entstanden ist!

3.8 Abschluss und Auswertung der Warenkonten/BWA

Die Warenkonten sind bedeutende Konten, weil die meisten Geschäftsvorfälle der Groß- und Einzelhandelsbetriebe den Wareneingang und den Warenausgang betreffen.

Dabei werden in der Praxis mindestens drei Warenkonten mit entsprechenden Unterkonten geführt:

- das Aufwandskonto „Wareneingang“,
- das Ertragskonto „Umsatzerlöse“ und
- das Bestandskonto „Bestand Waren“.

3.8.1 Wareneingang/Wareneinsatz

Die Wareneinkäufe und die damit im Zusammenhang stehenden Geschäftsvorfälle werden auf dem Aufwandskonto

SKR 03	SKR 04	
3200	5200	Wareneingang

als Aufwand zu Einkaufspreisen im Soll sowie den damit im Zusammenhang stehenden Korrekturen auf dem Unterkonto

SKR 03	SKR 04	
3700	5700	Nachlässe/Skonti/Boni Wareneingang

im Haben gebucht.

Der Wareneingang wird nicht auf ein Bestandskonto gebucht, sondern auf einem Aufwandskonto erfasst, weil unterstellt wird, dass die eingekaufte Ware sofort verkauft wird (Just-in-time-Verfahren).

Das Konto **„Wareneingang“** wird als Aufwandskonto am Ende des Geschäftsjahres **über das Gewinn- und Verlustkonto** (GuV) **abgeschlossen**.

Der **Saldo des Wareneingangskontos** wird als **Wareneinsatz** bezeichnet!

Erlöse/Warenumsatz

Die Warenverkäufe werden auf dem Ertragskonto

SKR 03	SKR 04	
8000	4000	Umsatzerlöse

als Ertrag zu Verkaufspreisen im Haben sowie die damit im Zusammenhang stehenden Korrekturen auf dem Unterkonto

SKR 03	SKR 04	
8700	4700	Erlösschmälerungen/Skonti/Boni

im Soll gebucht.

Das Konto „Erlöse/Umsatzerlöse“ ist ein Ertragskonto, das am Ende des Geschäftsjahres über das Gewinn- und Verlustkonto (GuV) abgeschlossen wird.

3.8.2 Bestand Waren und Bestandsveränderungen

In den meisten Betrieben wird die eingekaufte Warenmenge nicht mit der verkauften Warenmenge übereinstimmen.

Diese Bestandsveränderungen müssen am Ende des Geschäftsjahres noch berücksichtigt werden.

Damit wird zu Beginn des Geschäftsjahres der Anfangsbestand der Waren auf dem Aktivkonto „Bestand Waren“ im Soll vorgetragen. Während des Geschäftsjahres wird das Konto „Bestand Waren“ nicht bebucht.

Beispiel: *Die Bilanz der Unternehmerin U weist zum 31. Dezember des Vorjahres und damit zum 1. Januar des Geschäftsjahres einen Bestand an Waren in Höhe von 10.000,00 € aus.*

Buchung:

SKR 03	SKR 04		Soll	Haben
3980	1140	Bestand Waren	10.000,00 €	
		an		
9000	9000	Saldenvortrag		10.000,00 €

*Bestand Waren **an** Saldenvortrag*

Erst zum Ende des Geschäftsjahres wird im Haben des Kontos „Bestand Waren“ der durch Inventur ermittelte Schlussbestand der Waren gebucht.

Die Gegenbuchung erfolgt auf dem Schlussbilanzkonto (SBK).

Beispiel: *Zum 31. Dezember des Geschäftsjahres ermittelt die Unternehmerin U durch Inventur einen Warenbestand in Höhe von 9.000,00 €.*

Buchung:

SKR 03	SKR 04		Soll	Haben
9998	9998	Schlussbilanzkonto	9.000,00 €	
		an		
3980	1140	Bestand Waren		9.000,00 €

Der Saldo des Kontos „Bestand Waren“ ergibt die Bestandsveränderung (**Bestandsmehrung** oder **Bestandsminderung**).

Das Konto „Bestand Waren“ wird damit nur zu Beginn und zum Ende des Geschäftsjahres angesprochen (nicht im Laufe des Geschäftsjahres)!

Warenbestandsmehrung

Eine Bestandsmehrung liegt vor, wenn der Schlussbestand größer ist als der Anfangsbestand.

Eine **Bestandsmehrung** bedeutet, dass in einer Rechnungsperiode (einem Geschäftsjahr) **mehr Waren eingekauft als verkauft** worden sind.

Der auf dem Konto „Wareneingang“ gebuchte **Aufwand** ist daher **zu hoch**.

Um den periodengerechten Aufwand eines Geschäftsjahres zu erhalten, muss der Aufwand auf dem Konto „Wareneingang“ um die Bestandsmehrung gemindert werden.

Buchmäßig wird die Bestandsmehrung im Haben des Kontos „Wareneingang“ erfasst.

Dadurch ergibt sich auf dem Konto „Wareneingang“ als Saldo der **Wareneinsatz** (der **Einkaufswert der verkauften Waren**).

Beispiel: *Aus der Buchhaltung des Unternehmers U sind folgende Zahlen ersichtlich:*

Der auf dem Konto „Bestand Waren“ im Soll ausgewiesene Anfangsbestand beträgt 10.000,00 €; der im Haben ausgewiesene Schlussbestand beträgt 12.000,00 €. Damit ist für das Konto „Bestand Waren“ ein Saldo in Höhe von 2.000,00 € als Bestandsmehrung im Soll auszuweisen. Diese Warenbestandsmehrung mindert den Wareneinsatz, also den Aufwand auf dem Konto „Wareneingang“, um 2.000 €.

Buchung:

SKR 03	SKR 04		Soll	Haben
3980	1140	Bestand Waren	2.000,00 €	
		an		
3200	5200	Wareneingang		2.000,00 €

Gewinnauswirkung: *handels- und steuerrechtlich: gewinnerhöhend um 2.000,00 €, da der Aufwand an Waren gemindert wird.*

Warenbestandsminderung

Eine Bestandsminderung liegt vor, wenn der Schlussbestand kleiner ist als der Anfangsbestand.

Eine **Bestandsminderung** bedeutet, dass die gebuchten Erlöse nicht nur mit den eingekauften Waren des laufenden Geschäftsjahres erzielt worden sind, sondern auch noch mit Waren aus dem Vorjahr (= Anfangsbestand). In diesem Fall sind in einem Geschäftsjahr **mehr Waren verkauft als eingekauft** worden.

Der auf dem Konto „Wareneingang“ erfasste **Aufwand ist daher zu niedrig**.

Um den periodengerechten Aufwand eines Geschäftsjahres zu erhalten, muss der Aufwand auf dem Konto „Wareneingang“ um die Bestandsminderung erhöht werden.

Buchmäßig wird die Bestandsminderung im Soll des Kontos „Wareneingang“ erfasst. Dadurch ergibt sich auf dem Konto „Wareneingang“ als Saldo der Wareneinsatz (der Einkaufswert der verkauften Waren).

Beispiel: *Aus der Buchhaltung des Unternehmers U sind folgende Zahlen ersichtlich:*

Der auf dem Konto „Bestand Waren“ im Soll ausgewiesene Anfangsbestand beträgt 10.000,00 €; der im Haben ausgewiesene Schlussbestand beträgt 9.000,00 €. Damit ist für das Konto „Bestand Waren“ ein Saldo in Höhe von 1.000,00 € als Bestandsminderung im Haben auszuweisen. Diese Warenbestandsminderung erhöht den Wareneinsatz, also den Aufwand auf dem Konto „Wareneingang“, um 1.000,00 €.

Buchung:

SKR 03	SKR 04		Soll	Haben
3200	5200	Wareneingang	1.000,00 €	
		an		
3980	1140	Bestand Waren		1.000,00 €

Gewinnauswirkung: *handels- und steuerrechtlich: gewinnmindernd um 1.000,00 €, da der Aufwand an Waren erhöht wird.*

3.8.3 Verprobung der Warenkonten

Bei der Verprobung der Warenkonten geht es um die rechnerische Ermittlung
- des Wareneinsatzes,
- des Warenumsatzes (Umsatzerlöse),
- des Rohgewinns,
- des Kalkulationszuschlags und
- der Handelsspanne.

Außerdem sollten folgende wichtige Größen bekannt sein:
- Reingewinn und
- Reingewinnsatz (Umsatzrendite).

Wareneinsatz

▶ Der Saldo des Wareneingangskontos wird als Wareneinsatz bezeichnet!

Rechnerisch kann der Wareneinsatz – unabhängig von der Kenntnis zu den Auswirkungen von einer Warenbestandsmehrung oder Warenbestandsminderung – wie folgt berechnet werden:

	Anfangsbestand Waren
+	Wareneinkäufe
–	Schlussbestand Waren
+	Bezugsnebenkosten
+	Zölle
–	erhaltene Skonti/Boni von Lieferanten
–	Warenrücksendungen/Gutschrift/Preisnachl. von Lieferanten
=	**Wareneinsatz**

Beispiel: *Aus der Buchführung der Unternehmerin U sind folgende Zahlen bekannt:*

Warenbestand 1. Januar	*80.000,00 €*
Warenbestand 31. Dezember	*75.000,00 €*
Warenzugänge (netto)	*500.000,00 €*
Bezugskosten (netto)	*10.000,00 €*
Warenverkäufe (netto)	*580.000,00 €*
Preisnachlässe (Kunden)	*5.000,00 €*

Der Wareneinsatz berechnet sich wie folgt:

	Anfangsbestand Waren	*80.000,00 €*
+	*Wareneinkäufe*	*500.000,00 €*
–	*Schlussbestand Waren*	*–75.000,00 €*
+	*Bezugsnebenkosten*	*10.000,00 €*
=	***Wareneinsatz***	***515.000,00 €***

Warenumsatz

Der Saldo des Erlöskontos wird als Warenumsatz bzw. Umsatzerlöse bezeichnet!

Unabhängig vom Abschluss des Erfolgskontos „Erlöse“ und seiner Unterkonten kann der Warenumsatz wie folgt berechnet werden:

	Warenverkäufe
–	gewährte Skonti/Boni
–	Warenrücksendungen von Kunden
–	Gutschriften/Preisnachlässe gegenüber Kunden
=	**Wareneinsatz (Umsatzerlöse)**

Beispiel: *Wie zuvor: Aus der Buchführung der Unternehmerin U sind folgende Zahlen bekannt:*

Warenbestand 1. Januar	*80.000,00 €*
Warenbestand 31. Dezember	*75.000,00 €*
Warenzugänge (netto)	*500.000,00 €*
Bezugskosten (netto)	*10.000,00 €*
Warenverkäufe (netto)	*580.000,00 €*
Preisnachlässe (Kunden)	*5.000,00 €*

Der Warenumsatz (Umsatzerlöse) berechnet sich wie folgt:

	Warenverkäufe	*580.000,00 €*
–	*Gutschriften/Preisnachlässe gegenüber Kunden*	*–5.000,00 €*
=	***Warenumsatz (Umsatzerlöse)***	***575.000,00 €***

Rohgewinn/Rohverlust

Die Differenz aller Wareneinkäufe (Wareneinsatz) und Warenverkäufe (Warenumsatz) einer Rechnungsperiode bezeichnet man als Rohgewinn bzw. Rohverlust!

Der Rohgewinn bzw. Rohverlust wird wie folgt berechnet:

	Umsatzerlöse
–	Wareneinsatz
=	**Rohgewinn**

Beispiel: *Aus dem Beispiel zuvor wurden bereits der Wareneinsatz mit 515.000,00 € und der Warenumsatz (Umsatzerlöse) mit 575.000,00 € berechnet.*

Damit ergibt sich ein Rohgewinn wie folgt:

	Umsatzerlöse	*575.000,00 €*
–	*Wareneinsatz*	*–515.000,00 €*
=	***Rohgewinn***	***60.000,00 €***

Kalkulationszuschlag/Rohgewinnaufschlagsatz

Mithilfe des Rohgewinnaufschlagsatzes kann der Erlös im Verhältnis zum Wareneinsatz geprüft werden.

Der Kalkulationszuschlag wird wie folgt berechnet:

$$\text{Rohgewinnaufschlagsatz (Kalkulationszuschlag)} = \frac{\text{Rohgewinn}}{\text{Wareneinsatz}} \cdot 100$$

Wird der branchentypische Kalkulationszuschlag nicht eingehalten, so besteht ein Verdacht auf „Schwarzverkäufe“.

Der Kalkulationszuschlag lässt sich auch als Kalkulationsfaktor wie folgt ausdrücken:

Kalkulationsfaktor = 1 + Kalkulationszuschlag in Prozent

Mithilfe des Kalkulationsfaktors können dann die Umsatzerlöse wie folgt berechnet werden:

Umsatzerlöse = Wareneinsatz · Kalkulationsfaktor

Beispiel: *Aus dem Beispiel zuvor wurden bereits der Wareneinsatz mit 515.000,00 € und der Warenumsatz (Umsatzerlöse) mit 575.000,00 € berechnet. Ebenfalls ist der Rohgewinn mit 60.000,00 € ermittelt.*

Damit berechnet sich der Rohgewinnaufschlagsatz (Kalkulationsfaktor) wie folgt:

$$\text{Rohgewinnaufschlagsatz} = \frac{60.000{,}00\ €}{515.000{,}00\ €} \cdot 100 = 11{,}65\ \%$$

Der Kalkulationsfaktor beträgt damit 1,1165.

Handelsspanne/Rohgewinnsatz

Mithilfe der Handelsspanne kann von den Erlösen auf den dafür erforderlichen Wareneinsatz geschlossen werden.

Die Handelsspanne wird wie folgt berechnet:

$$\text{Rohgewinnsatz (Handelsspanne)} = \frac{\text{Rohgewinn}}{\text{Umsatzerlöse}} \cdot 100$$

Auf den Wareneinsatz, mit dem dieser Rohgewinn erwirtschaftet wurde, lässt sich dann wie folgt zurückrechnen:

Wareneinsatz = Umsatzerlöse · (1 – Handelsspanne in Prozent)

Beispiel: *Aus dem Beispiel zuvor wurden bereits der Wareneinsatz mit 515.000,00 € und der Warenumsatz (Umsatzerlöse) mit 575.000,00 € berechnet. Ebenfalls ist der Rohgewinn mit 60.000,00 € ermittelt.*

Damit berechnet sich der Rohgewinnsatz (Handelsspanne) wie folgt:

$$Rohgewinnsatz = \frac{60.000{,}00\ €}{575.000{,}00\ €} \cdot 100 = 10{,}43\ \%$$

Reingewinn

Der endgültige Saldo des Gewinn- und Verlustkontos ist der Reingewinn (bzw. der Reinverlust).

Der Reingewinn bzw. Reinverlust kann wie folgt berechnet werden:

	Rohgewinn
–	sonstige Aufwendungen
+	sonstige Erträge
=	**Reingewinn**

Beispiel: *Aus dem Beispiel zuvor wurde der Rohgewinn mit 60.000,00 € ermittelt. Berücksichtigt man weitere sonstige Erträge in Höhe von 20.000,00 € und die sonstigen Aufwendungen in Höhe von 40.000,00 €, so berechnet sich der Reingewinn wie folgt:*

	Rohgewinn	*60.000,00 €*
–	*sonstige Aufwendungen*	*– 40.000,00 €*
+	*sonstige Erträge*	*20.000,00 €*
=	***Reingewinn***	***40.000,00 €***

Reingewinnsatz (Umsatzrendite)

Die Umsatzrendite gibt an, wie hoch der Gewinnanteil am Umsatz in Prozent ist.

Die Umsatzrendite kann wie folgt berechnet werden:

$$\text{Reingewinnsatz} = \frac{\text{Reingewinn}}{\text{Umsatzerlöse}} \cdot 100$$

(Umsatzrendite)

Beispiel: *Wurde im Beispiel zuvor der Reingewinn mit 40.000,00 € ermittelt und die Umsatzerlöse mit 575.000,00 €, so berechnet sich die Umsatzrendite wie folgt:*

$$Umsatzrendite = \frac{40.000{,}00\ €}{575.000{,}00\ €} \cdot 100 = 6{,}96\ \%$$

Das heißt, in jedem Euro Umsatz sind ca. 7 Cent Gewinn.

3.9 Anzahlungen auf Waren

Bei einer geleisteten Anzahlung handelt es sich um eine Forderung gegenüber dem Lieferanten!

Beispiel: *Wareneinkauf mit Anzahlung*

Der vorsteuerabzugsberechtigte Unternehmer U aus Hamburg bestellt Ware im Wert von 10.000,00 € netto.

Lieferantin L aus München fordert gegen Anzahlungsrechnung eine Anzahlung für die Waren in Höhe von 5.950,00 €.

U zahlt die Anzahlung am 1. März und erhält die Ware am 15. März mit ordnungsgemäßer Rechnung geliefert.

Am 20 März bezahlt U die Ware per Banküberweisung.

Buchungen aus der Sicht des Käufers U:

Buchung 1. März geleistete Anzahlung = Forderung gegen L

SKR 03	SKR 04		Soll	Haben
1510	1180	Gel. Anzahlungen	5.000,00 €	
1570	1400	Abz. Vorsteuer	950,00 €	
		an		
1200	1800	Bank		5.950,00 €

Buchungen 15. März Lieferung der Ware

SKR 03	SKR 04		Soll	Haben
3200	5200	Wareneingang	10.000,00 €	
1570	1400	Abz. Vorsteuer	1.900,00 €	
		an		
1610	3310	Verb. a. LL.		11.900,00 €

SKR 03	SKR 04		Soll	Haben
1610	3310	Verb. a. LL.	5.950,00 €	
		an		
1510	1180	Gel. Anzahlungen		5.000,00 €
1570	1400	Abz. Vorsteuer		950,00 €

Buchung 20. März Zahlung des Restbetrages

SKR 03	SKR 04		Soll	Haben
1610	3310	Verb. a. LL.	5.950,00 €	
		an		
1200	1800	Bank		5.950,00 €

Erhaltene Anzahlungen

Bei einer erhaltenen Anzahlung handelt es sich um eine Verbindlichkeit gegenüber der Kundschaft!

Beispiel: *Warenverkauf mit Anzahlung*

Der vorsteuerabzugsberechtigte Unternehmer U aus Hamburg bestellt Ware im Wert von 10.000,00 € netto.

Lieferantin L aus München fordert gegen Anzahlungsrechnung eine Anzahlung für die Ware in Höhe von 5.950,00 €.

U zahlt die Anzahlung am 1. März und erhält die Ware am 15. März mit ordnungsgemäßer Rechnung geliefert.

Am 20. März bezahlt U die Ware per Banküberweisung.

Buchungen aus der Sicht der Verkäuferin/Lieferantin L:

Buchung 1. März erhaltene Anzahlung = Verbindlichkeit gegenüber U

SKR 03	SKR 04		Soll	Haben
1200	1800	Bank	5.950,00 €	
		an		
1710	3250	Erh. Anzahlungen		5.000,00 €
1770	3800	Umsatzsteuer		950,00 €

Buchungen 15. März Lieferung der Ware

SKR 03	SKR 04		Soll	Haben
1410	1210	Ford. a. LL.	11.900,00 €	
		an		
8000	4000	Erlöse		10.000,00 €
1770	3800	Umsatzsteuer		1.900,00 €

SKR 03	SKR 04		Soll	Haben
1710	3250	Erh. Anzahlungen	5.000,00 €	
1770	3800	Umsatzsteuer	950,00 €	
		an		
1410	1210	Ford. a. LL.		5.950,00 €

Buchung 20. März Zahlungseingang des Restbetrages

SKR 03	SKR 04		Soll	Haben
1200	1800	Bank	5.950,00 €	
		an		
1410	1210	Ford. a. LL.		5.950,00 €

C

PRÜFUNGSBEREICH: SACHVERHALTE STEUERRECHTLICH BEURTEILEN UND IN STEUERERKLÄRUNGEN BEARBEITEN

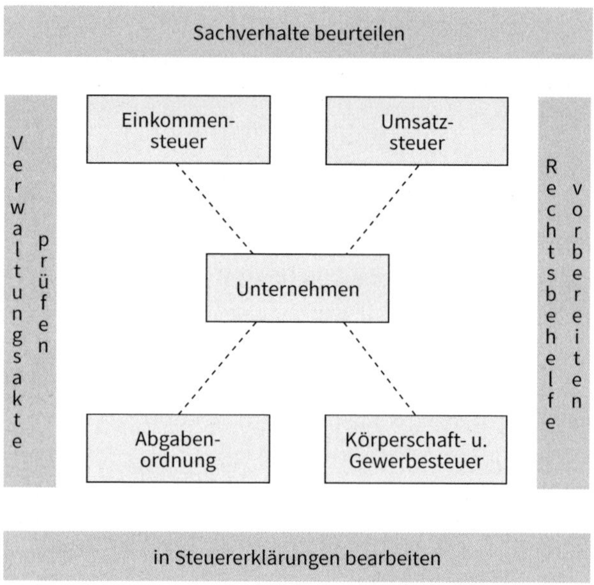

1 Einkommensteuer – Gewinneinkünfte und weitere Überschusseinkünfte ermitteln (Lernfeld 8)

Die Grundlagen zur Einkommensteuer wurden bereits bei der Zwischenprüfung im Zusammenhang mit der Veranlagung von Beschäftigten, also dem Lernfeld 4, besprochen.

Hier geht es nun um die Gewinneinkünfte und weiteren Überschusseinkünfte – also die noch offenen abschlussprüfungsrelevanten Themenbereiche, insbesondere aus dem Lernfeld 8.

1.1 Einkünfte aus Land- und Forstwirtschaft (§ 13 EStG)

Land- und Forstwirtschaft ist nach R 15.5 Abs. 1 S. 1 EStR die planmäßige Nutzung der natürlichen Kräfte des Bodens zur Erzeugung von Pflanzen und Tieren sowie die Verwertung der dadurch selbstgewonnenen Erzeugnisse.

Zur Abgrenzung der Einkünfte aus Land- und Forstwirtschaft hin zu den Einkünften aus Gewerbebetrieb siehe R 15.5 Abs. 5, 6 und 11 EStR.

Die Einkünfte aus Land- und Forstwirtschaft zählen zu den Gewinneinkünften. Dabei ist insbesondere Folgendes zu beachten:

Die Land- und Forstwirte haben gem. **§ 4a Abs. 1 EStG** ein **vom Kalenderjahr abweichendes Wirtschaftsjahr** und **für einzelne Gruppen** von Land- und Forstwirten können durch Rechtsverordnung **Sonderregelungen** getroffen werden. Diese Sonderregelungen finden sich z. B. für Winzer (Weinanbau) in **§ 8c EStDV**.

Da die **Einkommensteuer** eine **Jahressteuer** ist und die Grundlagen für ihre Festsetzung jeweils für ein Kalenderjahr zu ermitteln sind, ist **aber** im Zusammenhang mit der Ermittlung der **Einkünfte aus Land- und Forstwirtschaft** aufgrund des vom Kalenderjahr abweichenden Wirtschaftsjahres insbesondere **§ 4a Abs. 2 Nr. 1 EStG** zu beachten.

Danach ist bei Land- und Forstwirten der Gewinn des Wirtschaftsjahres auf das Kalenderjahr, in dem das Wirtschaftsjahr beginnt, und auf das Kalenderjahr, in dem das Wirtschaftsjahr endet, entsprechend dem zeitlichen Anteil aufzuteilen.

Beispiel: *Der Steuerpflichtige Franz Traube ist Winzer. Sein Wirtschaftsjahr geht gem. § 8c EStDV vom 1. September bis 31. August. Im Wirtschaftsjahr 2021/2022 erzielte er ei-*

nen Gewinn in Höhe von 30.000,00 € und im Wirtschaftsjahr 2022/2023 in Höhe von 36.000,00 €. Sein Gewinn für den Veranlagungszeitraum 2022 ist wie folgt zu ermitteln:

Wj. 2021/2022:	*30.000,00 €* $\cdot \frac{8}{12} =$	*20.000,00 €*
Wj. 2022/2022:	*36.000,00 €* $\cdot \frac{4}{12} =$	*12.000,00 €*
Einkünfte LuF VZ 2022:		***32.000,00 €***

Werden Einkünfte aus Land- und Forstwirtschaft erzielt, so ist **nach der Summe der Einkünfte** an den **Entlastungsbetrag für Land- und Forstwirte gem. § 13 Abs. 3 EStG** zu denken, um den richtigen Gesamtbetrag der Einkünfte zu ermitteln.

Beispiel: *Die Steuerpflichtige Stefanie Müller ist alleinstehend und erzielte im Veranlagungszeitraum 2022 Einkünfte aus Land- und Forstwirtschaft in Höhe von 10.000,00 € sowie aus Vermietung und Verpachtung in Höhe von 20.000,00 €. Ihr Gesamtbetrag der Einkünfte ist unter Berücksichtigung des Entlastungsbetrages für Land- und Forstwirte gem. § 13 Abs. 3 EStG wie folgt zu ermitteln:*

Einkünfte LuF (§ 13 EStG)	*10.000,00 €*
Einkünfte VuV (§ 21 EStG)	*20.000,00 €*
Summe der Einkünfte	*30.000,00 €*
< Höchstbetrag 30.700,00 €	
damit Entlastungsbetrag (§ 13 Abs. 3 EStG)	*– 900,00 €*
Gesamtbetrag der Einkünfte	***29.100,00 €***

1.2 Einkünfte aus selbstständiger Arbeit (§ 18 EStG)

Das Einkommensteuergesetz unterscheidet folgende Hauptarten der Einkünfte aus selbstständiger Arbeit gem. § 18 Abs. 1 EStG:

Einkünfte aus			
freiberuflicher Tätigkeit (§ 18 Abs. 1 **Nr. 1** EStG)			sonstiger selbstständiger Arbeit (§ 18 Abs. 1 **Nr. 3** EStG)
selbstständige wissenschaftliche, künstlerische, schriftstellerische, unterrichtende, erzieherische Tätigkeit	selbstständige Tätigkeit bestimmter Berufsgruppen, sog. Katalogberufe wie z. B.: Arzt/Ärztin, Rechtsanwalt/-anwältin, Steuerberater/-in	selbstständige Tätigkeit der den Katalogberufen ähnlichen Berufe wie z. B. Hebamme/Geburtshelfer, Heilpraktiker/-in, Übersetzer/-in	Testamentsvollstrecker/-in, Vermögensverwalter/-in, Aufsichtsratsmitglieder

Bei den Einkünften aus selbstständiger Arbeit kommt es insbesondere auf die Qualifikation bzw. die Person des oder der Leistenden an.

Ebenso wie bei dem Gewerbebetrieb müssen auch die Voraussetzungen der Selbstständigkeit – Nachhaltigkeit, Beteiligung am allgemeinen Wirtschaftsverkehr und Gewinnerzielungsabsicht – gegeben sein.

Wer Einkünfte aus selbstständiger Arbeit erzielt, ist weder gewerblicher Unternehmer, noch Kaufmann, und damit nicht buchführungspflichtig gem. § 141 AO. Solange Freiberufler nicht freiwillig Bücher führen, werden sie ihren Gewinn gem. § 4 Abs. 3 EStG im Rahmen einer EÜR ermitteln.

1.3 Einkünfte aus Gewerbebetrieb (§ 15 EStG)

Zu den Einkünften aus Gewerbebetrieb gehören gem. § 15 Abs. 1 EStG im Wesentlichen

- Einkünfte aus gewerblichen Einzelunternehmen gem. § 15 Abs. 1 S. 1 Nr. 1 EStG,
- Gewinnanteile an Personengesellschaften gem. § 15 Abs. 1 S. 1 Nr. 2 EStG,
- Gewinnanteile eines atypischen stillen Gesellschafters,
- Veräußerungsgewinne gem. § 16 EStG sowie
- Gewinne aus der Veräußerung von Anteilen an einer Kapitalgesellschaft gem. § 17 EStG.

Für die Annahme eines Gewerbebetriebes müssen gem. § 15 Abs. 2 EStG folgende Merkmale erfüllt sein:

	Merkmale	Erläuterungen
Positiv-Merkmale	1. Selbstständigkeit	Handeln auf eigene Rechnung und Gefahr (eigenes unternehmerisches Risiko)
	2. Nachhaltigkeit	Tätigkeit mit Wiederholungsabsicht
	3. Gewinnerzielungsabsicht	Leistungen, die einer unbestimmten Anzahl von Personen gegen Entgelt angeboten werden
	4. Beteiligung am allgemeinen wirtschaftlichen Verkehr	
Negativ-Merkmale	5. keine Land- und Forstwirtschaft, keine freie Berufstätigkeit und keine andere selbstständige Arbeit	Siehe R 15.5 EStR und H 15.5 sowie 15.6 EStH.

1.3.1 Gewinnanteile an Personengesellschaften

Zu den Einkünften aus Gewerbebetrieb gehören auch die Einkünfte aus Mitunternehmerschaft, also der Beteiligung an einer Personengesellschaft gem. § 15 Abs. 1 S. 1 Nr. 2 EStG.

Mitunternehmer ist, wer Gesellschafter einer Personengesellschaft ist und eine gewisse unternehmerische Initiative entfalten kann sowie unternehmerisches Risiko trägt (H 15.8 [1] Allgemeines EStH).

▶ **Die aus einer Personengesellschaft (OHG, KG, GbR, GmbH und Co. KG, atypisch stille Gesellschaft) erzielten Einkünfte werden nicht der Personengesellschaft, sondern den einzelnen Mitunternehmern (Gesellschaftern) zugerechnet im Rahmen einer einheitlichen und gesonderten Feststellung gem. § 180 AO, wenn die Gesellschaft nicht gem. § 1a KStG zur Körperschaftsteuer optiert hat.**

Die Zurechnungen erfolgen vorrangig nach den Gesetzesänderungen aufgrund des MoPeG (Gesetz zur Modernisierung des Personengesellschaftsrechts) auf der Grundlage des Gesellschaftsvertrages.

Zu den Einkünften aus Gewerbebetrieb des Gesellschafters einer Personengesellschaft gehören auch die Vergütungen, die der Gesellschafter von der Gesellschaft für

→ seine **Tätigkeit im Dienste der Gesellschaft** („Gehalt“) oder

⇢ die **Hingabe von Darlehen** („Zinsen") oder
⇢ die **Überlassung von Wirtschaftsgütern** („Miete/Pacht")

bezogen hat (§ 15 Abs. 1 S. 1 Nr. 2 EStG). Die neben den Gewinnanteilen zufließenden Vergütungen bezeichnet man als Sondervergütungen.

▶ Die Sondervergütungen werden den Einkünften aus Gewerbebetrieb hinzugerechnet, weil sie als Aufwand den handelsrechtlichen Gewinn der Gesellschaft gemindert haben.

Beispiel: *An der ABC OHG sind Herr Alf mit 50.000,00 €, Frau Behnik mit 25.000,00 € und Herr Caesar mit 75.000,00 € beteiligt. Der Gewinn soll nach den Bestimmungen des Gesellschaftsvertrages im Verhältnis der Kapitalanteile zueinander verteilt werden. Das Wirtschaftsjahr der Gesellschaft stimmt mit dem Kalenderjahr überein. In 2023 erwirtschaftete die OHG einen handelsrechtlichen Gewinn in Höhe von 240.000,00 €. Dabei buchte die OHG folgende Aufwendungen: Geschäftsführergehalt für Herrn Alf in Höhe von 36.000,00 €, Mietzahlungen an Frau Behnik in Höhe von 48.000,00 € für die Überlassung einer Produktionshalle und Zinszahlungen an Herrn Caesar in Höhe von 4.500,00 €.*

Der steuerrechtliche Gewinn der OHG und die Einkünfte aus Gewerbebetrieb der Gesellschafter sind wie folgt zu ermitteln:

Im ersten Schritt ist der handelsrechtliche Gewinn an die Gesellschafter wie folgt zu verteilen:

Herr Alf: Gewinnanteil $\frac{1}{3} \cdot 240.000,00\ € = 80.000,00\ €$

Frau Böhnik: Gewinnanteil $\frac{1}{6} \cdot 240.000,00\ € = 40.000,00\ €$

Herr Caesar: Gewinnanteil $\frac{1}{2} \cdot 240.000,00\ € = 120.000,00\ €$

Im zweiten Schritt sind die Sondervergütungen den Gesellschaftern als Einkünfte aus Gewerbebetrieb zuzurechnen.

Die Gewinnverteilungstabelle sieht damit wie folgt aus (Beträge in Euro):

	OHG	Alf	Behnik	Caesar
Handelsrechtlicher Gewinn	240.000,00	80.000,00	40.000,00	120.000,00
Sondervergütungen				
Geschäftsführergehalt	36.000,00	36.000,00		
Miete	48.000,00		48.000,00	
Zinsen	4.500,00			4.500,00
Steuerrechtlicher Gewinn	328.500,00			
Einkünfte (§ 15 EStG)		**116.000,00**	**88.000,00**	**124.500,00**

1.3.2 Gewinnanteil eines atypischen stillen Gesellschafters

Zu den Einkünften aus Gewerbebetrieb gehören ebenfalls die Einkünfte des atypischen (unechten) stillen Gesellschafters. Demgegenüber erzielt der typische (echte) stille Gesellschafter als reiner Kapitalgeber Einkünfte aus Kapitalvermögen.

Die Abgrenzung zwischen typischem und atypischem stillen Gesellschafter orientiert sich an folgenden Kriterien:

Stiller Gesellschafter	
typisch stiller Gesellschafter	**atypisch stiller Gesellschafter**
kein Mitunternehmer, sondern reiner Kapitalgeber	Mitunternehmer, da auch an den stillen Reserven bzw. einem Veräußerungserlös der Gesellschaft beteiligt
Einkünfte aus Kapitalvermögen (§ 20 Abs. 1 Nr. 4 EStG)	Einkünfte aus Gewerbebetrieb (§ 15 Abs. 1 S. 1 Nr. 2 EStG)

1.3.3 Veräußerungsgewinne gem. § 16 EStG

Zu den Einkünften aus Gewerbebetrieb gehört auch und insbesondere der Gewinn aus der **Veräußerung eines Gewerbebetriebes im Ganzen**.

Die Veräußerungsgewinne bzw. Aufgabegewinne stellen außerordentliche Einkünfte i. S. d. § 34 EStG dar. Sie werden durch die Gewährung eines **Freibetrags nach § 16 Abs. 4 EStG** sowie durch eine Tarifermäßigung nach § 34 EStG steuerlich begünstigt.

Beispiel: *Die Steuerpflichtige Frauke Fröhlich (60 Jahre alt) veräußert im VZ 2023 ihren Gewerbebetrieb im Ganzen. Dabei ergeben sich folgende Zahlen (in Euro):*

	Kaufpreis			*250.000,00*
–	*Veräußerungskosten*			*– 5.000,00*
	Aktiva	*150.000,00*		
–	*Schulden*	*– 75.000,00*		
–	*übernommenes Kapitalkonto*			*– 75.000,00*
=	*Veräußerungsgewinn*			*170.000,00*
	Freibetrag		*45.000,00*	
	Veräußerungsgewinn	*170.000,00*		
–	*Karenzbetrag*	*– 136.000,00*		
=	*Abschmelzung*		*– 34.000,00*	
–	*verbleibender Freibetrag*			*– 11.000,00*
=	*Einkünfte § 16 EStG*			***159.000,00***

1.4 Einkünfte aus Kapitalvermögen (§ 20 EStG)

Einkünfte aus Kapitalvermögen liegen aufgrund der Subsidiaritätsklausel des § 20 Abs. 8 EStG nur dann vor, wenn sie aus privaten Mitteln erzielt werden und eben nicht im Zusammenhang mit anderen Einkünften stehen.

Sie werden gem. § 32d Abs. 1 EStG mit einem **gesonderten Steuersatz** in Höhe von 25 %, der **sog. Kapitalertragsteuer**, besteuert. Sie bilden so eine von den übrigen sechs Einkunftsarten getrennte Einkunftsart und damit eine sog. Schedule.

Die **Besteuerung** der Einkünfte aus Kapitalvermögen erfolgt grundsätzlich **an der Quelle**, d. h., der Fiskus bedient sich vor allem inländischer Kreditinstitute, die vor Auszahlung der Kapitalerträge 25 % Kapitalertragsteuer und 5,5 % Solidaritätszuschlag einzubehalten und an den Staat abzuführen haben, soweit die Kapitalerträge den Sparerpauschbetrag (berücksichtigt durch den Freistellungsauftrag) übersteigen.

Ohne Berücksichtigung von Kirchensteuer und ohne Berücksichtigung des Sparerpauschbetrages darf die auszahlende Stelle von einer Bruttodividende i. S. d. § 20 Abs. 1 EStG (100 %) unter Abzug von 25 % Kapitalertragsteuer und davon 5,5 % Solidaritätszuschlag nur 73,625 % als Nettodividende auszahlen.

Durch den gesonderten Steuersatz kommt es weiter zu **einer dualen Besteuerung**, d. h. einer **niedrigeren und proportionalen Besteuerung des Faktors Kapital** gegenüber der progressiven Besteuerung gem. § 32a EStG bei den anderen Einkunftsarten.

Einkünfte aus Kapitalvermögen zählen zu den Überschusseinkunftsarten und werden ermittelt, indem **von den Einnahmen** grundsätzlich nicht die tatsächlichen Werbungskosten, sondern gem. § 20 Abs. 9 EStG der **Sparerpauschbetrag abgezogen** wird. In welchem Umfang der Sparerpauschbetrag bei der Auszahlung der Kapitalerträge berücksichtigt werden soll, wird der auszahlenden Stelle durch den sog. **Freistellungsauftrag** gem. **§ 44a EStG** mitgeteilt. Liegt der auszahlenden Stelle kein Freistellungsauftrag vor, so wird die Kapitalertragsteuer von dem ersten Euro Kapitalertrag an berechnet. Wurde damit der Sparerpauschbetrag nicht oder nicht vollständig berücksichtigt, so ist eine **Korrektur** im Rahmen der Einkommensteuerklärung gem. **§ 32d Abs. 4 EStG** möglich. Das Finanzamt setzt dann die Kapitalertragsteuer erneut fest, wie sie unter richtiger Berücksichtigung des Sparerpauschbetrages korrekt festzusetzen ist.

Die **einbehaltene Kapitalertragsteuer hat grundsätzlich abgeltende Wirkung** gem. § 43 Abs. 5 S. 1 EStG, sodass eine Einbeziehung in die Einkommensteuererklärung entfallen kann.

Liegt der individuelle Steuersatz einer steuerpflichtigen Person auch unter Einbeziehung der Einkünfte aus Kapitalvermögen unter 25 %, so kann gem. **§ 32d Abs. 6 EStG** im Rahmen einer **Günstigerprüfung** die nach § 20 EStG ermittelten Kapitaleinkünfte den Einkünften i. S. d. § 2 EStG hinzugerechnet und der tariflichen Einkommensteuer unterworfen werden, wenn dies zu einer niedrigeren Einkommensteuer einschließlich Zuschlagsteuern führt.

Beispiel: *Die ledige, konfessionslose Irmgard Müller aus Hamburg hat bei ihrer Hausbank 30.000,00 € zu einem Zinssatz von 6,5 % als Festgeld angelegt. Ihr werden im Dezember 2023 Zinsen in Höhe von (30.000,00 € · 6,5 % =) 1.950,00 € brutto, also vor Abzug von Kapitalertragsteuer und Solidaritätszuschlag, gutgeschrieben. Ein Freistellungsauftrag wurde versehentlich nur in Höhe des hälftigen Sparerpauschbetrages erteilt.*

Es handelt sich um Einkünfte aus Kapitalvermögen (§ 20 Abs. 1 Nr. 7 EStG). Sie unterliegen der Kapitalertragsteuer (§ 43 Abs. 1 Nr. 7 EStG) in Höhe von 25 % (§ 43a Abs. 1 S. 1 Nr. 1 EStG) und dem Solidaritätszuschlag in Höhe von 5,5 %.

Bemessungsgrundlage sind die Zinserträge abzüglich des hälftigen Sparerpauschbetrages, demnach (1.950,00 € – 500,00 € =) 1.450,00 €.

Schuldner der Kapitalertragsteuer in Höhe von (1.450,00 € · 25 % =) 362,50 € und des Solidaritätszuschlages von (362,50 € · 5,5 % =) 19,94 € ist die Steuerpflichtige.

Auszahlende Stelle i. S. d. § 44 Abs. 1 S. 4 Nr. 2 EStG ist die Hausbank. Diese hat den Steuerabzug vorzunehmen.

Die Einkommensteuer ist mit dem Steuerabzug abgegolten (§ 43 Abs. 5 EStG), sodass die Steuerpflichtige die Zinserträge in ihrer Einkommensteuererklärung eigentlich nicht mit angeben muss.

Da der Sparerpauschbetrag aber nicht vollständig ausgeschöpft wurde und Frau Müller somit zu viel Kapitalertragsteuer und Solidaritätszuschlag gezahlt hat, besteht die Möglichkeit, gem. § 32d Abs. 4 EStG dieses im Rahmen der Einkommensteuererklärung zu korrigieren. Das Finanzamt setzt dann die Kapitalertragsteuer und den Solidaritätszuschlag erneut fest, wie sie unter richtiger Berücksichtigung des Sparerpauschbetrages festzusetzen ist. Bemessungsgrundlage sind die Zinserträge abzüglich des vollen Sparerpauschbetrages, demnach (1.950,00 € – 1.000,00 € =) 950,00 €.

Die Kapitalertragsteuer ist damit richtig festzusetzen auf (1.950,00 € · 25 % =) 237,50 € und der Solidaritätszuschlag auf (237,50 € · 5,5 % =) 13,06 €. In Bezug auf die Kapitalertragsteuer kommt es damit zu einem Guthaben in Höhe von (362,50 € – 237,50 € =) 125,00 €, welches mit einer möglichen Abschlusszahlung zur Einkommensteuer verrechnet bzw. bei Guthaben mit erstattet wird. Entsprechendes gilt für den Solidaritätszuschlag.

Verluste aus Kapitalvermögen dürfen gem. **§ 20 Abs. 6 EStG** nicht mit Einkünften aus anderen Einkunftsarten ausgeglichen werden; sie dürfen auch nicht nach § 10d EStG im Rahmen eines Verlustabzuges abgezogen werden. Die Verluste mindern jedoch die Einkünfte, die die steuerpflichtige Person in den folgenden Veranlagungszeiträumen aus Kapitalvermögen erzielt. Es darf damit eine **Verrechnung nur innerhalb** derselben Einkunftsart, also **Einkünfte aus Kapitalvermögen, erfolgen.**

1.5 Einkünfte aus Vermietung und Verpachtung (§ 21 EStG)

Einkünfte aus Vermietung und Verpachtung sind gem. **§ 21 Abs. 1 Nr. 1 EStG** die Einkünfte aus Vermietung und Verpachtung von unbeweglichem Vermögen, insbesondere von **Grundstücken und Gebäuden des Privatvermögens** der Steuerpflichtigen.

Gehört das **Grundstück zum Betriebsvermögen**, so sind die Einnahmen den Einkunftsarten 1 bis 3 (**Gewinneinkunftsarten**) aufgrund des **Subsidiaritätsprinzips** gem. § 21 Abs. 3 EStG **zuzurechnen**.

Die Einkünfte aus Vermietung und Verpachtung zählen zu den **Überschusseinkünften**.

Typische **Einnahmen** gem. § 8 EStG in diesem Zusammenhang sind:

- vereinnahmte **Miete/Pacht** (auch Vorauszahlungen),
- Einnahmen für Nebenleistungen (z. B. Umlage für Straßenreinigung, Wassergeld, zentrale Beheizung, Müllabfuhr), sog. **Nebenkosten.**

Keine Einnahme ist die geleistete **Mietkaution**, da der Vermieter über diese nicht verfügen kann.

Typische **Werbungskosten** gem. § 9 EStG bei den Einkünften aus Vermietung und Verpachtung sind:

- Absetzungen für Abnutzung (**Gebäude-AfA**) gem. § 7 Abs. 4 und 5 EStG, die die richtige Aufteilung der Anschaffungskosten auf Grund und Boden sowie Gebäude voraussetzt;
- **Erhaltungsaufwand** in **Abgrenzung zu nachträglichen Herstellungskosten** bei Substanzerweiterung **oder anschaffungsnahen Herstellungskosten** gem. § 6 Abs. 1 Nr. 1a EStG;
- **Geldbeschaffungskosten**/Finanzierungskosten, z. B. Damnum, Kosten im Zusammenhang mit einer Hypothek oder Grundschuld;
- **Schuldzinsen;**
- **sonstige Werbungskosten** (z. B. Grundsteuer, Müllabfuhr-, Kanalbenutzungsgebühr, Beiträge zu Hausversicherungen, Ausgaben für Hausverwaltung u. a.).

Nicht zu den Werbungskosten zählt die **Zuführung zu einer Instandhaltungsrücklage**.

Beispiel: *Die Steuerpflichtige Steffanie Schick hat in 2021 ein Zweifamilienhaus (Baujahr 1974) erworben. Beide Wohnungen sind vermietet.*

Die Anschaffungskosten, die auf das Gebäude entfallen, betragen 420.000,00 €.

Die Mieteinnahmen betragen monatlich pro Wohnung 1.240,00 € und die Umlagen monatlich pro Wohnung 180,00 €. Die Nachzahlung für die Nebenkosten 2021 von 295,00 € geht am 26. März 2023 und die für 2022 von 242,50 € am 16. März 2024 auf dem Bankkonto ein.

Steffie Schick weist für 2023 folgende Ausgaben nach:

- *Dachsanierung im Mai 2023 für 103.173,00 € brutto.*
- *Anbau von Balkonen an beide Wohnungen für insgesamt 10.477,00 €.*
- *Die übrigen Werbungskosten, ohne Abschreibung, betragen 4.800,00 €.*

Bei der Ermittlung der Einkünfte aus Vermietung und Verpachtung ist in Bezug auf die Einnahmen auf das Zufluss-/Abflussprinzip des § 11 EStG für die Nebenkosten zu achten. Es sind nur die Nebenkostenzahlungen als Einnahmen anzusetzen, die auch in 2023 der Steuerpflichtigen zugeflossen sind.

In Bezug auf die Werbungskosten ist insbesondere das Augenmerk auf die Gebäude-AfA zu richten. Dabei ist eine Aufteilung der Anschaffungskosten auf Grund und Boden sowie auf das Gebäude nicht vorzunehmen, da die Anschaffungskosten für das Gebäude im Sachverhalt mitgeteilt werden. Allerdings muss daran gedacht werden, dass der Anbau der Balkone zu einer Substanzerweiterung führt und es sich deshalb bei diesen Kosten um nachträgliche Herstellungskosten handelt.

In Bezug auf die Dachsanierung könnte es sich um Erhaltungsaufwendungen handeln, die eigentlich als Werbungskosten sofort abzugsfähig wären oder gem. § 82b EStDV auf mehrere Jahre verteilt werden könnten. Allerdings erfolgt diese Sanierung innerhalb eines Zeitraumes von drei Jahren nach Anschaffung. Auch sind diese Aufwendungen netto größer als 15 % der ursprünglichen Anschaffungskosten des Gebäudes. Es handelt sich damit um anschaffungsnahe Herstellungskosten gem. § 6 Abs. 1 Nr. 1a Bewertungsgesetz.

Die Einkünfte aus Vermietung und Verpachtung sind damit wie folgt zu berechnen:

Einnahmen

12 · (1.240,00 + 180,00) · 2 =	*34.080,00 €*
Nachzahlung 2021	*295,00 €*
Nachzahlung 2022, Zufluss in 2024	*0,00 €*
	34.375,00 €

Werbungskosten

Anbau Balkone		
= nachträgliche Herstellungskosten aufgrund Substanzerweiterung		*10.477,00 €*
Dachsanierung		
innerhalb von drei Jahren nach Anschaffung		*103.173,00 €*
15-%-Grenze AK Gebäude		
15 % von 420.000,00 =	*63.000,00 €*	
Sanierungsaufwand netto	*86.700,00 €*	
Damit handelt es sich bei der Dachsanierung um anschaffungsnahe Herstellungskosten gem. § 6 Abs. 1 Nr. 1a EStG.		

ursprüngliche Anschaffungskosten Gebäude	*420.000,00 €*
AfA-Bemessungsgrundlage	*533.650,00 €*
AfA-Satz	*2 %*
Gebäude-AfA	*10.673,00 €*
übrige Werbungskosten	*4.800,00 €*
	15.473,00 €

Einkünfte VuV

Einnnahmen	*34.375,00 €*
– Werbungskosten	*– 15.473,00 €*
	18.902,00 €

Im Beispielsfall ist das Vermietungsobjekt in vollem Umfang für fremde Wohnzwecke genutzt/vermietet. Würde eine der beiden gleich großen Wohneinheiten zu eigenen Wohnzwecken genutzt werden, so wären natürlich weniger Mieteinnahmen vorhanden. Es sind dann aber auch nur die Werbungskosten anteilig anzusetzen, soweit sie auf die vermietete Wohneinheit entfallen bzw. dieser zuzurechnen sind.

Sollte eine Wohneinheit **verbilligt** z. B. an Familienangehörige **vermietet** werden, so sind die Regelungen des **§ 21 Abs. 2 EStG** zu beachten.

In Bezug auf eine **Staffel-AfA** für das Gebäude gem. **§ 7 Abs. 5 EStG** ist anzumerken, dass diese Möglichkeit der Abschreibung nur in Betracht kommt, wenn das **Gebäude von der steuerpflichtigen Person errichtet oder bis zum Ende des Jahres der Fertigstellung angeschafft** worden ist.

1.6 Sonstige Einkünfte (§§ 22, 23 EStG)

Zu den sonstigen Einkünften gehören abschließend nur die Einkünfte, die in § 22 EStG im Einzelnen aufgeführt sind. Dabei sind folgende Einkünfte hervorzuheben:

- Einkünfte aus **Leibrenten** (§ 22 Nr. 1 EStG)
- Einkünfte aus **Unterhaltsleistungen** und Zahlungen nach **§ 10 Abs. 1a EStG** (§ 22 Nr. 1a EStG); sog. Realsplitting sind bis zu der Höhe, wie sie die unterhaltsverpflichtete Person als Sonderausgabenabzug geltend macht, durch den oder die Unterhaltsberechtigte als sonstige Einkünfte nach Abzug der Werbungskosten oder des Werbungskostenpauschbetrages im Zusammenhang mit diesen Einkünften zu versteuern.
- Einkünfte aus **privaten Veräußerungsgeschäften** (§ 22 Nr. 2 EStG i. V. m. § 23 EStG)

1.6.1 Einkünfte aus Leibrenten (§ 22 Nr. 1 EStG)

Nach § 22 Nr. 1 S. 3 Buchst. a Doppelbuchst. aa S. 1 EStG werden die Leibrenten und andere Leistungen besteuert und zwar insbesondere aus den **gesetzlichen Rentenversicherungen**.

Versicherte, die also aufgrund ihrer Beitragsleistungen zu den gesetzlichen Rentenversicherungen einen Anspruch erworben haben, erhalten somit vom Erreichen der Altersgrenze an ein Altersruhegeld (eine Altersrente), das nach § 22 Nr. 1 S. 3 Buchstabe a Doppelbuchstabe aa EStG zu versteuern ist. Dabei gilt:

Bemessungsgrundlage für die Besteuerung der Altersrente ist der Jahresbetrag der Bruttorente; nicht die ausgezahlte Nettorente.

Allerdings wird die Jahresbruttorente nicht in voller Höhe besteuert, sondern nur mit einem Besteuerungsanteil in Prozent in Abhängigkeit von dem Jahr des Rentenbeginns (siehe Tabelle § 22 Nr. 1 S. 3 Buchst. a Doppelbuchst. aa S. 3 EStG).

▶ Aufgrund des Systemwechsels bei der Besteuerung der Altersrente hin zu einer nachgelagerten Besteuerung ab dem Jahr 2005 erhöht sich dieser Besteuerungsanteil unter Berücksichtigung der Entscheidung des Bundesverfassungsgerichts nunmehr bis zum Jahr 2058 auf 100 %. Demgegenüber werden die Altersvorsorgeaufwendungen gem. § 10 Abs. 3 S. 6 EStG ab dem VZ 2023 zu 100 % als Sonderausgaben steuerentlastend berücksichtigt.

Jeder Rentenjahrgang hat somit **seinen eigenen Besteuerungsanteil**.

Der Unterschiedsbetrag zwischen dem Jahresbetrag der Rente und dem der Besteuerung unterliegenden Anteil der Rente ist der steuerfreie Teil der Rente. Dieser gilt ab dem Jahr, das dem Jahr des Rentenbeginns folgt, für die gesamte Laufzeit des Rentenbezugs.

Tipp: Um diese Festschreibung des Rentenfreibetrages nicht zu übersehen, bitte § 22 Nr. 1 S. 3 Buchst. a Doppelbuchst. aa S. 5 EStG markern.

▶ Bei einer regelmäßigen Rentenanpassung erfolgt aufgrund der Festschreibung keine Anpassung des Rentenfreibetrages, sodass regelmäßige Rentenerhöhungen voll zu versteuern sind.

Werden keine höheren Werbungskosten nachgewiesen, wird bei der Ermittlung der sonstigen Einkünfte ein Werbungskostenpauschbetrag gem. § 9a Nr. 3 EStG von 102,00 € abgezogen.

Beispiel: *Die Steuerpflichtige Silke Sommer bezieht ab dem 1. April 2023 eine Bruttorente aus der gesetzlichen Rentenversicherung in Höhe von 2.000,00 €.*

Für den ***VZ 2023*** *berechnen sich die sonstigen Einkünfte der Silke Sommer wie folgt:*

Einnahmen (9 · 2.000,00 € =)	*18.000,00 €*	
davon steuerpflichtig 82,5 %		*14.850,00 €*
– Werbungskostenpauschbetrag		*– 102,00 €*
= Sonst. Einkünfte (§ 22 Abs. 1 Nr. 1 a) aa) EStG)		*14.748,00 €*

In 2023 erfolgt noch keine Festschreibung des Freibetrages, da es sich insoweit noch nicht um das Folgejahr des ersten Rentenbezugs handelt.

Im Jahr 2024 beträgt die Jahresbruttorente der Silke Sommer ([6 · 2.000,00 €] + [6 · 2010,00 €] =) 24.060,00 €.

Für den ***VZ 2024, das zweite Jahr des Rentenbezuges****, berechnen sich die sonstigen Einkünfte der Silke Sommer wie folgt:*

Einnahmen (Bruttorente)	*24.060,00 €*	
davon steuerpflichtig (Jahr des Rentenbeginns 2023) 82,5 %		*19.849,50 €*
– Werbungskostenpauschbetrag		*– 102,00 €*
= sonstige Einkünfte (§ 22 Abs. 1 Nr. 1 a) aa) EStG)		*19.747,50 €*

Es wird jetzt in 2024, dem zweiten Jahr, das auf den Rentenbeginn folgt, der Rentenfreibetrag in Höhe von (24.060,00 € – 19.849,50 € =) 4.210,50 € für die restliche Laufzeit der Rente festgeschrieben.

Regelmäßige Anpassungen des Jahresbetrags der Rente führen gem. § 22 Nr. 1 S. 3 Buchst. a Doppelbuchst. aa S. 7 EStG nicht zu einer Neuberechnung und bleiben bei einer Neuberechnung außer Betracht.

Damit sind alle normalen weiteren Rentenerhöhungen nach dem VZ 2024 voll steuerpflichtig.

Diese weiteren vollsteuerpflichtigen Rentenerhöhungen werden durch den sog. Rentenanpassungsbetrag zum Ausdruck gebracht.

In 2024 erhöht sich die Bruttorente der Silke Sommer auf 25.000,00 €. Der Rentenanpassungsbetrag beträgt 940,00 €.

Unter Berücksichtigung des Rentenanpassungsbetrages sind damit die sonstigen Einkünfte der Silke Sommer für den VZ 2025 wie folgt zu berechnen:

Einnahmen (Bruttorente)	*25.000,00 €*	
– Rentenanpassungsbetrag	*– 940,00 €*	
= verbleibender Betrag	*24.060,00 €*	
davon steuerpflichtig (Jahr des Rentenbeginns 2023) 82,5 %	*19.849,50 €*	
+ Rentenanpassungsbetrag	*940,00 €*	
= steuerpflichtige Einnahmen im VZ 2025		*20.789,50 €*
– Werbungskostenpauschbetrag		*– 102,00 €*
= Sonst. Einkünfte (§ 22 Abs. 1 Nr. 1 a) aa) EStG)		*20.687,50 €*

1.6.2 Einkünfte aus privaten Veräußerungsgeschäften (§ 22 Nr. 2 EStG i. V. m. § 23 EStG)

Zu den sonstigen Einkünften gehören auch die Einkünfte aus privaten Veräußerungsgeschäften i. S. d. § 22 Nr. 2 EStG i. V. m. § 23 EStG (früher: Spekulationsgeschäfte).

Bei privaten Veräußerungsgeschäften i. S. d. § 23 Abs. 1 **Nr. 1** EStG (bei Grundstücken einschließlich innerhalb dieser Frist erstellten Gebäude[teile]n) beträgt der Zeitraum zwischen Anschaffung und Veräußerung grundsätzlich nicht mehr als zehn Jahre und i. S. d. § 23 Abs. 1 **Nr. 2** EStG (andere Wirtschaftsgüter) beträgt die Frist nicht mehr als ein Jahr.

Für die Berechnung der Veräußerungsfrist ist der **Abschluss des Verpflichtungsgeschäftes** (z. B. Abschluss des Kaufvertrages) maßgebend und nicht das darauf folgende Erfüllungsgeschäft (z. B. die Eintragung im Grundbuch) [H 23 [Veräußerungsfrist] EStH].

Werden unentgeltlich erworbene Gegenstände (z. B. durch Schenkung, Erbschaft oder Vermächtnis) innerhalb der Veräußerungsfrist veräußert, liegt kein privates Veräußerungsgeschäft vor, weil der unentgeltliche Erwerb eines Gegenstandes keine Anschaffung i. S. d. § 23 EStG ist (H 23 EStH – „Anschaffung"). Allerdings ist bei Veräußerung eines im Wege der Gesamt- bzw. Einzelrechtsnachfolge erworbenen Grundstücks der Anschaffungszeitpunkt des Rechtsvorgängers maßgebend [Fußstapfentheorie, H 23 [Veräußerungsfrist] EStH).

Bei Veräußerungsgeschäften i. S. d. § 23 Abs. 1 **Nr. 1** EStG sind weiter die Ausnahmen von der Zehnjahresfrist zu beachten.

Ausgenommen sind demnach Wirtschaftsgüter, die im Zeitraum zwischen Anschaffung oder Fertigstellung und Veräußerung ausschließlich zu eigenen Wohnzwecken oder im Jahr der Veräußerung und in den beiden vorangegangenen Jahren (volle Jahre sind nicht erforderlich) zu eigenen Wohnzwecken genutzt wurden.

Im Zusammenhang mit Veräußerungsgeschäften des § 23 Abs. 1 **Nr. 2** EStG ist zu beachten, dass Veräußerungen von Gegenständen des täglichen Gebrauchs (z. B. gebrauchte Pkw etc.) ausgenommen sind.

Der Gewinn oder Verlust aus privaten Veräußerungsgeschäften ist gem. § 23 Abs. 3 S. 1 EStG der Unterschied zwischen dem Veräußerungspreis einerseits und den Anschaffungs- oder Herstellungskosten und den Werbungskosten (z. B. Gerichtsgebühren, Maklergebühren, Werbekosten/Veräußerungsnebenkosten) andererseits. **Bei Immobilien** mindern sich die Anschaffungs- oder Herstellungskosten gem. § 23 Abs. 3 S. 4 EStG **um die AfA** nach § 7 EStG oder erhöhte Absetzungen und Sonderabschreibungen, soweit sie bei der Ermittlung der Einkünfte i. S. d. § 2 Abs. 1 S. 1 Nr. 4–7 EStG (z. B. Vermietung und Verpachtung) abgezogen worden sind.

Nicht zu den **Werbungskosten** gehören aber **alle Aufwendungen**, die mit der **laufenden Nutzung des veräußerten Wirtschaftsgutes** zwischen dessen Anschaffung und Veräußerung zusammenhängen (z. B. Schuldzinsen, Grundsteuer etc.).

Beispiel: *Der Steuerpflichtige Anton Ahlers hat am 10. Januar 2017 in Hamburg ein Mietwohngrundstück (Baujahr 2010) für 800.000,00 € erworben. Er erzielte damit bis zum Zeitpunkt der Veräußerung am 10. Juli 2024 Einkünfte aus Vermietung und Verpachtung. Von den Anschaffungskosten entfallen 100.000,00 € auf Grund und Boden. Die AfA nach § 7 Abs. 4 EStG beträgt bis zum Veräußerungszeitpunkt (700.000,00 € · 2 % · 7,5 Jahre =) 105.000,00 €. Am 10. Juli 2024 veräußerte Herr Ahlers dann das Grundstück für 750.000,00 €. Dabei ist auch eine Maklerprovision in Höhe von 16.000,00 € zu seinen Lasten angefallen.*

Da Anton Ahlers das Grundstück innerhalb von zehn Jahren seit der Anschaffung wieder veräußert hat, ist der Veräußerungsgewinn nach § 23 Abs. 1 Nr. 1 EStG steuerpflichtig.

Der Gewinn aus dem privaten Veräußerungsgeschäft wird wie folgt ermittelt:

Verkaufspreis		*750.000,00 €*
– Verkaufsnebenkosten		*– 16.000,00 €*
– Anschaffungskosten		
ursprünglich	*800.000,00 €*	
– Gebäude AfA aus VuV	*– 105.000,00 €*	
= verbleibende Anschaffungskosten		*– 695.000,00 €*
= Einkünfte aus privatem Veräußerungsgeschäft		*39.000,00 €*

▶ **Gewinne** aus privaten Veräußerungsgeschäften bleiben **steuerfrei**, wenn der aus den privaten Veräußerungsgeschäften erzielte Gesamtgewinn im Kalenderjahr **weniger als 1.000,00 €** betragen hat. **Verluste** dürfen **nur bis zur Höhe des Gewinns**, den der oder die Steuerpflichtige im gleichen Kalenderjahr **aus privaten Veräußerungsgeschäften** erzielt hat, **ausgeglichen werden**. Es ist damit kein vertikaler Verlustausgleich möglich.

1.6.3 Einkünfte aus Unterhaltsleistungen und Zahlungen nach § 10 Abs. 1a EStG (§ 22 Nr. 1a EStG); Realsplitting

Zu den sonstigen Einkünften gehören nach § 22 Nr. 1a EStG auch bis zu einem Höchstbetrag von 13.805,00 € empfangene **Unterhaltsleistungen an den geschiedenen oder dauernd getrennt lebenden unbeschränkt einkommensteuerpflichtigen Ehegatten** (nicht Kindesunterhalt), soweit sie nach § 10 Abs. 1a Nr. 1 EStG vom Geber mit Zustimmung des Unterhaltsempfängers als Sonderausgaben abgezogen wurden (sog. Realsplitting oder begrenztes Realsplitting).

Der Höchstbetrag erhöht sich um die Krankenversicherungsbeiträge, die für die Absicherung des Ehegatten aufgewendet werden (siehe § 22 Nr. 1a EStG i. V. m. § 10 Abs. 1a Nr. 1 S. 2 EStG).

1.7 Altersentlastungsbetrag (§ 24a EStG)

Der Altersentlastungsbetrag ist gem. § 24a EStG bis zu einem Höchstbetrag im Kalenderjahr ein nach einem Prozentsatz ermittelter Betrag des Arbeitslohns und der positiven Summe der Einkünfte, die nicht solche aus nichtselbstständiger Arbeit sind.

Persönliche Voraussetzung ist gem. § 24a Abs. 1 S. 3 EStG, dass die steuerpflichtige Person vor dem Beginn des Kalenderjahres, in dem sie ihr Einkommen bezogen hat, das 64. Lebensjahr vollendet hatte.

▶ Die Berechnung des Lebensalters ist eine Tagesbeginnfrist. Damit haben alle Steuerpflichtigen, die bis zum 1. Januar 1960 geboren wurden, für den VZ 2024 einen Anspruch auf den Altersentlastungsbetrag, denn sie vollenden am 31. Dezember 2023 um 24:00 Uhr, und damit vor dem 1. Januar 2024, ihr 64. Lebensjahr.

Bemessungsgrundlage für den Altersentlastungsbetrag ist zum einen (**Teil 1**) der **Betrag des Arbeitslohnes** (und damit sind nur die Einnahmen nicht die Einkünfte aus nichtselbstständiger Arbeit gemeint) und zum anderen (**Teil 2**) die **positive „Summe der Einkünfte“, ohne Einkünfte aus** nichtselbstständiger Arbeit, Einkünfte aus Leibrenten und Einkünfte i. S. d. § 24a S. 2 Nrn. 3–5 EStG.

Im Fall der **Zusammenveranlagung von Ehegatten** zur Einkommensteuer sind die Voraussetzungen des Altersentlastungsbetrages **für jeden Ehegatten gesondert** zu prüfen.

Beispiel: *Die Eheleute Julia (geb. am 20. März 1951) und Bernd (geb. am 7. Juli 1949) Asmussen sind unbeschränkt steuerpflichtig und erzielen im VZ 2024 folgende Einkünfte:*

- *Julia: Einkünfte aus selbstständiger Arbeit in Höhe von 8.000,00 € und Renteneinkünfte aus einem berufsständischen Versorgungswerk in Höhe von 35.755,00 €*
- *Bernd: Einkünfte aus der gesetzlichen Altersrente in Höhe von 16.455,00 €*

Darüber hinaus sind Julia und Bernd Asmussen jeweils zur Hälfte Einkünfte aus Vermietung und Verpachtung in Höhe von insgesamt 1.400,00 € zuzurechnen.

Der Altersentlastungsbetrag VZ 2024 ist für jeden Ehegatten einzeln wie folgt zu ermitteln:

Julia Asmussen:

Bemessungsgrundlage Teil 1 – Arbeitslohn	*0,00 €*
Bemessungsgrundlage Teil 2 – positive Summe der Einkünfte (8.000,00 € + 700,00 € =)	*8.700,00 €*
Vollendung 64. Lebensjahr 2015	
damit 22,4 % von 8.700,00 € = 1.948,80 €; max.	***1.064,00 €***

Bernd Asmussen:

Bemessungsgrundlage Teil 1 – Arbeitslohn	*0,00 €*
Bemessungsgrundlage Teil 2 – positive Summe der Einkünfte (0,5 VuV 700,00 € =)	*700,00 €*
Vollendung 64. Lebensjahr 2013	
damit 25,6 % von 700,00 € = 1.948,80 €; max.	
(< max. 1.216,00 €)	***179,20 €***

Entsprechend der **Tabellenüberschrift** sind die Prozentzahl und der Höchstbetrag für „**das auf die Vollendung des 64. Lebensjahres folgende Kalenderjahr**“ zu wählen.

2 Körperschaftsteuer – Körperschaftsteuer ermitteln (Lernfeld 9)

Die Körperschaftsteuer gilt als die „**Einkommensteuer der juristischen Personen**“, insbesondere der GmbH und AG.

2.1 Allgemeines

Die Körperschaftsteuer ist eine

- **Personensteuer** und daher nicht als Betriebsausgabe abzugsfähig;
- **Besitzsteuer**, da das Einkommen der juristischen Person besteuert wird;
- **direkte Steuer**, da Steuerschuldner und Steuerträger identisch sind;
- **Gemeinschaftsteuer**, da am Aufkommen der Bund und die Länder beteiligt sind.

Rechtsgrundlagen für die Körperschaftsteuer ergeben sich aus

- dem **Körperschaftsteuergesetz** (KStG),
- der Körperschaftsteuer-Durchführungsverordnung (KStDV),
- dem **Einkommensteuergesetz** (EStG),
- der **Abgabenordnung** (AO).

Weiter behandeln die **Körperschaftsteuer-Richtlinien** Zweifels- und Auslegungsfragen von allgemeiner Bedeutung, die lediglich die Finanzbehörden mit dem Zweck, einer einheitlichen Anwendung des Körperschaftsteuerrechts binden.

Gemäß § 20 AO ist das Finanzamt örtlich zuständig, in dessen Bezirk sich die Geschäftsleitung der Körperschaft befindet (**Geschäftsleitungsfinanzamt**).

2.2 Körperschaftsteuerpflicht

In Bezug auf die Steuerpflicht ist ähnlich wie bei der Einkommensteuerpflicht zwischen

- unbeschränkter Körperschaftsteuerpflicht und
- beschränkter Körperschaftsteuerpflicht

zu unterscheiden.

Unbeschränkte Körperschaftsteuerpflicht

Der unbeschränkten Steuerpflicht unterliegen alle Körperschaften, die

- in § 1 KStG aufgeführt sind und
- ihre Geschäftsleitung bzw. ihren Sitz im Inland haben.

Die unbeschränkte Körperschaftsteuerpflicht umfasst – wie bei der Einkommensteuer – gem. § 1 Abs. 2 KStG sämtliche Einkünfte (sog. Welteinkommen). Eine Ausnahme gilt lediglich dann, wenn bezüglich ausländischer Einkünfte Sonderregelungen eines Doppelbesteuerungsabkommens zu beachten sind.

Beschränkte Körperschaftsteuerpflicht

Beschränkt steuerpflichtig sind nach § 2 Nr. 1 KStG juristische Personen, die **im Inland weder** ihre **Geschäftsleitung** noch ihren **Sitz** haben, **jedoch inländische Einkünfte** erzielen.

Rechtsfolge der beschränkten Körperschaftsteuerpflicht ist, dass nur die inländischen Einkünfte der Körperschaftsteuer unterliegen.

Beginn und Ende der Körperschaftsteuerpflicht

Da der Beginn der Steuerpflicht einer Kapitalgesellschaft (z. B. **GmbH**) im KStG nicht geregelt ist, richtet sich dieser nach dem **zivilrechtlichen Zeitpunkt** der Entstehung der Gesellschaft.

Hiernach entsteht eine GmbH erst mit ihrer Eintragung in das Handelsregister.

Allerdings geht bei Kapitalgesellschaften dem zivilrechtlichen Entstehungszeitpunkt eine Gründungsphase voraus, die in mehreren Stufen verläuft. Dabei ist zu unterscheiden zwischen

- der sog. Vorgründungsgesellschaft
- und der sog. Vorgesellschaft.

Vorgründungsgesellschaft bezieht sich auf die Zeit vor Abschluss des notariellen Gesellschaftsvertrages und entsteht durch Vereinbarung der künftigen Gesellschafter, eine Kapitalgesellschaft gründen zu wollen.

Die Vorgründungsgesellschaft ist weder identisch mit der Vorgesellschaft noch mit der später entstehenden Kapitalgesellschaft und unterliegt infolgedessen auch nicht der Körperschaftsteuerpflicht. Es handelt sich bei der Vorgründungsgesellschaft um eine GbR bzw. OHG. Wurden von der Vorgründungsgesellschaft bereits Einkünfte erzielt, so sind diese unmittelbar bei den einzelnen Gründungsgesellschaftern zu versteuern.

Die **Vorgesellschaft** bezieht sich auf den Zeitraum vom Abschluss des notariellen Gesellschaftsvertrages bis zur Eintragung in das Handelsregister. Zivilrechtlich gelten Vorgesellschaft und die nach Eintragung entstandene GmbH als identische Person. Daraus folgt, dass die **Vorgesellschaft bereits körperschaftsteuerpflichtig** ist. Die

Behandlung der Vorgesellschaft als Kapitalgesellschaft setzt allerdings voraus, dass die Eintragung ins Handelsregister später tatsächlich auch erfolgt.

Für das **Ende der Körperschaftsteuerpflicht** ist zu beachten, dass die wirtschaftliche Existenz einer Körperschaft und ihre persönliche Körperschaftsteuerpflicht erst enden, wenn die **geschäftliche Betätigung tatsächlich eingestellt** und das gesamte vorhandene **Vermögen an die Gesellschafter verteilt** ist. Die **Löschung im Handelsregister** hat daher **nur deklaratorische**, nicht jedoch konstitutive **Wirkung**.

Steuerbefreiungen

Gemäß **§ 5 KStG** sind bestimmte juristische Personen, wie politische Parteien, die Deutsche Bundesbank oder gemeinnützige Körperschaften i. S. d. § 5 Abs. 1 Nr. 9 S. 1 KStG, aus sozial- und volkswirtschaftlichen Gründen von der Körperschaftsteuer befreit.

2.3 Ermittlung der Besteuerungsgrundlage – zu versteuerndes Einkommen

Die Darstellung für die Ermittlung der Besteuerungsgrundlage, sprich das zu versteuernde Einkommen, orientiert sich an folgendem Beispielsfall.

Fallbeispiel

<table>
<tr><td colspan="2">Die Schreibwaren GmbH mit Sitz und Geschäftsleitung in Hamburg handelt mit Papier und Schreibwaren aller Art. Ihr Wirtschaftsjahr entspricht dem Kalenderjahr. Alleiniger Gesellschafter und Geschäftsführer ist Philipp Stift. Für das Geschäftsjahr 2024 weist die GmbH einen handelsrechtlichen Jahresüberschuss in Höhe von 250.000,00 € aus. Die GmbH möchte ein möglichst niedriges zu versteuerndes Einkommen erwirtschaften.</td></tr>
<tr><td>Tz 1</td><td>Die GmbH stellt selber hochwertige Schreibgeräte her und hatte zum Ende des Jahres 2024 einen Vertrag zu Lieferung über hochwertige Füllfederhalter nach Übersee zu einem Festpreis geschlossen. Allerdings verteuerten sich die Rohstoffpreise erheblich, sodass die GmbH in ihren handelsrechtlichen Jahresabschluss eine Drohverlustrückstellung in Höhe von 10.000,00 € einstellte.</td></tr>
<tr><td>Tz 2</td><td>Weiter erlitt in 2024 ein Lieferfahrzeug der GmbH bei einem Unfall einen Totalschaden. Die Kfz-Versicherung regulierte diesen Schaden und zahlte 5.000,00 € über den Buchwert des Lieferfahrzeuges an die GmbH. Handelsrechtlich hat die GmbH diese Entschädigungszahlung erfolgswirksam gebucht. Sie beabsichtigt, in 2025 ein neues Lieferfahrzeug anzuschaffen.</td></tr>
<tr><td>Tz 3</td><td>Als Geschäftsführer erhielt Herr Stift für 2024 Vergütungen von insgesamt 120.000,00 €. Dieser Betrag setzt sich aus einem Festgehalt von 75.000,00 € und einer Tantieme von 45.000,00 € zusammen. Fremdüblich ist jedoch nur eine Tantieme von 10 % der Gesamtvergütung.</td></tr>
</table>

Tz 4	Die GmbH hat für 2024 folgende Vorauszahlungen geleistet und als Aufwand gebucht:	
	Körperschaftsteuer	45.000,00 €
	Solidaritätszuschlag zur Körperschaftsteuer	2.475,00 €
	Gewerbesteuer	41.500,00 €
Tz 5	Die GmbH buchte folgende Zuwendungen als Aufwand:	
	Zuwendungen an politische Parteien	1.000,00 €
	Zuwendungen an gemeinnützige Einrichtungen	4.000,00 €

Prüfungsschema

Ausgehend von diesem Fallbeispiel erschließen wir uns das für die Körperschaftsteuer grundlegende Prüfungsschema:

	vorläufiger Jahresüberschuss/Jahresfehlbetrag **lt. Handelsbilanz**
+/–	Korrektur des Ansatzes oder der Bewertung in der Bilanz nach steuerrechtlichen Vorschriften (§ 5b EStG, § 60 Abs. 2 EStDV)
+/–	Korrektur aufgrund nur steuerrechtlich ausgeübter Wahlrechte (§ 5 Abs. 1 S. 1 EStG)
=	Gewinn/Verlust **lt. Steuerbilanz**
+	verdeckte Gewinnausschüttungen (§ 8 Abs. 3 KStG)
–	verdeckte Einlagen (§ 8 Abs. 3 KStG)
+	Betriebsausgaben (§ 10 KStG, § 4 Abs. 5 und 5b EStG, § 160 AO)
+	Gesamtbetrag der Zuwendungen nach § 9 Abs. 1 Nr. 2 KStG
+/–	Kürzungen/Hinzurechnungen nach § 8b KStG
=	steuerrechtlicher Gewinn/**Summe der Einkünfte**
–	abzugsfähige Zuwendungen (§ 9 Abs. 1 Nr. 2 KStG)
=	**Gesamtbetrag der Einkünfte**
–	Verlustabzug (§ 10d EStG i. V. m. § 8 Abs. 1 KStG)
=	**Einkommen**
–	Freibeträge nach §§ 24. 25 KStG
=	**zu versteuerndes Einkommen**

Denn: Bemessungsgrundlage für die Körperschaftsteuer ist gem. § 7 Abs. 1 KStG das zu versteuernde Einkommen.

Das zu versteuernde Einkommen ergibt sich aus dem Einkommen, das sich nach den Vorschriften des EStG unter Beachtung des KStG ergibt (§ 7 Abs. 2 KStG i. V. m. § 8 Abs. 1 KStG).

Es ist also eine handelsrechtliche Größe und der Jahresüberschuss lt. Handelsbilanz entsprechend dem vorstehenden Prüfungsschema in eine steuerrechtliche Größe, das zu versteuernde Einkommen, als Bemessungsgrundlage für die tarifliche Einkommensteuer entsprechend der im Prüfungsschema dargestellten Schritte umzurechnen. Dabei gilt:

Ansatz und Bewertungskorrekturen

Sofern keine eigene Steuerbilanz erstellt wird, ist von dem handelsrechtlichen Jahresüberschuss/Jahresfehlbetrag auszugehen. Dieser ist nach § 5b Abs. 1 S. 2 EStG und § 60 Abs. 2 EStDV an die steuerlichen Ansatz- und Bewertungsvorschriften anzupassen (steuerrechtliche Anpassungsrechnung). Dies ist notwendig, da im Steuerrecht im Vergleich zum Handelsrecht einzelne Bilanzposten in Bezug auf den Ansatz oder die Bewertung unterschiedlich behandelt werden (können).

So besteht z. B. im Handelsrecht eine Ansatzpflicht für Rückstellungen für Drohverluste (§ 249 Abs. 1 S. 1 HGB), aber im Steuerrecht ein Ansatzverbot für diese Art von Rückstellungen (§ 5 Abs. 4a EStG). Außerdem stellt die Investitionszulage nach dem Investitionszulagengesetz zwar handelsrechtlich eine Einnahme dar, steuerrechtlich handelt es sich hierbei ausdrücklich um keine Einnahme (H 2 [Keine Einnahmen oder Einkünfte] EStH).

Bezogen auf das Fallbeispiel bedeutet dieses:

Die Rückstellung für drohende Verluste aus schwebenden Geschäften ist für die Ermittlung des zu versteuernden Einkommens dem handelsrechtlichen (Tz. 1) Jahresüberschuss mit 10.000,00 € wieder hinzuzurechnen.

Korrekturen aufgrund ausgeübter steuerrechtlicher Wahlrechte

Wahlrechte, die nur aufgrund besonderer steuerlicher Regelungen ausgeübt werden, müssen – da es sie handelsrechtlich gar nicht gibt – ebenfalls noch im Rahmen der Korrekturen berücksichtigt werden.

Korrekturen sind beispielsweise bei vorgenommenen Sonderabschreibungen nach § 7g EStG, gebildeten Rücklagen für Ersatzbeschaffung (R 6.6 EStR) bzw. Rücklagen nach § 6b EStG oder nicht in Anspruch genommenen Teilwertabschreibungen (§ 6 Abs. 1 Nr. 1 und Nr. 2 EStG) vorzunehmen.

Bezogen auf das Fallbeispiel bedeutet dieses:

Durch die Schadensregulierung der Versicherung (Tz 3) sind stille Reserven in Höhe von 5.000,00 € aufgedeckt worden. Diese stillen Reserven können steuerrechtlich in eine Rückstellung gem. R 6.6 EStR eingestellt werden und so „neutralisiert“ werden.

Der handelsrechtliche Jahresüberschuss ist damit um 5.000,00 € für die Ermittlung des zu versteuernden Einkommens zu verringern.

Verdeckte Gewinnausschüttungen

Eine offene Gewinnausschüttung findet in Form der gesellschaftsrechtlichen Gewinnverteilung statt.

Eine verdeckte Gewinnausschüttung (vGA) ist durch folgende Merkmale gekennzeichnet (R 8.5 Abs. 1 KStR):

- Vermögensminderung oder verhinderte Vermögensmehrung,
- die durch das Gesellschaftsverhältnis veranlasst ist,
- sich auf die Höhe des Einkommens auswirkt und
- nicht auf einem entsprechenden Gewinnverteilungsbeschluss beruht.

Verdeckte Gewinnausschüttungen dürfen das Einkommen gemäß § 8 Abs. 3 S. 2 KStG nicht mindern und sind dem Gewinn außerhalb der Steuerbilanz hinzuzurechnen.

Durch das Gesellschaftsverhältnis veranlasst ist jede Vermögensminderung oder verhinderte Vermögensmehrung, die ein ordentlicher und gewissenhafter Geschäftsleiter gegenüber einem Nichtgesellschafter nicht hingenommen hätte. Dies gilt auch für eine dem Gesellschafter nahestehende Person.

Bezogen auf das Fallbeispiel bedeutet dieses:

Die Gehaltszahlungen an den Geschäftsführer (Tz 3) führen zu einer Vermögensminderung bei der GmbH. Diese Vermögensminderung ist auch durch das Gesellschaftsverhältnis veranlasst, da eine Tantieme nur in Höhe von 10 % der Gesamtvergütung fremdüblich ist. Die Gesamtvergütung beträgt 120.000,00 €. Davon 10 % sind 12.000,00 €. Die Tantieme betrug aber 45.000,00 €. Damit sind 33.000,00 € für die Ermittlung des zu versteuernden Einkommens dem handelsrechtlichen Jahresüberschuss wieder hinzuzurechnen.

Verdeckte Einlagen

Einlagen der Gesellschafter dürfen das Einkommen der Kapitalgesellschaft nicht erhöhen (§ 8 Abs. 3 S. 3 KStG). Daher sind offene Einlagen (gesellschaftsrechtliche Einlagen) der Gesellschafter erfolgsneutral zu buchen.

Eine verdeckte Einlage (vE) ist durch folgende Merkmale gekennzeichnet (R 8.9 KStR):

- Zuwendung durch Gesellschafter oder eine ihm nahestehende Person,
- außerhalb der gesellschaftsrechtlichen Einlagen,

- Zuwendung eines einlagefähigen Vermögensvorteils und
- Zuwendung ist durch das Gesellschaftsverhältnis veranlasst.

Diese verdeckten Einlagen haben in der Regel das Einkommen der Kapitalgesellschaft erhöht und führen deshalb im Rahmen der Einkommensermittlung zu Kürzungen. Gegenstand einer verdeckten Einlage können **nur bilanzierungsfähige materielle oder immaterielle Wirtschaftsgüter** sein. Das bedeutet, dass ein Ansatz bzw. eine Erhöhung eines Aktivpostens oder ein Wegfall bzw. eine Minderung eines Passivpostens erfolgt sein muss.

Nicht abziehbare Aufwendungen/nicht abziehbare Betriebsausgaben

Neben den einkommensteuerrechtlichen Vorschriften über die nicht abzugsfähigen Betriebsausgaben nach § 4 Abs. 5 EStG und die nicht abzugsfähigen Aufwendungen nach § 4 Abs. 5b EStG, die auch für Kapitalgesellschaften in Verbindung mit § 8 Abs. 1 KStG gelten (z. B. Geschenke über 50,00 € (ab VZ 2024), 30 % der angemessenen Bewirtungsaufwendungen, Gewerbesteuer), enthält das Körperschaftsteuergesetz eigene Regelungen in § 10 KStG für nicht abziehbare Aufwendungen.

Nach § 10 KStG sind beispielhaft folgende Aufwendungen nicht abziehbar:

- Steuern vom Einkommen (z. B. KSt, KapESt, SolZ) und sonstige Personensteuern, die Umsatzsteuer für Umsätze, die Entnahmen oder verdeckte Gewinnausschüttungen sind, und die Vorsteuerbeträge auf Aufwendungen, für die das Abzugsverbot des § 4 Abs. 5 EStG gilt sowie für die auf diese Steuern entfallenden Nebenleistungen (z. B. Verspätungszuschläge, Säumniszuschläge);
- in einem Strafverfahren festgesetzte Geldstrafen und sonstige Rechtsfolgen vermögensrechtlicher Art, bei denen der Strafcharakter überwiegt;
- die Hälfte der Vergütungen, die an Mitglieder der Aufsichtsräte, Beiräte etc. zur Überwachung der Geschäftsführung gewährt werden.

Die nicht abziehbaren Aufwendungen sind außerbilanzielle Korrekturen und werden bei der Ermittlung der Summe der Einkünfte durch **Hinzurechnungen** berücksichtigt.

Bezogen auf das Fallbeispiel bedeutet dieses:

Die Vorauszahlungen (Tz 4)

Körperschaftsteuer	45.000,00 €
Solidaritätszuschlag zur Körperschaftsteuer	2.475,00 €
Gewerbesteuer	41.500,00 €
	48.975,00 €

sind dem handelsrechtlichen Jahresüberschuss wieder hinzuzurechnen.

Zuwendungen (Spenden und Mitgliedsbeiträge)

Zuwendungen sind Spenden und Mitgliedsbeiträge zur Förderung steuerbegünstigter Zwecke i.S.d. §§ 52–54 AO, die an steuerbegünstigte Empfänger gezahlt werden und durch eine Zuwendungsbestätigung nachgewiesen werden müssen. In § 9 Abs. 1 S. 8 KStG ist weiter geregelt, welche Mitgliedsbeiträge nicht abziehbar sind (siehe in Bezug auf Zuwendungen Fallbeispiel Tz 5).

Zuwendungen für steuerbegünstigte Zwecke können bis zu

- 20 % des Einkommens oder
- 4 ‰ der Summe aus Umsätzen, Löhnen und Gehältern

abgezogen werden (**§ 9 Abs. 1 Nr. 2 KStG**). Dabei stellt der höhere der nach beiden Methoden ermittelten Beträge den maximalen Abzugsbetrag dar. Allerdings dürfen nicht mehr als die tatsächlich geleisteten Beträge als Zuwendungen abgezogen werden.

Zuwendungen an politische Parteien sind auch für Kapitalgesellschaften bei der körperschaftsteuerlichen Gewinnermittlung nicht abzugsfähig (§ 4 Abs. 6 EStG i. V. m. § 8 Abs. 1 KStG). Deshalb sind sie in § 9 Abs. 1 Nr. 2 KStG auch nicht nochmals ausgeführt.

Das für die Berechnung der abziehbaren Zuwendungen maßgebende Einkommen (Bemessungsgrundlage) ist das **Einkommen vor Abzug der Zuwendungen** und vor Verlustabzug, d. h. die Summe der Einkünfte (**§ 9 Abs. 2 S. 1 KStG**).

Zum Zwecke der Ermittlung des körperschaftlichen Einkommens sind damit zunächst sämtliche gezahlten Zuwendungen dem Einkommen wieder hinzuzurechnen. Anschließend wird die Summe der Einkünfte um den abzugsfähigen Teil der Zuwendungen gekürzt.

Bezogen auf das Fallbeispiel bedeutet dieses:

Es sind zunächst alle Zuwendungen (Tz 5) wieder hinzuzurechnen, um das Einkommen gem. § 9 Abs. 2 KStG, also vor Abzug der Zuwendungen, zu ermitteln, um so dann auch den richtigen Höchstbetrag ermitteln zu können. Danach sind dann nur die Zuwendungen für gemeinnützige Zwecke abzugsfähig. Die Spenden an politische Parteien sind gem. § 8 Abs. 1 KStG i. V. m. § 4 Abs. 6 EStG nicht abzugsfähig.

Erhaltene Gewinnausschüttungen (§ 8b Abs. 1, 4, 5 KStG)

Bezüge i. S. d § 20 Abs. 1 Nrn. 1, 2, 9 und 10 Buchst. a EStG bleiben bei Ermittlung des Einkommens außer Ansatz (**§ 8b Abs. 1 KStG**). Dabei handelt es sich im Wesentlichen um Ausschüttungen (Dividenden), die eine Kapitalgesellschaft von anderen Kapitalgesellschaften erhält. Durch die körperschaftsteuerliche Befreiung der erhaltenen Ausschüttungen wird eine Doppelbesteuerung vermieden. Für diese Steuerbefreiung ist jedoch eine Mindestbeteiligung von 10 % des Grund- oder Stammkapitals erforderlich. Maßgebend ist hier die Höhe der Beteiligung zu Beginn des Kalenderjahres, in dem die Erträge zugeflossen sind.

Die ausgeschütteten Gewinne sind dann nur bei der ausschüttenden Körperschaft mit 15 % Körperschaftsteuer zuzüglich Solidaritätszuschlag (5,5 % von 15 % = 0,825 %), also mit insgesamt 15,825 % (15 % + 0,825 %) belastet.

Handelt es sich jedoch um sog. **Streubesitz** (< 10 % Beteiligung), sind diese Erträge auch beim Empfänger voll steuerpflichtig (**§ 8b Abs. 4 KStG**).

Allerdings gelten im Fall der Steuerbefreiung pauschal 5 % der Dividende als nicht abzugsfähige Betriebsausgaben (**§ 8b Abs. 5 KStG**). Die tatsächlich mit dieser Beteiligung in Zusammenhang stehenden Aufwendungen dürfen in voller Höhe abgezogen werden, da diese pauschale als Betriebsausgabenkorrektur erfolgt.

Veräußerungsgewinne aus Kapitalgesellschaftsanteilen (§ 8b Abs. 2 KStG)

Gewinne einer Körperschaft aus der Veräußerung von Anteilen an einer Kapitalgesellschaft und wirtschaftlich vergleichbare Gewinne sind gem. § **8b Abs. 2 KStG** steuerfrei.

Spiegelbildlich zur Steuerfreiheit von Veräußerungsgewinnen sind Veräußerungsverluste bei der Gewinnermittlung ebenfalls nicht zu berücksichtigen. Auch eine Teilwertabschreibung auf Anteile, deren Veräußerung steuerfrei wäre, kann steuerlich nicht gewinnmindernd berücksichtigt werden (**§ 8b Abs. 3 S. 3 KStG**).

Auch für Veräußerungsgewinne aus Kapitalgesellschaftsanteilen gibt es eine Pauschalierung von nicht abzugsfähigen Betriebsausgaben. Nach § **8b Abs. 3 S. 1 KStG** gelten 5 % der oben genannten Gewinne einer Körperschaft als nicht abzugsfähige Betriebsausgaben.

Verlustabzug

Der Verlust eines Veranlagungszeitraumes wird nach § 10d EStG i. V. m. § 8 Abs. 1 KStG zunächst bis zur Höhe von 1 Million € nur in den unmittelbar vorangegangenen Veranlagungszeitraum zurückgetragen (Verlustrücktrag). Der nach dem Verlustrücktrag verbleibende Teil wird anschließend in zukünftige Veranlagungszeiträume vorgetragen (Verlustvortrag). Der Verlustrücktrag kann (nur auf Antrag) in der Höhe begrenzt werden (ggf. auf 0). Durch das Zweite Corona-Steuerhilfegesetz wurde die betragliche Grenze für den Verlustrücktrag aus dem Jahr 2020 (nach 2019) und 2021 (nach 2020) auf 5 Millionen € angehoben.

Im Rahmen der sog. Mindestbesteuerung oder **Mindestgewinnbesteuerung** sind nicht ausgeglichene negative Einkünfte, die nicht nach § 10d Abs. 1 EStG abgezogen worden sind (Verlustrücktrag), in den folgenden Veranlagungszeiträumen **bis zu einem Gesamtbetrag der Einkünfte von 1 Million € unbeschränkt**, darüber hinaus bis zu 60 % des 1 Million € übersteigenden Gesamtbetrags der Einkünfte abziehbar (**Verlustvortrag**).

Freibeträge

Nur bei bestimmten Körperschaften ist zur endgültigen Ermittlung des zu versteuernden Einkommens ein Freibetrag in Höhe von 5.000,00 € oder 15.000,00 € vom Einkommen abzuziehen (siehe hierzu §§ 24, 25 KStG).

Lösungsvorschlag zum Fallbeispiel

Im Fallbeispiel der Schreibwaren GmbH ist das zu versteuernde Einkommen der GmbH wie folgt zu ermitteln:

handelsrechtlicher Jahresüberschuss	250.000,00 €
+ Drohverlustrückstellung	10.000,00 €
– Rücklage R 6.6 EStR	– 5.000,00 €
= Gewinn lt. Steuerbilanz	245.000,00 €
+ verdeckte Gewinnausschüttung	33.000,00 €
+ Körperschaftsteuervorauszahlung	45.000,00 €
+ Solidaritätszuschlagvorauszahlung	2.475,00 €
+ Gewerbesteuervorauszahlung	41.500,00 €
+ Zuwendungen	5.000,00 €
= Einkommen i. S. d. § 9 Abs. 2 KStG	366.975,00 €
– Zuwendung gemeinnützig (< Höchstbetrag [20 % von 366.975,00 €])	– 4.000,00 €
= zu versteuerndes Einkommen	362.975,00 €

2.4 Tarifliche Körperschaftsteuer, Rückstellungen, endgültiger Jahresüberschuss

Durch die Anwendung des einheitlichen Körperschaftsteuersatzes von 15 % gem. § 23 Abs. 1 KStG auf die Bemessungsgrundlage (das zu versteuernde Einkommen) ergibt sich grundsätzlich die Körperschaftsteuerbelastung einer Kapitalgesellschaft.

Die festgesetzte Körperschaftsteuer ist gem. § 31 Abs. 1 S. 3 KStG auf volle Euro abzurunden.

Zur Körperschaftsteuer wird ein Solidaritätszuschlag von 5,5 % der festgesetzten Körperschaftsteuer erhoben (§ 1 Abs. 1 SolZG i. V. m. § 4 SolZG).

Bezogen auf das Fallbeispiel bedeutet dieses:

Die festzusetzende Körperschaftsteuer beträgt damit für die Schreibwaren GmbH (392.975,00 € · 15 % =) 54.446,25 €.

Der festzusetzende Solidaritätszuschlag beträgt damit: (54.446,25 € · 5,5 % =) 2.994,54 €.

Für diese Steuerbelastungen sind handelsrechtlich entsprechende Steuerrückstellungen in der Handelsbilanz zu bilden. Diese Steuerbelastungen mindern demzufolge den vorläufigen Jahresüberschuss. Übersteigen die geleisteten Vorauszahlungen die berechnete tarifliche Steuer, so ist durch eine gewinnerhöhende Gegenbuchung eine sonstige Forderung zu aktivieren.

Bezogen auf das Fallbeispiel bedeutet dieses Folgendes:

Die handelsrechtlich zu bildende Körperschaftsteuerrückstellung beträgt damit:

festzusetzende Körperschaftsteuer	54.446,25 €
– Körperschaftsteuervorauszahlungen	– 45.000,00 €
= Körperschaftsteuerrückstellungen	9.446,25 €

Entsprechendes gilt für die Rückstellung zum Solidaritätszuschlag:

festzusetzende Solidaritätszuschlag	2.994,54 €
– Vorauszahlungen Solidaritätszuschlag	– 2.475,00 €
= Rückstellungen Solidaritätszuschlag	519,54 €

Weiter ist zu berücksichtigen, dass die Kapitalgesellschaften (GmbH und AG) grundsätzlich auch Gewerbesteuer zu tragen haben. Auch diese Steuer ist bei der Ermittlung des endgültigen Jahresüberschusses grundsätzlich mit zu berücksichtigen und reduziert damit den endgültigen Jahresüberschuss als Gewinn nach Steuern. Dieser Gewinn nach Steuern könnte dann grundsätzlich von der Kapitalgesellschaft an die Gesellschafter ausgeschüttet werden.

Bezogen auf das Fallbeispiel bedeutet dieses:

Ohne Berücksichtigung der Gewerbesteuer ergibt sich für die Schreibwaren GmbH folgender endgültiger handelsrechtlicher Jahresüberschuss:

vorläufiger handelsrechtl. Jahresüberschuss	250.000,00 €
– Körperschaftsteuerrückstellungen	– 9.446,25 €
– Rückstellungen Solidaritätszuschlag	– 519,54 €
= endgültiger handelsrechtl. Jahresüberschuss	240.034,21 €

2.5 Steuerliche Auswirkung einer Gewinnausschüttung beim empfangenden Anteilseigner

Hat die Gesellschafterversammlung bei einer GmbH oder die Hauptversammlung bei einer AG eine Gewinnausschüttung beschlossen, so ergeben sich unterschiedliche Auswirkungen, je nachdem an wen die Dividende ausgeschüttet wurde und ob die Anteile im Privat- oder Betriebsvermögen gehalten werden.

Gewinnausschüttungen an natürliche Personen im Privatvermögen

Dividenden an natürliche Personen im Privatvermögen zählen gem. § 20 Abs. 1 Nr. 1 EStG zu den Einkünften aus Kapitalvermögen.

Bei der Ausschüttung der Dividende ist eine Kapitalertragsteuer von 25 % und ein Solidaritätszuschlag von 5,5 % von der Kapitalertragsteuer einzubehalten und an das Finanzamt abzuführen.

Diese abgeführte Kapitalertragsteuer hat grundsätzlich gem. § 43 Abs. 5 EStG eine abgeltende Wirkung.

Ausnahmen bei Antragstellung gem. § 32d Abs. 2 Nr. 3 EStG

Unter den Voraussetzungen des § 32d Abs. 2 Nr. 3 EStG können die Kapitalerträge in die Veranlagung miteinbezogen werden. Es findet dann das Teileinkünfteverfahren Anwendung; ein Abzug des Sparerpauschbetrages ist jedoch gem. § 32d Abs. 2 Nr. 3 S. 2 EStG ausgeschlossen. Die einbehaltenen Steuerbeträge haben dann keine abgeltende Wirkung, sondern werden auf die festzusetzende Einkommensteuer angerechnet.

Gewinnausschüttungen an natürliche Personen im Betriebsvermögen

Dividenden an natürliche Personen im Betriebsvermögen zählen gem. § 20 Abs. 8 EStG i. V. m. § 15 Abs. 1 Nr. 1 EStG zu den Einkünften aus Gewerbebetrieb.

Diese betrieblichen Kapitalerträge (Dividenden) sind nach § 3 Nr. 40 EStG zu 40 % steuerfrei (Teileinkünfteverfahren).

Bei der Auszahlung werden 25 % Kapitalertragsteuer von der Bruttodividende und 5,5 % Solidaritätszuschlag einbehalten. Der Steuerabzug hat keine abgeltende Wirkung und wird daher in voller Höhe auf die festzusetzende Einkommensteuer angerechnet.

Da nur 60 % der Ausschüttung besteuert werden, sind Betriebsausgaben, die mit diesen Einkünften im Zusammenhang stehen, gem. § 3c Abs. 2 EStG auch nur zu 60 % abzugsfähig.

3 Gewerbesteuer – Gewerbesteuer ermitteln (Lernfeld 9)

3.1 Allgemeines

Die Gewerbesteuer ist eine

- **Besitzsteuer**, da Besteuerungsgrundlage der Gewerbeertrag ist;
- **Realsteuer**, da Steuergegenstand der Gewerbetrieb ist;
- **Inlandsteuer**, nur inländische Gewerbebetriebe sind steuerpflichtig;
- **nicht abzugsfähige Steuer** bei der steuerrechtlichen Gewinnermittlung aufgrund § 4 Abs. 5b EStG;
- **direkte Steuer**, da Steuerschuldner und Steuerträger identisch sind;
- **Gemeindesteuer**, da sie von den Gemeinden (unter Beteiligung des Finanzamtes) festgesetzt wird. Die Gemeinden haben die Ertragshoheit über die Gewerbesteuer; ihnen steht das Auskommen aus der Gewerbesteuer zu.

Rechtsgrundlagen

- Für die Gewerbesteuer als solche:
  - Gewerbesteuergesetz (GewStG)
  - Gewerbesteuer-Durchführungsverordnung (GewStDV)
- Für die Ermittlung des Gewinns aus Gewerbebetrieb:
  - Einkommensteuergesetz (EStG)
  - Körperschaftsteuergesetz (KStG)
- Für das Besteuerungsverfahren: Abgabenordnung (AO)
- Als verwaltungsinterne Dienstanweisung: Gewerbesteuer-Richtlinien (GewStR)

Zuständigkeiten/Besteuerungsverfahren

Bei der Ermittlung der Gewerbesteuer sind grundsätzlich sowohl das **Betriebsfinanzamt** gem. § 22 AO als auch die jeweils **hebeberechtigte Gemeinde** beteiligt.

Hebeberechtigte Gemeinde ist gem. § 4 GewStG bei einem stehenden Gewerbebetrieb die Gemeinde, in der eine Betriebsstätte zur Ausübung des stehenden Gewerbes unterhalten wird. Befinden sich Betriebsstätten desselben Gewerbebetriebs in mehreren Gemeinden, oder erstreckt sich eine Betriebsstätte über mehrere Gemeinden, so wird die Gewerbesteuer in jeder Gemeinde nach dem Teil des Steuermessbetrags erhoben, der auf sie entfällt.

Bei mehreren hebeberechtigten Gemeinden wird der auf die jeweilige Gemeinde entfallende Teil des Gewerbesteuermessbetrages durch **Zerlegung** gem. § 28 GewStG folgendermaßen ermittelt.

Für das **Besteuerungsverfahren** als solches gilt:

→ Das **Betriebsfinanzamt**
- stellt den Gewerbesteuermessbetrag mittels Steuermessbescheid (Grundlagenbescheid) fest,
- teilt dann gem. § 184 Abs. 3 AO der/den hebeberechtigten Gemeinde/-n mit und
- gibt den Inhalt des Steuermessbescheides gem. § 122 AO an den Steuerpflichtigen bekannt.

→ Der **hebeberechtigten Gemeinde** obliegt die Festsetzung der Gewerbesteuer mittels Gewerbesteuerbescheid als Folgebescheid, indem sie ihren Hebesatz auf den von dem Finanzamt mitgeteilten Gewerbesteuermessbetrag anwendet.

→ Der bzw. die **Steuerpflichtige** erhält also zwei Bescheide:
- den Gewerbesteuermessbescheid (Grundlagenbescheid) vom Betriebsstättenfinanzamt,
- den Gewerbesteuerbescheid (Folgebescheid) von der hebeberechtigten Gemeinde.

→ Will der bzw. die Steuerpflichtige gegen die Gewerbesteuer **Einspruch** einlegen, muss er oder sie diesen gegen den Grundlagenbescheid einlegen.

Gläubiger und Schuldner der Gewerbesteuer

Steuergläubiger ist die jeweils **hebeberechtigte** (Betriebsstätten-) **Gemeinde** (§ 4 GewStG)

Steuerschuldner ist der **Unternehmer** i. S. d. § 5 GewStG.

Unternehmer ist:

- Bei **Personenhandelsgesellschaften** (z. B. OHG, KG) ist die Gesellschaft als solche Unternehmerin, nicht der einzelne Mitunternehmer. Anders als in der Einkommensteuer ist die Personenhandelsgesellschaft bei der Gewerbesteuer Steuersubjekt/ Unternehmerin/Steuerschuldnerin.
- Bei **Kapitalgesellschaften** (z. B. AG oder GmbH) ist diese auch Unternehmerin/ Steuerschuldnerin.

Besteuerungsgegenstand

Gewerbesteuerpflichtig ist gem. § 2 Abs. 1 GewStG jeder stehende Gewerbebetrieb, soweit er im Inland betrieben wird. Im Inland betrieben wird ein Gewerbebetrieb, soweit für ihn im Inland eine Betriebsstätte unterhalten wird.

Bei den stehenden Gewerbebetrieben sind zu unterscheiden:

- Gewerbebetrieb kraft gewerblicher Betätigung,
- Gewerbebetrieb kraft Rechtsform,
- Gewerbebetrieb kraft wirtschaftlichen Geschäftsbetriebs.

Beginn der Gewerbesteuerpflicht **bei Einzelunternehmen und Personenhandelsgesellschaften:** mit Aufnahme der gewerblichen Tätigkeit.

Ende der Gewerbesteuerpflicht **bei Einzelunternehmen und Personenhandelsgesellschaften:** mit tatsächlicher Einstellung des Betriebs.

Beginn der Gewerbesteuerpflicht **bei Kapitalgesellschaften:** spätestens mit Eintragung ins Handelsregister; ggf. vorher bei nach außen in Erscheinung tretender Geschäftstätigkeit.

Ende der Gewerbesteuerpflicht **bei Kapitalgesellschaften:** mit Aufhören jeglicher Tätigkeit; nach Kapitalverteilung an die Gesellschafter.

3.2 Besteuerungsgrundlage – vom Jahresüberschuss zum Gewerbesteuermessbetrag

> **Tipp:** Prägen Sie sich das nachfolgende Prüfungsschema zunächst ohne Zahlenbeispiel gut ein!

Prüfungsschema

handelsrechtlicher Gewinn/Jahresüberschuss	€
Überleitung zum	
steuerrechtlichen Gewinn aus Gewerbebetrieb (§§ 4, 5 EStG)	€
+ Hinzurechnungen nach § 8 GewStG	€
– Kürzungen nach § 9 GewStG	€
= **maßgebender Gewerbeertrag** (§ 7 S. 1 GewStG)	€
– Gewerbeverlust aus Vorjahren nach § 10a GewStG	€
uneingeschränkter Verlustabzug bis 1 Mio. €	€
eingeschränkter Verlustabzug (60 % des verbleibenden Gewerbeertrags)	€
= **vorläufiger Gewerbeertrag** (abrunden auf volle 100,00 €)	€
– Freibetrag nach § 11 Abs.1 S. 3 Nr. 1 oder 2 GewStG	€
24.500,00 € bei natürlichen Personen und Personengesellschaften	€
5.000,00 € bei Vereinen für wirtschaftlichen Geschäftsbetrieb	€
0,00 € bei Kapitalgesellschaften	€
= **endgültiger Gewerbeertrag**	€
· Steuermesszahl (3,5 %) nach § 11 Abs. 2 GewStG	3,5 %
= **Gewerbesteuermessbetrag** (abrunden auf volle Euro, R 14.1 S. 3 GewStR)	€
· Hebesatz der hebeberechtigten Gemeinde	%
= **festzusetzende Gewerbesteuer**	€

Ausgehend von diesem Prüfungsschema werden die folgenden Prüfungspunkte näher erläutert:

- Überleitung zum Gewinn aus Gewerbebetrieb,
- Hinzurechnungen (§ 8 GewStG),
- Kürzungen (§ 9 GewStG),
- Gewerbesteuerückstellung/-erstattung,
- endgültiger handelsrechtlicher Gewinn.

Überleitung zum Gewinn aus Gewerbebetrieb

- Bei **natürlichen Personen** und **Personengesellschaften** ist der Ausgangswert für die Ermittlung des Gewerbeertrags der Gewinn aus Gewerbebetrieb. Daraus folgt im Grundsatz eine **Übereinstimmung mit dem Gewinnbegriff, der für die Einkommensbesteuerung** zugrunde zu legen ist.
- Bei **Kapitalgesellschaften** gilt das **Einkommen** i. S. d. Körperschaftsteuergesetzes **als Gewinn aus Gewerbebetrieb** (R 7.1 Abs. 1 KStR).

Damit gilt beispielhaft:

- → **Sondervergütungen** i. S. d. § 15 Abs. 1 S. 1 Nr. 2 EStG, die bei der **Personenhandelsgesellschaft** als Aufwand gebucht wurden, sind für die Ermittlung des steuerrechtlichen Gewinns hinzuzurechnen.
- → **Spenden,** die **Einzelunternehmer** und **Personenhandelsgesellschaften** als betrieblichen Aufwand gebucht haben, sind hinzuzurechnen.
- → **Gewerbesteuervorauszahlungen** sind gem. § 4 Abs. 5b EStG für die Ermittlung des steuerrechtlichen Gewinns hinzuzurechnen.
- → Entsprechendes gilt gem. § 4 Abs. 5 EStG für **Bewirtungskosten** (+ 30 %) und **nichtabzugsfähige Geschenke** über 50,00 €.
- → **Rückstellungen für drohende Verluste aus schwebenden Geschäften** sind gem. § 5 Abs. 4a EStG hinzuzurechnen.
- → **Korrektur unterschiedlicher Wertansätze für einen Firmenwert** im Handels- und im Steuerrecht etc.

Beispiel: *Der handelsrechtliche Jahresüberschuss der X GmbH beträgt 45.000,00 €. Dabei wurde zutreffend nach Handelsrecht im Jahresabschluss eine Rückstellung für drohende Verluste aus schwebenden Geschäften gem. § 249 HGB gebildet. Gemäß § 5 Abs. 4a EStG i. V. m. § 8 Abs. 1 KStG darf diese Drohverlustrückstellung im Steuerrecht nicht gebildet werden. Der steuerrechtliche Gewinn der GmbH als Ausgangsgröße für die Hinzurechnungen und Kürzungen ist damit um 5.000,00 € auf 50.000,00 € zu erhöhen.*

▶ Da der Gewinn eines Betriebes nicht dessen **Ertragskraft** widerspiegelt, ist er um bestimmte **Hinzurechnungen** zu vermehren und um bestimmte **Kürzungen** zu vermindern.

Hinzurechnungen (§ 8 GewStG)

Gemäß § 8 GewStG werden u. a. die folgenden Beträge dem Gewinn aus Gewerbebetrieb wieder hinzugerechnet, soweit sie bei der Ermittlung des Gewinns abgesetzt worden sind:

Beispiel: *Die Einkünfte aus Gewerbebetrieb des Einzelunternehmers Huberle betragen 50.000,00 €. Bei der Ermittlung dieses steuerrechtlichen Gewinns wurden folgende Aufwendungen berücksichtigt: Zinsaufwand für Kredite in Höhe von 100.000,00 €, Mietaufwand für einen Lagerplatz in Höhe von 80.000,00 € und eine Fertigungshalle in Höhe von 100.000,00 €. Darüber hinaus waren Leasingraten für Lieferfahrzeuge mit Verbrennungsmotor in Höhe von 40.000,00 € zu berücksichtigen. Außerdem wurde an die typisch stille Gesellschafterin Heike Reich ein Gewinnanteil in Höhe von 25.000,00 € gezahlt. Heike Reich ist eine typisch stille Gesellschafterin, da sie nicht an den stillen Reserven oder einem Liquidationserlös des Unternehmens beteiligt ist.*

Damit ergeben sich nachfolgende Hinzurechnungen gem. § 8 Nr. 1 GewStG.
Diese Hinzurechnungen sollten nach folgendem Schema berücksichtigt werden:

100 % der Entgelte für langfristige und kurzfristige Schulden (**Zinsen**, Buchstabe a)	100.000,00 €	
+ Gewinnanteile des (**echten**) **stillen Gesellschafters** (Buchstabe c)	25.000,00 €	
+ 20 % **Miete**/Pacht/Leasing für WG des **bewegl. AV** (Buchstabe d)	8.000,00 €	
+ 50 % **Miete** ohne Nebenkosten/Pacht/Leasing für WG des **unbewegl. AV** (Buchstabe e)	90.000,00 €	
Zwischensumme	223.000,00 €	
– Freibetrag (max. – 200.000,00 €)	200.000,00 €	
	23.000,00 €	
davon 25 % =		5.750,00 €

Weiter sind gem. § 8 Nr. 8 GewStG die Verlustanteile an einer Personengesellschaft (OHG, KG, GbR) hinzu zu rechnen, da die Ertragskraft dieses Betriebes besteuert werden soll.

Gemäß § 8 Nr. 9 GewStG sind bei **Kapitalgesellschaften** (z. B. AG, GmbH, optierende Gesellschaft i. S. d. § 1a KStG) berücksichtigte Spenden i. S. d. § 9 Abs. 1 Nr. 2 KStG wieder hinzuzurechnen. Parteispenden sind nicht hinzuzurechnen.

Kürzungen (§ 9 GewStG)

Gemäß **§ 9 Nr. 1 GewStG** sind **Grundbesitzwerte** bei der Ermittlung der Ertragskraft wie folgt zu kürzen:

→ In den **alten Bundesländern**:
Einheitswert (1964) · 1,4 (§ 121a BewG) · 1,2 %

→ In den **neuen Bundesländern**:
Einheitswert (1935) · vervielfältiger § 133 BewG · 1,2 %

→ Ab **Erhebungszeitraum 2025**:
0,11 % des Grundsteuerwertes

▶ **Gemäß § 20 Abs. 1 S. 2 GewStDV muss der Grundbesitz zu Beginn des Kalenderjahres zum Betriebsvermögen gehört haben.**

Die **Gewinnanteile an einer Personengesellschaft** (OHG, KG, GbR) sind gem. **§ 9 Nr. 2 GewStG** zu kürzen, da die Ertragskraft dieses Betriebes besteuert werden soll; für Verlustanteile siehe Hinzurechnung.

Gemäß **§ 9 Nr. 5 GewStG** ist die Summe des Gewinns und der Hinzurechnungen bei **allen Gewerbetreibenden um die Spenden** i. S. d. § 10b Abs. 1 EStG oder des § 9 Abs. 1 Nr. 2 KStG im Rahmen der gesetzlich festgelegten Höchstbeträge **zu kürzen**, soweit sie aus Mitteln des Gewerbebetriebes geleistet worden sind (§ 9 Nr. 5 GewStG). Ausgenommen hiervon sind Parteispenden.

Gewerbesteuerrückstellung/-erstattung

Die Gewerbesteuererrückstellung bzw. -erstattung ermittelt sich wie folgt:

festzusetzende Gewerbesteuer	€
– Gewerbesteuervorauszahlungen	€
= Gewerbesteuerrückstellung/-erstattung	€

Endgültiger handelsrechtlicher Gewinn

Der endgültige handelsrechtliche Gewinn ermittelt sich wie folgt:

	vorläufiger handelsrechtlicher Gewinn	€
+/–	Gewerbesteuerrückstellung/-erstattung	€
=	**endgültiger handelsrechtlicher Gewinn**	€

3.3 Zerlegung

Unterhält ein Gewerbebetrieb in mehreren Gemeinden Betriebsstätten so erfolgt eine Aufteilung des Gewerbesteuermessbetrages gem. § 28 GewStG durch **Zerlegung**.

Über das Ergebnis der Zerlegung ergeht ein sog. **Zerlegungsbescheid**, der dem Steuerpflichtigen und der jeweils hebeberechtigten Gemeinde bekanntzugeben ist.

Die festzusetzende Gewerbesteuer ergibt sich dann durch Anwendung des Hebesatzes auf den jeweiligen Zerlegungsanteil.

Zerlegungsmaßstab

Gemäß **§ 29 Abs. 1 GewStG** ist Zerlegungsmaßstab das **Verhältnis**, in welchem die **Summe der Arbeitslöhne**, die an die **bei allen Betriebsstätten (§ 28 GewStG) beschäftigten Arbeitnehmerinnen und Arbeitnehmer** gezahlt worden sind, **zu den Arbeitslöhnen** steht, die **an die bei den Betriebsstätten der einzelnen Gemeinden beschäftigten Arbeitnehmerinnen und Arbeitnehmern** gezahlt worden sind.

Der **Arbeitslohn** ermittelt sich gem. **§ 31 GewStG** wie folgt:

lohnsteuerpflichtige Vergütungen i. S. d. § 19 Abs. 1 Nr. 1 EStG	€
+ Zuschläge für Mehrarbeit und für Sonn-, Feiertags- und Nachtarbeit	€
– Vergütungen für Auszubildende und Praktikant/-innen	€
– Tantiemen und Gratifikationen	€
– Vergütungen, soweit sie bei dem bzw. der einzelnen Arbeitnehmer/-in 50.000,00 € übersteigen	€
+ fiktiver Unternehmerlohn in Höhe von 25.000,00 € bei Einzelunternehmern und Personengesellschaften	€
= Arbeitslohn i. S. d. § 31 GewStG; abrunden auf volle Tausend gem. § 29 Abs. 3 GewStG	€

4 Umsatzsteuer – Grenzüberschreitende Sachverhalte und Sonderfälle umsatzsteuerrechtlich bearbeiten und erfassen (Lernfeld 6)

Zu den grenzüberschreitenden Sachverhalten und Sonderfällen in der Umsatzsteuer zählen insbesondere

- die innergemeinschaftliche Lieferung,
- der innergemeinschaftliche Erwerb,
- der Fernverkauf (§ 3c Abs. 1 UStG),
- die Ausfuhr und
- die Einfuhr.

Zu den umsatzsteuerrechtlichen Sonderfällen zählt insbesondere der Wechsel der Umsatzsteuerschuldnerschaft gem. § 13b UStG.

4.1 Innergemeinschaftliche Lieferung

Eine steuerfreie innergemeinschaftliche Lieferung ist der Sache nach eine Lieferung, die aber gem. § 4 Nr. 1 Buchst. b UStG i. V. m. § 6a Abs. 1 UStG von der Umsatzsteuer befreit ist. Sie liegt vor, wenn folgende Voraussetzungen erfüllt sind:

- Beförderungs- oder Versendungslieferung (§ 3 Abs. 6)
- durch den liefernden Unternehmer oder Abnehmer
- vom Inland

--> in das übrige Gemeinschaftsgebiet.

--> Abnehmer ist entweder

- ein in einem anderen Mitgliedstaat für Zwecke der Umsatzsteuer erfasster Unternehmer, der den Gegenstand für sein Unternehmen erwirbt, oder
- eine in einem anderen Mitgliedstaat für Zwecke der Umsatzsteuer erfasste juristische Person, die nicht als Unternehmer tätig ist oder die den Gegenstand der Lieferung nicht für ihr Unternehmen erwirbt, oder
- eine Privatperson, die ein neues Fahrzeug erwirbt.

--> Der Erwerb unterliegt der Erwerbsbesteuerung.

--> Der Abnehmer (Unternehmer oder juristische Person) verwendet eine gültige Umsatzsteuer-Identifikationsnummer.

--> Der liefernde Unternehmer erfasst die Lieferung sachgerecht in seiner zusammenfassenden Meldung gem. § 18a UStG.

Beispiel: *Unternehmer Meier (Koblenz, Deutschland) verkauft Waren an den Unternehmer Rosso (Rom, Italien) auf Rechnung für 10.000,00 €. Rosso bezieht die Waren für sein Unternehmen und gibt seine Umsatzsteuer-Identifikationsnummer an. Meier liefert die Waren selbst nach Italien.*

Die Voraussetzungen für eine steuerfreie innergemeinschaftliche Lieferung aus der Sicht des Meier sind erfüllt, denn: Es liegt eine Lieferung durch den liefernden Unternehmer Meier vom Inland (Koblenz) in das übrige Gemeinschaftsgebiet (Rom) vor.

Der Abnehmer Herr Rosso ist ein in einem anderen Mitgliedstaat für Zwecke der Umsatzsteuer erfasster Unternehmer, der den Gegenstand für sein Unternehmen erwirbt. Dieses macht Herr Rosso durch die Verwendung seiner Umsatzsteuer-Identifikationsnummer deutlich.

Von einer Abgabe der zusammenfassenden Meldung gem. § 18a UStG sowie den weiteren Angaben in der Rechnung des Unternehmers Meier gem. § 14a UStG ist auszugehen.

Die Lösungstabelle sollte wie folgt ausgefüllt werden:

Leistungsart (§)	Lieferung (§ 3 Abs. 1 UStG)
Leistungsort (§)	Koblenz (§ 3 Abs. 6 UStG)
Steuerbar (ja/nein, §)	ja (§ 1 Abs. 1 Nr. 1 UStG)
Steuerfrei (ja/nein, §)	ja (§ 4 Nr. 1 Buchst. b UStG i. V. m. § 6a UStG)
Bemessungsgrundlage in Euro	(10.000,00)
Umsatzsteuer in Euro	
Vorsteuer in Euro (§)	

4.2 Innergemeinschaftlicher Erwerb

Bei dem innergemeinschaftlichen Erwerb sind zu unterscheiden:

- innergemeinschaftlicher Erwerb gegen Entgelt gem. § 1a Abs. 1 UStG und
- innergemeinschaftliches Verbringen gem. § 1a Abs. 2 UStG.

4.2.1 Innergemeinschaftlicher Erwerb gegen Entgelt

Der innergemeinschaftliche Erwerb gegen Entgelt ist steuerbar, wenn folgende Voraussetzungen gem. § 1a Abs. 1 UStG erfüllt sind:

- Lieferung
- aus dem Gebiet eines Mitgliedstaates (übriges Gemeinschaftsgebiet)
- in das Gebiet eines anderen Mitgliedstaates (Inland)
- durch einen Unternehmer (keinen Kleinunternehmer), der die Lieferung gegen Entgelt im Rahmen seines Unternehmens ausführt,
- an bestimmte Erwerber:
  - Unternehmer, der den Gegenstand für sein Unternehmen erwirbt oder
  - juristische Person, die nicht Unternehmer ist oder die den Gegenstand der Lieferung nicht für ihr Unternehmen erwirbt.

Beispiel: *Im März erwarb der Einzelhändler Ulrich Uhu für sein Geschäft in München Handelswaren von einem französischen Großhändler mit Sitz in Paris auf Ziel. Die Rechnung wies einen Betrag in Höhe von 20.000,00 € aus. Die Unternehmer verwenden jeweils die von ihrem Ansässigkeitsstaat erteilte Umsatzsteuer-Identifikationsnummer und führen Umsätze zum Regelsteuersatz aus.*

Aus der Sicht von Ulrich Uhu handelt es sich bei diesem Geschäftsvorfall um einen innergemeinschaftlichen Erwerb gem. § 1a Abs. 1 UStG, denn:

Es liegt eine Lieferung des französischen Großhändlers aus dem Gebiet eines Mitgliedstaates, Frankreich, in das Gebiet eines anderen Mitgliedstaates (Deutschland) durch einen Unternehmer, nämlich den französischen Großhändler, im Rahmen seines Unternehmens gegen Entgelt an einen bestimmten Erwerber, nämlich den deutschen Einzelhändler Ulrich Uhu, vor.

Dabei ist zu beachten, dass aus der Sicht des französischen Großhändlers aufgrund des harmonisierten Umsatzsteuerrechts durch die Mehrwertsteuersystemrichtlinie innerhalb der EU eine steuerbefreite innergemeinschaftliche Lieferung vorliegt. Der französische Großhändler wird deshalb in seiner Rechnung an Ulrich Uhu keine Umsatzsteuer ausweisen. Aufgrund der Regelungen des innergemeinschaftlichen Erwerbs, insbesondere auf-

grund der Ortsbestimmung des § 3d UStG hat Ulrich Uhu den Erwerb der Waren in Deutschland zu versteuern. Diese Umsatzsteuer kann er gleichzeitig gem. § 15 Abs. 1 Nr. 3 UStG als Vorsteuer geltend machen.

Die Lösungstabelle sollte wie folgt ausgefüllt werden:

Leistungsart (§)	innergemeinschaftlicher Erwerb (§ 1a Abs. 1 UStG)
Leistungsort (§)	München, Inland (§ 3d UStG)
Steuerbar (ja/nein, §)	ja (§ 1 Abs. 1 Nr. 5 UStG)
Steuerfrei (ja/nein, §)	nein, kein § 4b UStG
Bemessungsgrundlage in Euro	20.000,00 (§ 10 Abs. 1 UStG)
Umsatzsteuer in Euro	3.800,00
Vorsteuer in Euro (§)	3.800,00 (§ 15 Abs. 1 Nr. 3 UStG)

4.2.2 Innergemeinschaftliches Verbringen

Das innergemeinschaftliche Verbringen eines Gegenstands gilt unter den Voraussetzungen des § 3 Abs. 1a UStG als Lieferung und unter den entsprechenden Voraussetzungen des § 1a Abs. 2 UStG als innergemeinschaftlicher Erwerb gegen Entgelt.

Ein innergemeinschaftliches Verbringen liegt vor, wenn ein **Unternehmer**

- einen **Gegenstand seines Unternehmens** aus dem Gebiet eines EU-Mitgliedstaates (**Ausgangsmitgliedstaat**) zu seiner Verfügung **in das Gebiet** eines anderen EU-Mitgliedstaates (**Bestimmungsmitgliedstaat**) **befördert oder versendet** und
- den Gegenstand im Bestimmungsmitgliedstaat **nicht nur vorübergehend** verwendet.

Der Unternehmer gilt im Ausgangsmitgliedstaat als Lieferer, im Bestimmungsmitgliedstaat als Erwerber (Abschn. 1a.2 Abs. 1 S. 3 und 4 UStAE).

Beispiel: *Der Unternehmer Hans Speiche betreibt sowohl in Sonderburg (Dänemark) als auch in Flensburg (Deutschland) einen Fahrradhandel. Da in Sonderburg bestimmte Fahrräder nicht nachgefragt werden, diese aber in Flensburg sehr begehrt sind, transportiert er 10 Fahrräder mit eigenem Lieferfahrzeug von Sonderburg nach Flensburg, um diese in Flensburg zu verkaufen. Die Fahrräder haben einen Einkaufspreis von 200,00 € und werden im Laden den Kunden für 600,00 € angeboten.*

Mit dem Transport der Fahrräder von Dänemark nach Deutschland hat Hans Speiche aus der Sicht des dänischen Umsatzsteuerrechts eine steuerfreie innergemeinschaftliche Lieferung ausgeführt. Aus der Sicht des deutschen Umsatzsteuerrechts hat er einen steuerbaren innergemeinschaftlichen Erwerb in der Gestalt des innergemeinschaftlichen Verbringens gem. § 1 Abs. 1 Nr. 5 UStG i. V. m. § 1a Abs. 2 UStG ausgeführt, denn:

Hans Speiche hat als Unternehmer einen **Gegenstand seines Unternehmens**, *10 Fahrräder aus dem Gebiet eines EU-Mitgliedstaates* ***(Ausgangsmitgliedstaat)****, hier Dänemark, zu seiner Verfügung* **in das Gebiet** *eines anderen EU-Mitgliedstaates, hier Deutschland* ***(Bestimmungsmitgliedstaat)****,* befördert, *indem er die Fahrräder mit dem eigenen Lieferfahrzeug transportierte und den Gegenstand, also die Fahrräder, im Bestimmungsmitgliedstaat* **nicht nur vorübergehend** *verwendet, indem er beabsichtigt, diese in seinem Geschäft in Flensburg an Kunden, also noch nicht feststehende Abnehmer, zu verkaufen (siehe Abschn. 1a. 2 Abs. 6 S. 1 UStAE).*

Der innergemeinschaftliche Erwerb in der Form des Verbringens wird gem. § 3d S. 1 UStG in dem Gebiet des Mitgliedstaates bewirkt, in dem sich der Gegenstand am Ende der Beförderung befindet, also in Deutschland.

Die Bemessungsgrundlage für diesen steuerbaren und steuerpflichtigen Umsatz bestimmt sich nach § 10 Abs. 4 Nr. 1 UStG nach dem Einkaufspreis zum Zeitpunkt des Umsatzes und beträgt daher (10 · 200,00 € =) 2.000,00 €. Die hierauf zu entrichtende Umsatzsteuer beträgt bei einem Steuersatz zu 19 % gem. § 12 Abs. 1 UStG 380,00 €.

Hans Speiche kann die geschuldete Umsatzsteuer allerdings gem. § 15 Abs. 1 Nr. 3 UStG als Vorsteuer in gleicher Höhe geltend machen.

Die Lösungstabelle sollte wie folgt ausgefüllt werden:

Leistungsart (§)	innergemeinschaftliches Verbringen (§ 1a Abs. 2 UStG)
Leistungsort (§)	Flensburg, Inland (§ 3d UStG)
Steuerbar (ja/nein, §)	ja, § 1 Abs. 1 Nr. 5 UStG
Steuerfrei (ja/nein, §)	nein, kein § 4b UStG
Bemessungsgrundlage in Euro	2.000,00 (§ 10 Abs. 4 Nr. 1 UStG)
Umsatzsteuer in Euro	380,00
Vorsteuer in Euro (§)	380,00 (§ 15 Abs. 1 Nr. 3 UStG)

▶ Bei der Beförderung der Fahrräder von einem Betrieb zum anderen innerhalb Deutschlands würde es sich um einen nicht steuerbaren Innenumsatz handeln.

4.3 Fernverkauf (§ 3c UStG)

Nach § 3c Abs. 1 S. 1 UStG gelten innergemeinschaftliche Fernverkäufe dort als erbracht, wo sich der Gegenstand bei Beendigung des Transports befindet, sofern der Lieferer die Lieferschwelle von 10.000,00 € pro Jahr überschritten hat oder, wenn er auf deren Anwendung gem. § 3c Abs. 4 UStG verzichtet.

Der Schwellenwert von 10.000,00 € gilt für die gesamte EU und ist nicht beschränkt auf Lieferungen in einen bestimmten Mitgliedstaat.

Wird die Lieferschwelle unterschritten, kommt die Fernverkaufsregelung (Ortsverlagerung hin zum Bestimmungsland) nicht zur Anwendung.

Beim innergemeinschaftlichen Fernverkauf liegt damit der Ort der Lieferung gem. § 3c Abs. 1 UStG im Bestimmungsland, wenn folgende Voraussetzungen erfüllt sind:

- Lieferung eines Gegenstandes durch Befördern oder Versenden
- aus dem Gebiet eines Mitgliedstaates
- in das Gebiet eines anderen Mitgliedstaates (Bestimmungsmitgliedstaat)
- an bestimmte Abnehmer:
  - Nichtunternehmer (Privatpersonen; § 3a Abs. 5 S. 1 UStG) oder
  - Halbunternehmer/Schwellenerwerber (§ 1a Abs. 3 Nr. 1 UStG), welche die Erwerbsschwelle nicht überschritten und auch nicht für die Erwerbsbesteuerung optiert haben (z. B. Ärzte, Versicherungsvertreter, Kleinunternehmer).
- Die Umsatzschwelle wird durch den liefernden Unternehmer überschritten oder der Lieferer optiert für die Besteuerung im Bestimmungsland.

Beispiel: *Unternehmer Anton Uhrmann vertreibt von Freiburg aus Kuckucksuhren. Dabei liefert er auch Uhren in das übrige Gemeinschaftsgebiet, sodass er die Lieferschwelle von 10.000,00 € regelmäßig überschreitet. Unter diesen Voraussetzungen versendet er auch eine Kuckucksuhr an Frau Xampner nach Wien in Österreich für 500,00 €.*

Bei dieser Lieferung an die Privatperson Frau Xampner von Freiburg, Deutschland, nach Wien, Österreich, handelt es sich um eine Versendungslieferung. Allerdings ist der Ort nicht dort wo die Lieferung beginnt gem. § 3 Abs. 6 UStG, sondern im Bestimmungsland Österreich gem. § 3c Abs. 1 UStG. Die Voraussetzungen sind erfüllt. Insbesondere hat Anton Uhrmann auch die Lieferschwelle von 10.000,00 € überschritten.

Die Lieferung ist für Anton Uhrmann im Inland nicht steuerbar, weil das Merkmal Inland fehlt. Die Lieferung ist für ihn vielmehr in Österreich (Bestimmungsmitgliedstaat) steuerbar. Er kann das besondere Besteuerungsverfahren über den OSS gem. § 18j (EU-Regelung) wählen und somit die Abgabe einer Umsatzsteuervoranmeldung in Österreich vermeiden.

Die Lösungstabelle sollte wie folgt ausgefüllt werden:

Leistungsart (§)	Lieferung (§ 3 Abs. 1 UStG)
Leistungsort (§)	Wien, Österreich (§ 3c Abs. 1 UStG)
Steuerbar (ja/nein, §)	nein, kein Inland
Steuerfrei (ja/nein, §)	
Bemessungsgrundlage in Euro	
Umsatzsteuer in Euro	
Vorsteuer in Euro (§)	

4.4 Ausfuhr

Bei der Ausfuhr(lieferung) handelt es ich um eine Lieferung, die aber nach § 4 Nr. 1 Buchst. a UStG i. V. m. § 6 UStG von der Umsatzsteuer befreit ist.

Für die Steuerbefreiung müssen folgende Voraussetzungen erfüllt sein:

- Beförderungs- oder Versendungs**lieferung**
- **durch** den **liefernden Unternehmer oder** den **ausländischen Abnehmer**
- vom **Inland**
- **in das Drittlandsgebiet**.

Der von dem liefernden Unternehmer zu erbringende Nachweis der Steuerbefreiung geschieht durch Ausfuhrnachweis (§§ 9, 10 UStDV) und Buchnachweis (§ 13 UStDV).

Gemäß § 6 Abs. 1 S. 1 Nr. 1 UStG braucht **im Lieferfall** der Abnehmer **kein ausländischer Abnehmer** zu sein, wenn der Unternehmer den Gegenstand der Lieferung vom Inland in das Drittlandsgebiet, ausgenommen Gebiete nach § 1 Abs. 3 UStG (insbesondere Freihäfen), befördert oder versendet hat, um die Voraussetzungen einer steuerfreien Ausfuhrlieferung zu erfüllen.

Beispiel: *Tischlermeister Hans Wurm hat für die in Hamburg lebende Familie Reich Möbel im Wert von 10.000,00 € in seiner Werkstatt in Lörrach, Deutschland, gefertigt und in deren Ferienhaus nach Bern in die Schweiz mit eigenem Lkw geliefert. Die erforderlichen Nachweise liegen vor. Damit hat Tischlermeister Wurm eine Werklieferung gem. § 3 Abs. 4 UStG ausgeführt. Der Ort ist gem. § 3 Abs. 6 UStG Lörrach. Die Werklieferung ist damit gem. § 1 Abs. 1 Nr. 1 UStG steuerbar aber gem. § 4 Nr. 1 Buchst. a UStG i. V. m. § 6 UStG steuerfrei.*

Die Lösungstabelle sollte wie folgt ausgefüllt werden:

Leistungsart (§)	Werklieferung (§ 3 Abs. 4 UStG)
Leistungsort (§)	Lörrach, Deutschland (§ 3 Abs. 6 UStG)
Steuerbar (ja/nein, §)	ja, (§ 1 Abs. 1 Nr. 1 UStG)
Steuerfrei (ja/nein, §)	ja, § 4 Nr. 1 Buchst. a UStG i. V. m. § 6 UStG
Bemessungsgrundlage in Euro	
Umsatzsteuer in Euro	
Vorsteuer in Euro (§)	

Hat der Abnehmer den Gegenstand der Lieferung vom Inland in das Drittlandsgebiet (ausgenommen Gebiete nach § 1 Abs. 3 UStG) befördert oder versendet (**Abholfall**), so **muss der Abnehmer ein ausländischer Abnehmer sein**, um die Voraussetzungen einer steuerfreien Ausfuhrlieferung zu erfüllen (siehe § 6 Abs. 1 S. 1 Nr. 2 UStG)

> **Tipp:** Eselsbrücke zur Steuerbefreiung:
> § 4 Nr. 1 Buchst. a wie „Ausfuhr"
> § 4 Nr. 1 Buchst. b wie „Binnenmarkt"

4.5 Einfuhr

Eine steuerbare Einfuhr i. S. d. § 1 Abs. 1 Nr. 4 UStG liegt vor, wenn die folgenden Voraussetzungen erfüllt sind:

- Ein **Gegenstand** muss
- aus dem **Drittlandsgebiet**
- in das **Inland** oder die österreichischen Gebiete Jungholz und Mittelberg eingeführt (verbracht) werden und
- im Inland der Besteuerung unterliegen.

Für den Unternehmer ist die entstandene Einfuhrumsatzsteuer als Vorsteuer gem. § 15 Abs. 1 Nr. 2 UStG abziehbar.

Da § 1 Abs. 1 Nr. 4 UStG nur auf die Einfuhr von Gegenständen abstellt, kann der Tatbestand der Einfuhr auch von einem Nichtunternehmer verwirklicht werden. Allerdings kann der Nichtunternehmer die bei der Einfuhr entstandene Einfuhrumsatzsteuer nicht als Vorsteuer abziehen.

Die **Einfuhrumsatzsteuer** ist eine **Verbrauchsteuer** i. S. d. Abgabenordnung (§ 21 Abs. 1 AO) und eine Einfuhrabgabe i. S. d. Zollrechts.

Die **Einfuhrumsatzsteuer** wird im Gegensatz zur Umsatzsteuer nicht von den Finanzämtern, sondern von den **Zollbehörden** erhoben und **verwaltet** (§ 12 Abs. 2 FVG).

Bemessungsgrundlage für die Einfuhrumsatzsteuer ist gem. § **11 UStG** der Zollwert, also der Warenwert plus Zoll.

Keine Einfuhr im umsatzsteuerrechtlichen Sinne liegt z. B. vor, wenn sich eine Drittlandsware in einem **zollrechtlichen Versandverfahren oder in einem Zolllagerverfahren** befindet (siehe Abschn. 15.8 Abs. 2 S. 3 UStAE) oder vor dem Inlandsverkauf bereits **„verzollt und versteuert“** eingeführt wurde. Durch diese Lieferbedingung „verzollt und versteuert“ wird gem. **§ 3 Abs. 8 UStG** der Ort der Lieferung in das Inland verlagert.

Beispiel: *Der Vorsteuerabzugsberechtigte Unternehmer Mollig aus Hamburg bezieht Ware aus China unverzollt und unversteuert im Wert von 18.000,00 €. Nach dem Eintreffen der Ware in Hamburg zahlt Mollig einen Zoll auf die Ware in Höhe von 2.000,00 € und Einfuhrumsatzsteuer in Höhe von (18.000,00 € + 2.000,00 € = 20.000,00 € · 19 % EUSt. = 3.800,00 €. Mollig hat damit eine steuerbare Einfuhr gem. § 1 Abs. 1 Nr. 4 UStG getätigt. Die an das Hauptzollamt entrichtete Einfuhrumsatzsteuer kann Mollig gem. § 15 Abs. 1 Nr. 2 UStG als Vorsteuer geltend machen.*

Die Lösungstabelle sollte wie folgt ausgeführt werden:

Leistungsart (§)	Einfuhr
Leistungsort (§)	Inland
Steuerbar (ja/nein, §)	ja, (§ 1 Abs. 1 Nr. 4 UStG)
Steuerfrei (ja/nein, §)	nein, kein § 4 UStG
Bemessungsgrundlage in Euro	20.000,00 (§ 11 UStG, Warenwert + Zoll)
Umsatzsteuer in Euro	3.800,00
Vorsteuer in Euro (§)	3.800,00 (§ 15 Abs. 1 Nr. 2 UStG)

4.6 Wechsel der Umsatzsteuerschuldnerschaft gem. § 13b UStG

Da Steuerausfälle drohen, wenn der leistende Unternehmer die Umsatzsteuer nicht abführt (z. B. im Insolvenzfall) und der Leistungsempfänger die Vorsteuer geltend macht, regelt § 13b UStG bei genau definierten Umsätzen des § 13b Abs. 1 und 2 UStG eine Verlagerung der Umsatzsteuerschuldnerschaft auf den Leistungsempfänger (sog. „reverse charge“) gem. § 13b Abs. 5 UStG. Mögliche Steuerausfälle sollen so verhindert werden.

Leistungskatalog § 13b Abs. 1 und 2 UStG (Auszug):

§ 13b Abs. 1 UStG	sonstige Leistungen (auch Werkleistungen) eines im übrigen Gemeinschaftsgebiet ansässigen Unternehmers, die nach § 3a Abs. 2 UStG im Inland steuerpflichtig sind)
§ 13b Abs. 2 Nr. 1 UStG	Werklieferungen oder sonstige Leistungen (auch Werkleistungen) eines im Ausland ansässigen Unternehmers
§ 13b Abs. 2 Nr. 4 i. V. m. Abs. 5 S. 2 UStG	Bauleistungen (Werklieferungen, Werkleistungen und sonstige Leistungen) eines „Bauleisters“ (Bauhandwerkers) an einen anderen „Bauleister“ (Bauhandwerker), der nachhaltig Bauleistungen erbringt
§ 13b Abs. 2 Nr. 8 UStG	Reinigen von Gebäuden und Gebäudeteilen
§ 13b Abs. 2 Nr. 11 UStG	Lieferungen der in der Anlage 4 zum UStG bezeichneten Gegenstände (Edelmetalle, unedle Metalle und Cermets), wenn die Summe der Entgelte eines wirtschaftlichen Vorgangs mindestens 5.000,00 € beträgt

Welcher Unternehmer als im übrigen Gemeinschaftsgebiet oder im Ausland ansässig gilt, regelt § 13b Abs. 7 UStG.

▶ **Für Umsätze nach § 13b Abs. 1 UStG entsteht die Steuer mit Ablauf des Voranmeldungszeitraums, in dem die Leistungen nach § 3a Abs. 2 UStG ausgeführt worden sind; für Umsätze nach § 13b Abs. 2 UStG entsteht die Steuer mit Ausstellung der Rechnung, spätestens jedoch mit Ablauf des der Ausführung der Leistung folgenden Kalendermonats.**

Der Leistungsempfänger kann gem. § 15 Abs. 1 S. 1 Nr. 4 UStG die von ihm nach § 13b Abs. 1 und 2 UStG geschuldete Umsatzsteuer als Vorsteuer abziehen, wenn die Leistung für sein Unternehmen ausgeführt worden ist.

Für die Verpflichtung des leistenden Unternehmers zur Rechnungstellung und den über die üblichen Angaben in einer Rechnung gem. § 14 Abs. 4 UStG hinausgehenden Angaben siehe § 14a Abs. 5 UStG.

Beispiel: *Die vorsteuerabzugsberechtigte Unternehmerin Anna Freundlich betreibt in München einen Einzelhandel mit unterschiedlichen Waren. Sie gibt monatlich ihre Umsatzsteuervoranmeldungen ab und plant die Erweiterung ihres Betriebes. Sie möchte ihre Waren auch in der Schweiz absetzen. Aus diesem Grunde ließ sich Frau Freundlich im*

Februar 2024 von dem Unternehmensberater Fränklie aus Bern (Schweiz) in Bezug auf ihre Unternehmung beraten. Fränklie rechnete am 15. März 2024 vereinbarungsgemäß 5.000,00 € Honorar ab.

Die im Zusammenhang mit diesen Sachverhalten gegebene Lösungstabelle sollte wie folgt ausgefüllt werden:

Leistungsart (§)	sonstige Leistung (§ 3 Abs. 9 UStG)
Leistungsort (§)	Eisenhüttenstadt (§ 3a Abs. 2 UStG)
Steuerbar (ja/nein, §)	ja, (§ 1 Abs. 1 Nr. 1 UStG)
Bemessungsgrundlage in Euro	5.000,00 (§ 10 Abs. 1 UStG)
Umsatzsteuer in Euro	950,00
Steuerentstehung (Datumsangabe, §)	15.03.2024, mit Ausstellung der Rechnung, § 13b Abs. 2 S. 1 Nr. 1 UStG
Steuerschuldner §	Die Leistungsempfängerin Frau Freundlich, da sie eine sonstige Leistung eines im Ausland ansässigen Unternehmers bezogen hat. § 13b Abs. 2 Nr. 1 i. V. m. Abs. 5 S. 1 UStG
Vorsteuerabzug durch die Leistungsempfängerin, §	ja, 950,00 € gem. § 15 Abs. 1 Nr. 4 UStG

5 Abgabenordnung – Verwaltungsakte prüfen, Rechtsbehelfe und Anträge vorbereiten (Lernfeld 11)

Die **Abgabenordnung** ist ein **allgemeines Steuergesetz**, denn sie enthält **Begriffsbestimmungen** und **Verfahrensvorschriften**, die **für alle Steuergesetze** gelten.

So definiert die **Abgabenordnung grundlegende Begriffe**, wie **Steuern** (§ 3 AO) und **steuerliche Nebenleistungen**, trifft grundlegende Aussagen zum **Aufbau der Finanzverwaltung/Finanzbehörden** (§ 6 AO) und **Zuständigkeiten** (§§ 18–22 AO), sowie zum Besteuerungsverfahren. In Bezug auf das **Besteuerungsverfahren** werden Aussagen zu **Fristen** (§§ 108–110 AO) und zum **Verwaltungsakt** (§ 118 AO) sowie dessen **Bekanntgabe** (§ 122 AO), und dem **Steuerbescheid** (§ 155 AO) getroffen. Darüber hinaus werden einzelne **Verfahrensabschnitte** ausgestaltet.

In Bezug auf das **Besteuerungsverfahren** sind damit folgende **Verfahrensabschnitte** zu unterscheiden:

Ermittlungsverfahren: Mitwirkungspflichten des oder der Steuerpflichtigen z. B. auf der Buchführungspflicht und der Verpflichtung zur Abgabe einer Steuererklärung oder Steueranmeldung. Ziel des Ermittlungsverfahrens ist es, den für die Besteuerung maßgebenden wahren Sachverhalt zutreffend und vollständig festzustellen.

Festsetzungs- und Feststellungsverfahren: Festsetzung der Steuer durch die Finanzbehörde/das Finanzamt mittels Steuerbescheid (Grundlagen- und Folgebescheid) z. B. im Rahmen einer einheitlichen und gesonderten Feststellung gem. § 180 AO, wenn mehrere an den Besteuerungsgrundlagen beteiligt sind. Zu denken ist auch an die Steueranmeldung z. B. im Rahmen der Umsatzsteuervoranmeldung.

Berichtigungsverfahren: Durchbrechung der Bestandskraft von Verwaltungsakten aufgrund von Korrekturvorschriften (§§ 129, 172 ff. AO)

Erhebungsverfahren: Fälligkeit der Steuer – Säumniszuschlag und Steuerstundung sowie das Erlöschen des Steueranspruches durch Zahlung, Aufrechnung oder Erlass; Zahlungsverjährung

Rechtsbehelfsverfahren: Zulässigkeit des Einspruchs und Aussetzung der Vollziehung (AdV)

5.1 Ermittlungsverfahren

Zielsetzung des Ermittlungsverfahrens ist es, die Besteuerungsgrundlagen wie Umsätze, Betriebseinnahmen, Betriebsausgaben, Einkünfte, zu versteuerndes Einkommen zutreffend und vollständig zu ermitteln.

▶ Eine zutreffende Steuerfestsetzung setzt die Ermittlung der Besteuerungsgrundlagen voraus.

Das **Ermittlungsverfahren** ist u. a. durch die folgenden **Verfahrensgrundsätze** und **Mitwirkungspflichten** gekennzeichnet:

Nach dem **allgemeinen Besteuerungsgrundsatz** gem. § 85 AO haben die Finanzbehörden die **Steuern** nach Maßgabe der Gesetze **gleichmäßig** festzusetzen und zu erheben. Insbesondere haben sie sicherzustellen, dass Steuern nicht verkürzt, zu Unrecht erhoben oder Steuererstattungen und Steuervergütungen nicht zu Unrecht gewährt oder versagt werden.

Dabei haben die Finanzbehörden ausgehend von dem **allgemeinen Untersuchungsgrundsatz** gem. § 88 AO den **Sachverhalt von Amts wegen zu ermitteln**. Sie haben alle für den Einzelfall bedeutsamen, auch die für die Steuerpflichtigen günstigen Umstände zu berücksichtigen. Die Finanzbehörde bestimmt Art und Umfang der Ermittlungen nach den Umständen des Einzelfalls sowie nach den Grundsätzen der Gleichmäßigkeit, Gesetzmäßigkeit und Verhältnismäßigkeit.

Zur Beurteilung der Notwendigkeit weiterer Ermittlungen und Prüfungen für eine gleichmäßige und gesetzmäßige Festsetzung von Steuern und Steuervergütungen sowie Anrechnung von Steuerabzugsbeträgen und Vorauszahlungen können die Finanzbehörden gem. § 88 Abs. 5 AO automationsgestützte Systeme, also **Risikomanagementsysteme**, einsetzen.

Die Finanzbehörden wären aber überfordert, wenn sie die Besteuerungsgrundlagen ohne Mitwirkung der Steuerpflichtigen ermitteln müssten. Daher sind die **Steuerpflichtigen** gem. § 90 AO zunächst ganz **allgemein zur Mitwirkung** bei der Ermittlung des Sachverhalts **verpflichtet**. Sie kommen der Mitwirkungspflicht insbesondere dadurch nach, dass sie die für die Besteuerung erheblichen Tatsachen vollständig und wahrheitsgemäß offenlegen und die ihnen bekannten Beweismittel angeben. Der Umfang dieser Pflichten richtet sich nach den Umständen des Einzelfalls.

Weiter **konkretisiert** wird diese allgemeine Mitwirkungspflicht **durch** die **besonderen Mitwirkungspflichten** wie

- **Buchführungs- und Aufzeichnungspflicht** (§§ 140 ff. AO),
- **Pflicht zur Kontenwahrheit** (§ 154 AO) (u. a. dem Verbot, auf falschem oder erdichtetem Namen ein Konto zu errichten oder Buchungen vornehmen zu lassen) und
- **Pflicht zur Abgabe von Steuererklärungen** (§§ 149 ff. AO) – auch auf maschinell verwertbaren Datenträgern.

Bezogen auf die Pflicht zur Abgabe von Steuererklärungen ist festzustellen, dass Steuererklärungen und gesonderte Feststellungen (§ 181 Abs. 2 S. 1 AO) nach amtlich vorgeschriebenem Vordruck eigenhändig unterschrieben abzugeben (§ 150 Abs. 1 S. 1 AO) sind.

Die Abgabe der Steuererklärungen hat grundsätzlich gem. § 149 Abs. 2 AO bis zum 31. Juli des Folgejahres zu erfolgen.

In sog. Beraterfällen, also wenn die steuerpflichtige Person durch einen Steuerberater/eine Steuerberaterin vertreten ist, ist die Steuererklärung gem. § 149 Abs. 3 AO bis zum 28./29. Februar des Zweitfolgejahres abzugeben.

Wird die Steuererklärung nicht oder nicht fristgerecht abgegeben, hat das Finanzamt folgende Möglichkeiten:

- **Festsetzung eines Zwangsmittels** nach vorheriger Androhung nach Maßgabe der §§ 328 ff. AO,
- Festsetzung eines Verspätungszuschlages gem. § 152 AO,
- Schätzung der Besteuerungsgrundlagen nach § 162 AO. Die Pflicht zur Abgabe der Steuererklärung bleibt aber auch nach der Schätzung noch bestehen (§ 149 Abs. 1 S. 4 AO).

Verspätungszuschlag gem. § 152 AO

Insbesondere in Bezug auf den Verspätungszuschlag gem. § 152 AO ist Folgendes zu beachten:

Nach § 152 Abs. 2 Nr. 1 AO ist ein Verspätungszuschlag festzusetzen, wenn eine Steuererklärung nicht 14 Monate nach Ablauf des VZ eingereicht wird. Unerheblich ist dabei, ob der oder die Steuerpflichtige steuerlich vertreten wird oder nicht.

Von einer verpflichtenden Festsetzung des Verspätungszuschlags wird nach § 152 Abs. 3 AO abgesehen, wenn z. B. die Finanzbehörde die Frist für die Abgabe der Steuererklärung verlängert hat oder rückwirkend verlängert oder die Steuer auf 0,00 € oder auf einen negativen Betrag festgesetzt wird.

Der Verspätungszuschlag beträgt für die verspätete Abgabe von Steuererklärungen, die sich auf ein Kalenderjahr beziehen (z. B. Einkommensteuer-, Körperschaftsteuer- oder Umsatzsteuererklärungen) gem. § 152 Abs. 5 S. 2 AO für jeden angefangenen Monat der eingetretenen Verspätung 0,25 %. Bemessungsgrundlage ist die um die festgesetzten Vorauszahlungen und die anzurechnenden Steuerabzugsbeträge verminderte festgesetzte Steuer.

Für Erklärungen zu gesondert festzustellenden einkommensteuerpflichtigen oder körperschaftsteuerpflichtigen Einkünften beträgt der Verspätungszuschlag gem. § 152 Abs. 7 AO für jeden angefangenen Monat der eingetretenen Verspätung 0,0625 % der positiven Summe der festgestellten Einkünfte.

Der Verspätungszuschlag beträgt mindestens jedoch 25,00 € für jeden angefangenen Monat der eingetretenen Verspätung.

Der Verspätungszuschlag ist nach § 152 Abs. 10 AO auf volle Euro abzurunden und darf höchstens 25.000,00 € betragen.

Beispiel: *Anton Ahlert betreibt in München gemeinsam mit Bettina Böhnik in der Rechtsform einer OHG einen Versandhandel für Partyartikel. Die Steuererklärung 2021 hat die OHG ohne Hilfe eines Steuerberaters/einer Steuerbaraterin erstellt und unstrittig mit einer relevanten Verspätung von fünf Monaten an das zuständige Finanzamt übermittelt.*

Der Feststellungsbescheid wird gegenüber Anton Ahlert als Empfangsbevollmächtigtem ordnungsgemäß bekannt gegeben. Im Feststellungsbescheid, der einen steuerlichen Gewinn von 10.000,00 € ausweist, wird ein Verspätungszuschlag festgesetzt.

Dieser Verspätungszuschlag berechnet sich nach § 152 Abs. 7 AO wie folgt:

positive Summe der festgestellten Einkünfte	*10.000,00 €*
10.000,00 € · 0,0625 % =	*6,25 €*
mindestens aber 25,00 € pro Monat	
25,00 € · 5 Monate =	***125,00 €***

Der Verspätungszuschlag gem. § 152 AO bezieht sich auf die verspätete Abgabe einer Steuererklärung. Der Säumniszuschlag gem. § 240 AO bezieht sich auf die verspätete Zahlung einer Steuer nach deren Fälligkeit.

5.2 Festsetzungs- und Feststellungsverfahren

Nachdem die Besteuerungsgrundlage (z. B. bei der Einkommensteuer oder Körperschaftsteuer das zu versteuernde Einkommen; in der Gewerbesteuer der Gewerbesteuermessbetrag) anhand der von der steuerpflichtigen Person abgegebenen Steuererklärung ermittelt worden ist, wird die Steuer von der zuständigen Finanzbehörde in der Regel mittels Steuerbescheid (§ 155 AO) festgesetzt.

Durch die Steuerfestsetzung wird der Steueranspruch verwirklicht (konkretisiert). Die Festsetzung der Steuer schafft die Voraussetzung für die Steuererhebung in dem Erhebungsverfahren.

Wie bereits erwähnt, setzt die Finanzbehörde/das Finanzamt die Steuer mittels Steuerbescheid fest.

Steuerbescheid ist gem. § 155 AO der nach § 122 Abs. 1 AO bekannt gegebene Verwaltungsakt.

Steuerbescheide sind gem. § 157 Abs. 1 AO schriftlich oder elektronisch zu erteilen, soweit nichts anderes bestimmt ist. Sie müssen die festgesetzte Steuer nach Art und Betrag bezeichnen und angeben, wer die Steuer schuldet.

Bei Verstoß gegen diese Bestandteile ist der Steuerbescheid nichtig und unwirksam.

Ihnen ist außerdem als Sollbestandteil eine Belehrung darüber beizufügen, welcher Rechtsbehelf zulässig ist und binnen welcher Frist und bei welcher Behörde er einzulegen ist, sowie eine Begründung.

Bei Verstoß gegen die Rechtsbehelfsbelehrung verlängert sich die Einspruchsfrist gem. § 356 Abs. 2 AO auf ein Jahr.

Die Steuerfestsetzungen können **endgültig**, **unter dem Vorbehalt der Nachprüfung** (VdN) gem. § 164 AO oder **vorläufig** gem. § 165 AO erfolgen.

5.2.1 Steuerfestsetzung unter dem Vorbehalt der Nachprüfung (VdN)

Solange ein Steuerfall nicht abschließend geprüft ist, kann sich die Finanzbehörde die spätere Überprüfung vorbehalten und die Steuer aufgrund der Angaben des oder der Steuerpflichtigen oder aufgrund vorläufiger Überprüfung **unter Vorbehalt der Nachprüfung** festsetzen (§ 164 AO).

Der Vorbehalt der Nachprüfung erfasst die Festsetzung insgesamt; eine Beschränkung auf Einzelpunkte oder Besteuerungsgrundlagen ist nicht zulässig, anders bei der vorläufigen Steuerfestsetzung gem. § 165 AO.

Eine Begründung dafür, dass die Festsetzung unter Vorbehalt erfolgt, ist nicht erforderlich.

▶ Solange der Vorbehalt wirksam ist, bleibt der gesamte Steuerfall offen; der **Steuerbescheid wird nicht bestandskräftig**! Die Steuerfestsetzung **kann jederzeit**, also auch nach Ablauf der Rechtsbehelfsfrist, und dem Umfang nach uneingeschränkt von Amts wegen oder auch auf Antrag des oder der Steuerpflichtigen gem. § 164 Abs. 2 AO aufgehoben oder geändert werden.

Der Vorbehalt der Nachprüfung kann kraft ausdrücklichen Vermerks jederzeit aufgehoben werden. Nach einer Außenprüfung muss der Vorbehalt der Nachprüfung jedoch aufgehoben werden.

▶ Mit Ablauf der allgemeinen Festsetzungsfrist (§§ 169–171 AO) entfällt der Vorbehalt kraft Gesetz.

Vorbehalt der Nachprüfung	
Kraft Gesetz	**Aufgrund behördlicher Anordnung**
nach der **AO** für Vorauszahlungsbescheide (§ 164 Abs. 1 S. 2 AO), für Steueranmeldungen (§ 168 AO). nach **Einzelsteuergesetzen** z. B. Eintragung eines Freibetrags oder eines Hinzurechnungsbetrags (§ 39a Abs. 4 EStG), Lohnsteuerabzugsmerkmale (§ 39 Abs. 1 S. 4 EStG).	Ausdrücklich im Steuerbescheid durch das Finanzamt erwähnt: **„Der Bescheid ergeht nach § 164 Abs. 1 AO unter dem Vorbehalt der Nachprüfung.“**

5.2.2 Vorläufige Steuerfestsetzungen

Eine Steuer kann, soweit eine **Ungewissheit über die Besteuerungsgrundlagen** besteht gem. § 165 Abs. 1 S. 1 AO, vorläufig festgesetzt werden.

Diese Regelung ist auch anzuwenden, wenn (§ 165 Abs. 1 S. 2 AO)

- ungewiss ist, ob und wann Verträge mit anderen Staaten über die Besteuerung, die sich zugunsten des oder der Steuerpflichtigen auswirken, für die Steuerfestsetzung wirksam werden;
- das Bundesverfassungsgericht die Unvereinbarkeit eines Steuergesetzes mit dem Grundgesetz festgestellt hat und der Gesetzgeber zu einer Neuregelung verpflichtet ist;
- die Vereinbarkeit eines Steuergesetzes mit höherrangigem Recht Gegenstand eines Verfahrens bei dem Gerichtshof der Europäischen Gemeinschaften, dem Bundesverfassungsgericht oder einem obersten Bundesgericht ist oder
- die Auslegung eines Steuergesetzes Gegenstand eines Verfahrens bei dem Bundesfinanzhof ist.

Umfang und Grund der Vorläufigkeit sind anzugeben. Die Vorläufigkeit ist gem. § 165 Abs. 1 S. 3 AO auf die ungewissen Voraussetzungen zu beschränken.

Soweit die Finanzbehörde eine Steuer vorläufig festgesetzt hat, kann sie gem. § 165 Abs. 2 S. 1 AO die Festsetzung aufheben oder ändern.

Ist die Ungewissheit beseitigt, so ist eine vorläufige Steuerfestsetzung gem. § 165 Abs. 2 S. 2 AO aufzuheben, zu ändern oder für endgültig zu erklären.

Die vorläufige Steuerfestsetzung kann gem. § 165 Abs. 3 AO mit einer Steuerfestsetzung unter Vorbehalt der Nachprüfung verbunden werden.

> Sowohl bei einer Steuerfestsetzung unter dem Vorbehalt der Nachprüfung gem. § 164 AO als auch bei einer vorläufigen Steuerfestsetzung gem. § 165 AO tritt keine Bestandskraft des Steuerbescheides ein. Der Steuerfall bleibt offen!

Ist eine Steuer nach § 165 Abs. 1 S. 1 AO vorläufig festgesetzt worden, so endet die Festsetzungsfrist nicht vor Ablauf eines Jahres, nachdem die Ungewissheit beseitigt ist und die Finanzbehörde hiervon Kenntnis erlangt hat. In den Fällen des § 165 Abs. 1 S. 2 AO endet die Festsetzungsfrist nicht vor Ablauf von zwei Jahren. Es besteht eine Ablaufhemmung gem. § 171 Abs. 8 S. 2 AO.

5.2.3 Festsetzungsverjährung

Als Gegenstand der Festsetzungsverjährung bzw. der Festsetzungsverjährung gelten **noch nicht festgesetzte Steuern**, noch nicht festgesetzte Steuermessbeträge und **noch nicht gesondert festgestellte Besteuerungsgrundlagen**.

Eine Steuerfestsetzung bzw. Feststellung von Besteuerungsgrundlagen ist nach § 169 Abs. 1 S. 1 AO nicht mehr zulässig, wenn die Festsetzungsfrist abgelaufen ist. Die Festsetzungs- bzw. Feststellungsverjährung **bewirkt** ein **Erlöschen des Steueranspruchs** (siehe § 47 AO).

> Der oder die Steuerpflichtige soll nach Ablauf einer bestimmten Zeit, der Festsetzungsfrist, die Gewissheit haben, dass ein Steueranspruch nicht mehr gegen ihn bzw. sie geltend gemacht werden kann; der Steueranspruch gegen ihn bzw. sie also erloschen ist.

Die **Festsetzungsfrist beträgt** gem. § 169 Abs. 2 AO

- **ein Jahr** für Verbrauchsteuern und Verbrauchsteuervergütungen,
- **4 Jahre** für Besitz- und Verkehrsteuern (z. B. Einkommensteuer, Körperschaftsteuer) sowie gesonderte Feststellungen,
- **5 Jahre** bei leichtfertiger Steuerverkürzung i. S. d. § 378 AO und
- **10 Jahre** bei Steuerhinterziehung i. S. d. § 370 AO.

Die Festsetzungsverjährung **beginnt** grundsätzlich gem. § 170 Abs. 1 AO mit Ablauf des Kalenderjahres, in dem die Steuer entstanden ist.

Ausnahmsweise aufgrund der **Anlaufhemmung des § 170 Abs. 2 AO** bei der Steuererklärungs- oder -anmeldungspflicht mit Ablauf des Kalenderjahres, in dem die Erklärung/Anmeldung eingereicht wurde; spätestens mit Ablauf des dritten Kalenderjahres, das dem Entstehungsjahr der Steuer folgt.

Die Festsetzungsfrist **endet** grundsätzlich nach Ablauf der Festsetzungsfrist.

Ausnahmsweise erfolgt ein **Hinausschieben des Fristendes** durch eine sog. **Ablaufhemmung** gem. § 171 AO u. a. wegen

- **höherer Gewalt** innerhalb der letzten sechs Monate vor Fristablauf gem. § 171 **Abs. 1** AO,
- **offenbarer Unrichtigkeit** des Steuerbescheids gem. § 171 **Abs. 2** AO,
- Antrag der steuerpflichtigen Person auf Steuerfestsetzung, Aufhebung oder Änderung der Steuerfestsetzung gem. § 171 **Abs. 3** AO,
- rechtzeitigem **Beginn einer Außenprüfung** gem. § 171 **Abs. 4** AO,
- **vorläufiger Festsetzung** der Steuer gem. § 171 **Abs. 8** AO oder
- der **Änderung eines Grundlagenbescheides** gem. § 171 **Abs. 10** AO.

5.2.4 Steueranmeldung

Steueranmeldungen sind nach § 150 Abs. 1 S. 3 AO **Steuererklärungen, in denen die steuerpflichtige Person die Steuer aufgrund gesetzlicher Vorschriften selbst zu berechnen hat**.

Eine solche Selbstberechnung ist gesetzlich vorgesehen z. B. für

- die Umsatzsteuervoranmeldungen und Umsatzsteuerjahreserklärung,
- die Lohnsteueranmeldung durch den Arbeitgeber oder
- die Anmeldung der Kapitalertragsteuer.

Weicht das Finanzamt von der angemeldeten Steuer nicht ab, so hat der **Eingang der Steueranmeldung** mit einer Zahllast die **Wirkung einer Steuerfestsetzung unter dem Vorbehalt der Nachprüfung** gem. § 168 **S. 1** AO. Eine Steuerfestsetzung durch Steuerbescheid ist dann nicht durchzuführen (siehe § 167 S. 1 AO).

Will das Finanzamt dagegen **abweichen, so** ist eine **Steuerfestsetzung vorzunehmen und darüber ein Steuerbescheid zu erteilen.** Die abweichende Festsetzung ist dann endgültig oder unter dem Vorbehalt der Nachprüfung vorzunehmen.

Eine **Steueranmeldung, die zu einer Steuervergütung** führt (z. B. Vorsteuerüberschuss), wirkt erst **nach Zustimmung** durch das Finanzamt als **Steuerfestsetzung unter dem Vorbehalt der Nachprüfung** gem. § 168 **S. 2** AO.

Die **Zustimmung** bedarf keiner besonderen Form (siehe § 168 S. 3 AO). Die Bekanntgabe **erfolgt** regelmäßig **durch Auszahlung oder Aufrechnung des entsprechenden Betrages**.

Falls das **Finanzamt** die **Zustimmung nicht erteilt**, erlässt es nach § 155 Abs. 1 S. 3 AO einen **Ablehnungsbescheid**, der dann die Funktion eines Steuerbescheides übernimmt.

5.2.5 Feststellung von Besteuerungsgrundlagen

Besteuerungsgrundlagen werden allgemein nicht gesondert in einem eigenen Bescheid festgestellt. Sie bilden gem. § 157 Abs. 2 AO einen Teil des Steuerbescheides, der nicht selbstständig mit Rechtsbehelfen anfechtbar ist.

Abweichend davon werden die Besteuerungsgrundlagen durch einen sog. **Feststellungsbescheid als Grundlagenbescheid** gesondert festgestellt, wenn dies in einem Steuergesetz bestimmt ist.

Gesondert festgestellt werden insbesondere

- die Einheitswerte für inländischen Grundbesitz, inländische land- und forstwirtschaftliche Betriebe,
- die **Einkünfte** aus Land- und Forstwirtschaft, aus Gewerbebetrieb, aus selbstständiger Arbeit und aus Vermietung und Verpachtung, **wenn** an den Einkünften **mehrere Personen beteiligt** sind **und** die **Einkünfte diesen Personen steuerlich zuzurechnen** sind (siehe §§ 179, 180 AO).

Möglich ist auch die gesonderte Feststellung der Einkünfte einer Einzelperson gem. § 180 Abs. 1 Nr. 2 Buchst. b AO, wenn das für die gesonderte Feststellung zuständige Finanzamt nicht auch für die Steuern vom Einkommen zuständig ist.

Für die (gesonderte) Feststellung von Besteuerungsgrundlagen sind damit folgende Zuständigkeiten zu beachten:

Einkunftsart	Örtliche Zuständigkeit
Land- und Forstwirtschaft	Lage FA – § 18 Abs. 1 Nr. 1 AO
Gewerbebetrieb	Betriebs-FA – § 18 Abs. 1 Nr. 2 AO
selbstständige Arbeit	Tätigkeits-FA – § 18 Abs. 1 Nr. 3 AO
Überschusseinkünfte (VuV)	Verwaltungs-FA – § 18 Abs. 1 Nr. 4a AO Vermögens-FA – wenn die Verwaltung der Einkünfte nicht feststellbar ist § 18 Abs. 1 Nr. 4b AO

▶ Grundlagenbescheide sind für die Folgebescheide (z. B. Gewerbesteuerbescheid) gem. § 182 Abs. 1 S. 1 AO bindend, soweit die in den Feststellungsbescheiden getroffenen Feststellungen für diese Folgebescheide von Bedeutung sind.

Deshalb muss ein Fehler im Grundlagenbescheid mit einem Einspruch gegen diesen angefochten werden (siehe § 351 Abs. 2 AO). Ein Einspruch gegen den (folgerichtig ergangenen) Folgebescheid wäre unbegründet (AEAO zu § 351, Nr. 4).

Weiter ist zu beachten, dass die Änderung eines Grundlagenbescheides gem. § 175 AO auch die Änderung des Folgebescheides nach sich zieht.

Ebenfalls ist an die Ablaufhemmung gem. § 171 Abs. 10 AO im Zusammenhang mit Grundlagenbescheiden zu denken.

5.3 Berichtigungsverfahren

Stellt sich im Nachhinein heraus, dass der **Steuerverwaltungsakt**, also z. B. die Festsetzung der Einkommensteuer, **fehlerhaft** war, **und** ist der **Verwaltungsakt**/Steuerbescheid **bestandskräftig**, also nicht mehr änderbar, z. B. da die Einspruchsfrist abgelaufen ist und der Verwaltungskat nicht vorläufig ergangen ist oder nicht unter dem Vorbehalt der Nachprüfung gem. § 164 AO stand, so wird in dem **Berichtigungsverfahren** diese **Bestandskraft durchbrochen**. **Allerdings** kann die Finanzbehörde die Bestandskraft – Unabänderbarkeit des Steuerverwaltungsaktes/Steuerbescheides – **nur** durchbrechen, **soweit** die **Änderung** des Steuerverwaltungsaktes/Steuerbescheides durch **eine Korrekturvorschrift gedeckt** ist, d. h., die Voraussetzungen der Korrekturvorschrift erfüllt sind.

Als Korrekturvorschriften für Steuerverwaltungsakte/Steuerbescheide kommen insbesondere in Betracht:

- Antrag auf schlichte Änderung **(§ 172 Abs. 1 Nr. 2a AO)**,
- offenbare Unrichtigkeiten **(§ 129 AO)**,
- neue Tatsachen und Beweismittel **(§ 173 AO)**,
- Schreib- oder Rechenfehler bei Erstellung einer Steuererklärung **(§ 173a AO)**,
- Aufhebung und Änderung in sonstigen Fällen **(§ 175 AO)**,
- Datenübermittlung durch Dritte **(§ 175b AO)**.

5.3.1 Antrag auf schlichte Änderung (§ 172 Abs. 1 Nr. 2a AO)

Nach § 172 Abs. 1 Nr. 2a AO darf ein Steuerbescheid, soweit er nicht vorläufig oder unter dem Vorbehalt der Nachprüfung ergangen ist, nur geändert oder aufgehoben werden, soweit der die **steuerpflichtige Person zustimmt** oder **ihrem Antrag der Sache nach entsprochen wird**.

Dies gilt jedoch **zugunsten der steuerpflichtigen Person** nur, soweit sie **vor Ablauf der Einspruchsfrist** zugestimmt oder den Antrag gestellt hat.

▶ Der oder die Steuerpflichtige hat ein echtes **Wahlrecht, ob** er bzw. sie **Einspruch** einlegen **oder** einen **Antrag auf schlichte Änderung** stellen soll. Es kann **aber nicht** von **beiden** Möglichkeiten **gleichzeitig** Gebrauch gemacht werden.

Es ist stets im Einzelfall abzuwägen, von welcher Änderungsmöglichkeit Steuerpflichtige bei einer beabsichtigten Änderung zu ihren Gunsten Gebrauch machen sollten. Diese Abwägung orientiert sich insbesondere an den Unterschieden der beiden Änderungsmöglichkeiten.

	Einspruch	Schlichte Änderung
Form	Schriftform	formlos
Vollzug des Steuerbetrages	Aussetzung der Vollziehung (**AdV**) ist **möglich.**	Aussetzung der Vollziehung (**AdV**) ist **nicht möglich.**
Rechtsanspruch auf Entscheidung	Ja, da eine erneute Überprüfung in vollem Umfang stattfindet (§ 367 Abs. 2 AO).	nein, da Ermessensentscheidung („darf“)
Antragserweiterung nach Ablauf der Einspruchsfrist	Antragserweiterung ist möglich.	Antragserweiterung ist nicht möglich.
Beschränkung auf den von der steuerpflichtigen Person gestellten Antrag	Nein, es ist sogar eine **Verböserung** möglich.	Ja, ggf. findet aber eine Saldierung von materiellen Fehlern gem. § 177 AO statt, **keine Verböserung.**

5.3.2 Offenbare Unrichtigkeiten (§ 129 AO)

Nach § 129 AO kann das Finanzamt **Schreibfehler, Rechenfehler und ähnliche offenbare Unrichtigkeiten**, also **mechanische Versehen**, die sich von Denk- oder Überlegungsfehlern leicht abgrenzen lassen und die **dem Finanzamt** beim Erlass eines Verwaltungsaktes **unterlaufen sind**, **jederzeit** bis zum Ablauf der Festsetzungsfrist (§ 169 Abs. 1 S. 2 AO) berichtigen. Bei berechtigtem Interesse des oder der Beteiligten ist zu berichtigen.

Eine Berichtigung ist allerdings ausgeschlossen, wenn die nicht nur theoretische Möglichkeit eines Fehlers in der Tatsachenwürdigung oder Rechtsanwendung besteht.

Beispiel: *Die zusammenveranlagten Steuerpflichtigen haben drei Kinder. Ein Kind ist älter als 18 Jahre. Alle Kinder erfüllen nach Ansicht der Steuerpflichtigen die Voraussetzungen für die steuerliche Berücksichtigung. Das Finanzamt berücksichtigt aber kommentarlos nur zwei Kinder. Eine Berichtigung nach § 129 AO scheidet aus, da die Möglichkeit eines Rechtsirrtums nicht auszuschließen ist. Anders ist der Fall zu beurteilen, wenn alle Kinder unter 18 Jahre alt sind. Dann handelt es sich um eine ähnliche offenbare Unrichtigkeit i. S. d. § 129 AO.*

5.3.3 Neue Tatsachen und Beweismittel (§ 173 AO)

Steuerbescheide sind bis zum Ablauf der Festsetzungsfrist aufzuheben oder zu ändern, wenn neue Tatsachen oder Beweismittel nachträglich bekannt werden, die

- zu einer höheren Steuer führen (§ 173 Abs. 1 **Nr. 1** AO) oder
- zu einer niedrigeren Steuer führen und die steuerpflichtige Person kein grobes Verschulden am nachträglichen Bekanntwerden trifft (§ 173 Abs. 1 **Nr. 2** AO).

Eine Änderung ist in diesen Fällen nur soweit zulässig, wie sich die neuen Tatsachen oder Beweismittel auswirken (punktuelle Änderung), d. h., der Steuerfall wird nicht mehr insgesamt aufgerollt.

Tatsache ist alles, was Merkmal oder Teilstück eines gesetzlichen Steuertatbestandes sein kann, also Zustände, Vorgänge, Beziehungen und Eigenschaften materieller oder immaterieller Art, und sich damit auf die Höhe der Steuer auswirkt (z. B. Familienstand, Alter, Einnahmen, Ausgaben). Bei den Vorgängen ist es ohne Bedeutung, ob es sich um einen subjektiven oder einen objektiven Vorgang handelt. Von daher können auch innere Absichten (z. B. Gewinnerzielungsabsicht) Tatsachen sein, wenn diese Absicht zum gesetzlichen Steuertatbestand gehört. Siehe hierzu weiter AEAO zu § 173, Nr. 1.1.

Beweismittel ist jedes Erkenntnismittel, das geeignet ist, das Vorliegen bzw. Nichtvorliegen von Tatsachen zu beweisen. Ein Sachverständigengutachten ist deshalb ein Beweismittel insoweit, als es die Erkenntnis neuer Tatsachen vermittelt und nicht lediglich Schlussfolgerungen enthält. Siehe hierzu weiter AEAO zu § 173, Nr. 1.2.

Nachträgliches Bekanntwerden heißt, dass die Tatsachen oder Beweismittel der Behörde erst bekannt werden, nachdem die Willensbildung über die Steuerfestsetzung abgeschlossen ist (AEAO zu § 173, Nr. 2).

▶ Als bekannt gilt alles, was im Zeitpunkt der Willensbildung Inhalt derjenigen Akten ist, die von der organisatorisch zuständigen Dienststelle der Finanzbehörde für die steuerpflichtige Person geführt werden.

Als **grobes Verschulden** hat der oder die Steuerpflichtige Vorsatz und grobe Fahrlässigkeit zu vertreten. Vorsatz liegt vor, wenn das Wissen um die Folgen und der Wille, trotzdem so zu handeln, gegeben sind. Grobe Fahrlässigkeit ist anzunehmen, wenn sie die ihr zumutbare Sorgfalt in ungewöhnlichem Maße und in nicht entschuldbarer Weise verletzt. Für die Einzelheiten siehe AEAO zu § 173, Nr. 5.

Das **Verschulden** des oder der Steuerpflichtigen ist nach § 173 Abs. 1 Nr. 2 S. 2 AO **unbeachtlich**, wenn die Tatsachen oder Beweismittel, die zu einer niedrigeren Steuer führen, in einem unmittelbaren oder mittelbaren Zusammenhang mit neuen Tatsachen oder Beweismitteln stehen, die zu einer höheren Steuer führen. Stehen die steuermindernden Tatsachen mit steuererhöhenden Tatsachen im Zusammenhang, sind die steuermindernden Tatsachen nicht nur bis zur steuerlichen Auswirkung der steuererhöhenden Tatsachen, sondern uneingeschränkt zu berücksichtigen. Wird dem Finanzamt nachträglich bekannt, dass eine steuerpflichtige Person nicht erklärte Einkünfte einer bestimmten Einkunftsart erzielt hat, so stellt **die Höhe dieser Einkünfte** die für die Anwendung des § 173 Abs. 1 Nr. 1 oder Nr. 2 AO relevante Tatsache dar (AEAO zu § 173, Nr. 6.2).

Beispiel: *Hat die steuerpflichtige Person Einkünfte aus Vermietung und Verpachtung versehentlich nicht erklärt und wird dieses dem Finanzamt nachträglich bekannt, so stellen diese Einkünfte insgesamt, also die Einnahmen minus die Werbungskosten, eine Tatsache dar. Es ist nicht zu differenzieren in Einnahmen als eine steuererhöhende Tatsache und Werbungskosten als eine weitere steuermindernde Tatsache.*

Steuerbescheide, die aufgrund einer Außenprüfung ergangen sind, können nur aufgehoben oder geändert werden, wenn eine Steuerhinterziehung oder eine leichtfertige Steuerverkürzung vorliegt (Änderungssperre nach § 173 Abs. 2 AO).

5.3.4 Schreib- oder Rechenfehler bei Erstellung einer Steuererklärung (§ 173a AO)

Sind dem oder der **Steuerpflichtigen** bei der Erstellung der elektronisch oder in Papierform eingereichten Steuererklärung **Schreib- und/oder Rechenfehler unterlaufen**, sodass beim Erlass des Steuerbescheids deshalb unzutreffende Tatsachen berücksichtigt wurden, ist der Steuerbescheid nach **§ 173a AO** zu ändern bzw. aufzuheben. Nicht in den Anwendungsbereich dieser Vorschrift fallen wie bei § 129 AO Rechtsirrtümer oder Rechtsanwendungsfehler. Die Einführung des § 173a AO geht zurück auf die von der Rechtsprechung entwickelte Lehre des sog. Übernahmefehlers, nach der Steuerbescheide bei Schreib- oder Rechenfehlern der Steuerpflichtigen bei dem Erstellen der Steuererklärung ebenfalls nach § 129 AO berichtigt wurden. Das Finanzamt hatte eben diese Fehler übernommen.

5.3.5 Aufhebung und Änderung in sonstigen Fällen (§ 175 AO)

Die Korrekturvorschrift des § 175 Abs. 1 Nr. 1 AO erlaubt insbesondere die Änderung eines bestandskräftigen Bescheids, wenn Änderungen bei einem für diesen Steuerbescheid relevanten **Grundlagenbescheid** eingetreten sind. Die Auswirkungen können zugunsten, aber auch zuungunsten des oder der Steuerpflichtigen sein.

Beispiel: *Der Steuerpflichtige Alf ist gemeinsam mit dem Steuerpflichtigen Böge Gesellschafter der Alf & Böge OHG. Aufgrund einer Außenprüfung durch das Betriebsfinanzamt bei der OHG erhöhen sich die auf den A entfallenden Einkünfte aus Gewerbebetrieb um 5.000,00 €. Daraufhin hat auch das Wohnsitzfinanzamt gem. § 175 AO den Einkommensteuerbescheid des A zu ändern und die höhere Einkommensteuer auf der Grundlage der höheren Einkünfte erneut festzusetzen, auch wenn der Einkommensteuerbescheid bereits bestandskräftig sein sollte.*

5.3.6 Datenübermittlung durch Dritte (§ 175b AO)

Wurden von mitteilungspflichtigen Stellen (z. B. Krankenkassen) an die Finanzverwaltung übermittelte Daten nicht oder unzutreffend bei der Steuerfestsetzung berücksichtigt, ist der Bescheid nach § 175b Abs. 1 AO aufzuheben oder zu ändern. Dies gilt gem. § 175b Abs. 3 AO auch, wenn erforderliche Einwilligungen des oder der Steuerpflichtigen nicht vorlagen.

Waren die Daten falsch und der oder die Steuerpflichtige hat keine abweichenden Angaben gemacht, ist der Bescheid nach § 175b Abs. 2 AO zugunsten des oder der Steuerpflichtigen zu korrigieren.

Sind die nachträglich übermittelten Daten jedoch nicht rechtserheblich, erfolgt gem. § 175b Abs. 4 AO keine Änderung.

5.4 Erhebungsverfahren

▶ Voraussetzung für das Erheben, also das (Ein)fordern, einer Steuer ist, dass die Steuer **entstanden, festgesetzt** und **fällig** ist.

Gemäß § 38 AO entsteht eine Steuer **grundsätzlich**, wenn der Tatbestand verwirklicht ist, an den das Gesetz die Leistungspflicht knüpft.

Konkret regeln die jeweiligen Einzelsteuergesetze, wann die entsprechende Steuer entsteht, wie folgt:

Lohnsteuer	in dem Zeitpunkt, in dem der Arbeitslohn dem Arbeitnehmer zufließt (§ 38 Abs. 2 S. 2 EStG)
Einkommensteuer- und Körperschaftsteuervorauszahlung	jeweils mit Beginn des Kalendervierteljahres, in dem die Vorauszahlung zu entrichten ist (§ 37 Abs. 1 S. 2 EStG und § 30 Nr. 2 KStG)
Einkommensteuer- und Körperschaftsteuerabschlusszahlung	mit Ablauf des Veranlagungszeitraums (§ 36 Abs. 1 EStG und § 30 Nr. 3 KStG)
Gewerbesteuervorauszahlung	mit Beginn des Kalendervierteljahres, in dem die Vorauszahlung zu entrichten ist (§ 21 GewStG)
Gewerbesteuerabschlusszahlung	mit Ablauf des Erhebungszeitraums, für den die Festsetzung vorgenommen wird (§ 18 GewStG)
Umsatzsteuer	mit Ablauf des Voranmeldungszeitraums, in dem der Umsatz ausgeführt wurde (Sollbesteuerung) bzw. das Entgelt vereinnahmt wurde (Istbesteuerung) (§ 13 Abs. 1 Nr. 1a und b UStG)

▶ Der Entstehungszeitpunkt ist von Bedeutung für den Beginn der Festsetzungsfrist gem. § 170 Abs. 1 AO und **nur eine entstandene Steuer kann festgesetzt und fällig werden.**

Durch die **Steuerfestsetzung** wird der Steueranspruch konkretisiert/verwirklicht, d. h., das Finanzamt setzt die Steuer in konkreter Höhe gegenüber dem jeweiligen Steuerpflichtigen fest.

Diese konkrete **Steuerfestsetzung** erfolgt gem. §§ 155, 218 AO mittels **Steuerbescheid** und ist im sog. **Festsetzungs-/Feststellungsverfahren** weiter geregelt.

▶ **Fälligkeit** der Steuer bedeutet, dass der Steuergläubiger, also der Staat, zu einem bestimmten Zeitpunkt vom Steuerschuldner, in der Regel dem oder der Steuerpflichtigen, die Zahlung verlangen kann.

Dabei richtet sich gem. § 220 AO die Fälligkeit ebenfalls nach den Einzelsteuergesetzen wie folgt:

Lohnsteuer	10. Tag nach Ablauf des Lohnsteuer-Anmeldungszeitraums (§ 41a Abs. 1 EStG)
Einkommensteuer- und Körperschaftsteuervorauszahlung	10. März, 10. Juni, 10. September, 10. Dezember (§ 37 Abs. 1 EStG und § 31 KStG)

Einkommensteuer- und Körperschaftsteuerabschlusszahlung	ein Monat nach Bekanntgabe des Einkommensteuerbescheides (§ 36 Abs. 4 EStG und § 31 KStG)
Gewerbesteuervorauszahlung	15. Februar, 15. Mai, 15. August, 15. November (§ 19 Abs. 1 GewStG)
Gewerbesteuerabschlusszahlung	ein Monat nach Bekanntgabe des Gewerbesteuerbescheides (§ 20 Abs. 2 GewStG)
Umsatzsteuervorauszahlung	10. Tag nach Ablauf des Umsatzsteuer-Voranmeldungszeitraums (§ 18 Abs. 1 UStG)
Umsatzsteuerabschlusszahlung	ein Monat nach dem Eingang der Jahressteuererklärung (§ 18 Abs. 4 UStG)

▶ Die Steuern, deren Fälligkeit gesetzlich kalendermäßig genau geregelt ist, werden auch als „Fälligkeitssteuern“ bezeichnet.

5.4.1 Säumniszuschlag

Wird eine Steuer nicht bis zum Ablauf des Fälligkeitstages entrichtet, so ist gem. **§ 240 Abs. 1 AO** für jeden angefangenen Monat der Säumnis ein **Säumniszuschlag** von 1 % des rückständigen abgerundeten Steuerbetrags zu entrichten. Der Steuerbetrag ist auf den nächsten durch 50,00 € teilbaren Betrag abzurunden.

Ein Säumniszuschlag wird bei einer Säumnis bis zu drei Tagen (= **Schonfrist**) gem. **§ 240 Abs. 3 S. 1 AO** nicht erhoben. Diese Schonfrist gilt nicht für Bar- und Scheckzahlungen (siehe § 224 Abs. 2 Nr. 1 AO und § 240 Abs. 3 S. 2 AO).

▶ Bei Zahlung nach Ablauf der Schonfrist ist der Säumniszuschlag ab Fälligkeit zu berechnen, denn die Fälligkeit wird durch die Schonfrist nicht geändert.

Beispiel: *Der Steuerpflichtige Harry Hirsch (Monatszahler; keine Dauerfristverlängerung) übermittelt seine Umsatzsteuervoranmeldung für den Monat März 2024 fristgerecht dem Finanzamt. Die Zahlung seiner Umsatzsteuerzahllast in Höhe von 2.140,00 € durch Banküberweisung geht jedoch erst am 20. Mai 2024 bei der Finanzkasse ein.*

In diesem Fall ist ein Säumniszuschlag für zwei (angefangene) Monate (11. April bis 20. Mai 2024) also in Höhe von 42,00 € zu entrichten (2 · 1 % = 2 %; 2.140,00 € abgerundet auf den nächsten durch 50,00 € teilbaren Betrag ergibt 2.100,00 €; somit 2 % von 2.100,00 € = 42,00 €). Die Schonfrist bewirkt keine Verschiebung der Fälligkeiten, d. h., die Schonfrist hat auf die Berechnung der Säumniszuschläge keine Auswirkung.

▶ Die **Lohn- und Umsatzsteuer** werden **erst mit Anmeldung fällig**, d. h., bevor die Voranmeldung nicht beim Finanzamt eingeht, können keine Säumniszuschläge anfallen. **Allerdings** droht bei verspäteter Abgabe der Anmeldung die Festsetzung eines **Verspätungszuschlags** (§ 152 AO).

5.4.2 Stundung und Stundungszinsen

Durch die Stundung wird der Fälligkeitstermin einer Steuer hinausgeschoben, z. B. indem eine Teil-/Ratenzahlung für die Begleichung der Steuerschuld vereinbart wird.

Die Finanzbehörden können Steuern nach § 222 AO ganz oder teilweise stunden, wenn

- die Einziehung bei Fälligkeit eine erhebliche Härte für den Schuldner bedeuten würde und
- der Anspruch durch die Stundung nicht gefährdet erscheint.

Für die Dauer einer gewährten Stundung werden gem. § 234 Abs. 1 AO Zinsen (Stundungszinsen) erhoben.

Die Zinsen betragen gem. § 238 AO für jeden vollen Monat 0,5 % des abgerundeten Steuerbetrages. Der Steuerbetrag ist auf den nächsten durch 50,00 € teilbaren Betrag abzurunden. Angefangene Monate bleiben dabei außer Ansatz.

Weiter sind folgende Besonderheiten zu beachten:

- Zinsen werden gem. § 239 Abs. 2 AO nur dann festgesetzt, wenn sie mindestens 10,00 € betragen.
- Sie sind auf volle Euro zum Vorteil des oder der Steuerpflichtigen gerundet festzusetzen. Außerdem findet die Zahlungsschonfrist des § 240 Abs. 3 AO keine Anwendung.

Beispiel: *Aufgrund des Steuerbescheides bzw. der Umsatzsteuervoranmeldung der Steuerpflichtigen Henrietta Schön sind fällig:*

Umsatzsteuer für April 2024 am 10. Mai 2024 in Höhe von 370,00 €

Einkommensteuer 2022 am 25. April 2024 in Höhe von 31.340,00 €

Die fälligen Beträge werden antragsgemäß ab Fälligkeit bis zum 30. August 2024 gestundet.

Hinsichtlich der Umsatzsteuer beträgt der Zinslauf (10. Mai bis 30. August) drei volle Monate. Die Stundungszinsen betragen daher (350,00 € · 0,5 % · 3 Monate =) 5,25 € (= 5,00 €)

und werden dementsprechend gem. § 239 Abs. 2 AO nicht festgesetzt, da sie nicht mindestens 10,00 € betragen.

Bezüglich der Einkommensteuer beträgt der Zinslauf (25. April bis 30. August) vier volle Monate. Die Stundungszinsen betragen daher (31.300,00 € · 0,5 % · 4 Monate =) 626,00 €.

Weitere Informationen sowie Berechnungsbeispiele finden sich im AEAO zu § 234 AO.

5.4.3 Erlöschen des Steueranspruches

Der Steueranspruch erlischt gem. § 47 AO insbesondere durch Zahlung, Aufrechnung, Erlass oder Verjährung.

Im Regelfall erlischt der Steueranspruch durch **Zahlung**.

Die **Zahlungsschuld** ist eine **Bringschuld**. Der Steueranspruch erlischt nur, wenn die Zahlung wirksam, d. h. an die zuständige Kasse (z. B. Finanzkasse), geleistet wurde. Für die Einzelheiten siehe **§ 224 AO.**

Unter **Aufrechnung** versteht man gem. § 226 AO unter Bezugnahme auf § 387 BGB die wechselseitige Tilgung zweier sich gegenüberstehender Forderungen durch Verrechnung.

Dieses setzt voraus, dass eine sog. **Aufrechnungslage** geben ist.

Siehe hierfür insbesondere AEAO zu § 226 AO, Nr. 1.

Eine Aufrechnungslage ist gegeben bei:

Gegenseitigkeit der Forderungen	Der Schuldner der einen Forderung muss Gläubiger der anderen Forderung sein. Als Gläubiger eines Steueranspruches gilt auch die Körperschaft, die die Steuer verwaltet (§ 226 Abs. 4 AO). So kann z. B. ein Finanzamt eine von einem bzw. einer Steuerpflichtigen geforderte Landessteuer (z. B. Grunderwerbsteuer) gegen die an diese/-n Steuerpflichtige/-n zu erstattende Bundessteuer (z. B. Energiesteuer) aufrechnen.
Gleichheit der Forderungen	Sie ist gegeben, wenn sich Geldforderungen gegenüberstehen.
Erfüllbarkeit der Hauptforderung	Die Forderung, die dem Empfänger der Aufrechnungserklärung gegen den Aufrechnenden zusteht, muss entstanden sein. Die Steuerpflichtigen können gem. § 226 Abs. 3 AO nur mit unbestrittenen oder rechtskräftig festgestellten Gegenansprüchen aufrechnen.
Fälligkeit der Gegenforderung	Die Forderung, die dem Aufrechnenden zusteht, muss fällig sein.

Die Aufrechnung erfolgt durch Erklärung gegenüber dem anderen Teil. Dabei können sowohl die Finanzbehörde als auch der Steuerschuldner die Aufrechnung erklären.

Unter **Erlass** versteht man den endgültigen Verzicht des Steuergläubigers auf eine entstandene Steuer.

Grundsätzlich müssen Steuern beglichen werden. Der Erlass kommt nur in Ausnahmefällen in Betracht.

Die Finanzbehörden können Steuern aber durchaus gem. § 227 AO ganz oder zum Teil erlassen, wenn deren Einziehung nach Lage des einzelnen Falles unbillig wäre.

Die **Verjährung** bewirkt, dass der Steueranspruch durch Zeitablauf erlischt. Dabei **unterscheidet** die AO zwischen der **Festsetzungsverjährung** und der Verjährung des Zahlungsanspruchs (**Zahlungsverjährung**).

Die Frist der Zahlungsverjährung dauert grundsätzlich fünf Jahre; in den Fällen der §§ 370, 373 oder 374 AO zehn Jahre (§ 228 S. 2 AO).

Die Zahlungsverjährung beginnt grundsätzlich gem. § 229 Abs. 1 S. 1 AO mit Ablauf des Veranlagungszeitraumes, in dem der Anspruch fällig wurde.

Die Zahlungsverjährung wird gem. § 230 AO gehemmt, solange der Anspruch wegen höherer Gewalt innerhalb der letzten sechs Monate der Verjährungsfrist nicht verfolgt werden kann.

Gemäß § 231 Abs. 1 AO wird die Zahlungsverjährung z. B. durch Zahlungsaufforderung, Stundung, Aussetzung der Vollziehung unterbrochen. Mit Ablauf des Veranlagungszeitraumes, in dem die Unterbrechung geendet hat, beginnt die 5-jährige Verjährungsfrist dann gem. § 231 Abs. 3 AO neu zu laufen.

5.5 Rechtsbehelfsverfahren

Unter einem Rechtsbehelfsverfahren versteht man die Möglichkeit des oder der Steuerpflichtigen, gegen eine Entscheidung (Verwaltungsakt/Steuerbescheid) der Finanzbehörde vorzugehen.

Hierbei sind das **außergerichtliche** Rechtsbehelfsverfahren, der **Einspruch,** und das **gerichtliche** Rechtsbehelfsverfahren, die **Klage** vor dem Finanzgericht, zu unterscheiden.

Ein **Einspruch** hat nur dann Aussicht auf **Erfolg**, wenn er **zulässig** und **begründet** ist.

5.5.1 Zulässigkeit des Einspruchs

Voraussetzungen für die Zulässigkeit eines Einspruchs sind:

- Statthaftigkeit (§ 347 Abs. 1 AO),
- Beschwer (§ 350 AO),
- Einhaltung der Einspruchsfrist (§ 355 AO),
- Einhaltung der Form (§ 357 Abs. 1 AO).

Statthaftigkeit des Einspruchs

Das **Einspruchsverfahren** ist gem. § 347 AO nur **eröffnet**, also statthaft, wenn ein **Verwaltungsakt angegriffen** wird oder der Einspruchsführer sich gegen den Nichterlass eines Verwaltungsaktes **in einem Besteuerungsverfahren** wendet.

Beschwer

Befugt, Einspruch einzulegen, ist gem. § 350 AO nur, wer geltend macht, durch einen Verwaltungsakt oder dessen Unterlassung **beschwert** zu sein. Das heißt, der Beschwerdeführer muss schlüssig darlegen, durch die Entscheidung der Behörde in seinen Rechten verletzt zu sein. Dies kann in Ausnahmefällen auch bei einer Steuerfestsetzung auf null vorliegen (siehe AEAO zu § 350, Nr. 3).

Einhaltung der Einspruchsfrist/Fristberechnung

Der Einspruch ist gem. § 355 Abs. 1 S. 1 AO **innerhalb eines Monats nach Bekanntgabe** des Verwaltungsaktes einzulegen.

Die Einspruchsfrist ist eine **gesetzliche Frist**, die **durch die Finanzbehörde nicht verlängert** werden kann.

War der **Einspruchsführer ohne Verschulden verhindert**, die Einspruchsfrist einzuhalten, kann er gem. § 110 AO eine **Wiedereinsetzung in den vorigen Stand** beim Finanzamt beantragen und seinen Einspruch nachholen.

Die Einspruchsfrist als Ereignisfrist berechnet sich wie folgt:

Beispiel: *Die Steuerpflichtige Bärbel Schön betreibt eine Bäckerei. Sie hat die Steuererklärungen für 2022 (Umsatzsteuer, Einkommensteuer, Gewerbesteuer) fristgerecht beim zuständigen Finanzamt elektronisch eingereicht.*

Am 20. Dezember 2023 (Datum des Bescheids) versendete das Finanzamt die Steuerbescheide für 2022 mit der Post. Die Prüfung des Einkommensteuerbescheides ergab, dass das Finanzamt die Einkünfte aus Gewerbebetrieb um 1.500,00 € höher angesetzt hatte als erklärt.

Der Einkommensteuerbescheid für 2022 ist nicht unter dem Vorbehalt der Nachprüfung gem. § 164 Abs. 1 AO ergangen.

Auszug aus dem Kalender 2023/2024:

	Dezember 2023					**Januar 2024**				
Mo		4	11	18	**25**	**1**	8	15	22	29
Di		5	12	19	**26**	2	9	16	23	30
Mi		6	13	20	27	3	10	17	24	31
Do		7	14	21	28	4	11	18	25	
Fr	1	8	15	22	29	5	12	19	26	
Sa	**2**	**9**	**16**	**23**	**30**	**6**	**13**	**20**	**27**	
So	**3**	**10**	**17**	**24**	**31**	**7**	**14**	**21**	**28**	

Der von der Steuerpflichtigen beabsichtigte Einspruch gegen den Einkommensteuerbescheid 2022 muss für seine Zulässigkeit innerhalb der Einspruchsfrist von einem Monat nach Bekanntgabe eingelegt werden.

Die Einspruchsfrist berechnet sich wie folgt:

Aufgabe zur Post/Datum des Bescheids	20.12.2023
+ 3 Tage Zugangsfiktion gem. § 122 Abs. 1 AO	23.12.2023 (Sa)
gemäß § 108 Abs. 3 AO weiter bis nächsten Werktag; damit Bekanntgabe	27.12.2023 (Mi, nach den Weihnachtsfeiertagen)
Fristbeginn (da der Tag des Ereignisses nicht mitgezählt wird)	28.12.2023 (00:00 Uhr)
Fristende (eigentlich)	27.12.2024 (Sa)
gemäß § 108 Abs. 3 AO weiter bis nächsten Werktag; damit Fristende	29.01.2024 (Mo, 24:00 Uhr)

Der Einspruch muss bis zum Ablauf des 29. Januar 2024 bei dem zuständigen Finanzamt eingereicht sein, um die Einspruchsfrist zu wahren.

Form und Inhalt des Einspruches

Nach § 357 Abs. 1 S. 1 und 3 AO kann der Einspruch wahlweise

- schriftlich (also nicht: telefonisch!) oder elektronisch,
- zur Niederschrift,
- durch Telegramm oder
- durch Fernschreiben, Fernkopierer, Telefax

eingereicht werden.

Eine **Unterschrift ist nicht erforderlich**; es genügt gem. § 357 Abs. 1 S. 2 AO, wenn aus dem Einspruch hervorgeht, wer ihn eingelegt hat. Daher wäre die bloße Angabe der Steuernummer ausreichend.

Weiter soll gem. § 357 Abs. 3 AO bei der Einlegung der **Verwaltungsakt bezeichnet** werden, gegen den der Einspruch gerichtet ist. Es soll angegeben werden, **inwieweit der Verwaltungsakt angefochten** und seine Aufhebung beantragt wird. Ferner sollen die **Tatsachen**, die **zur Begründung** dienen, und die Beweismittel **angeführt werden**.

▶ Grundsätzlich ist der Einspruch gem. § 357 Abs. 2 S. 1 AO bei dem Finanzamt einzulegen, das den Verwaltungsakt erlassen hat.

Der oder die Steuerpflichtige kann den Einspruch auch bei einer völlig unzuständigen Behörde einreichen. Denn die schriftliche oder elektronische Anbringung bei einer anderen Behörde ist gem. § 357 Abs. 2 S. 4 AO unschädlich, wenn der Einspruch vor Ablauf der Einspruchsfrist der zuständigen Behörden übermittelt wird. Der oder die Steuerpflichtige trägt dann das Risiko der rechtzeitigen Übermittlung.

5.5.2 Aussetzung der Vollziehung

▶ Gemäß § 361 Abs. 1 S. 1 AO wird **durch die Einlegung des Einspruchs** die Vollziehung des angefochtenen Verwaltungsaktes grundsätzlich nicht gehemmt, insbesondere **die Erhebung der Abgabe nicht aufgehalten.**

Deshalb ist in § 361 Abs. 2 AO vorgesehen, dass die Vollziehung eines Verwaltungsaktes bis zur Entscheidung über den Einspruch ausgesetzt werden kann, wenn

- **ernsthafte Bedenken gegen die Rechtmäßigkeit** des Verwaltungsaktes bestehen oder
- die Vollziehung eine **unbillige**, nicht durch überwiegende öffentliche Interessen gebotene **Härte** zur Folge hätte.

▶ Dieser Antrag auf Aussetzung der Vollziehung kann und sollte mit dem Einspruch gegen den Verwaltungsakt verbunden werden.

D

PRÜFUNGSBEREICH: SACHVERHALTE IM ZUSAMMENHANG MIT FINANZBUCHHALTUNGEN, ENTGELTABRECHNUNGEN UND JAHRESABSCHLÜSSEN BEARBEITEN

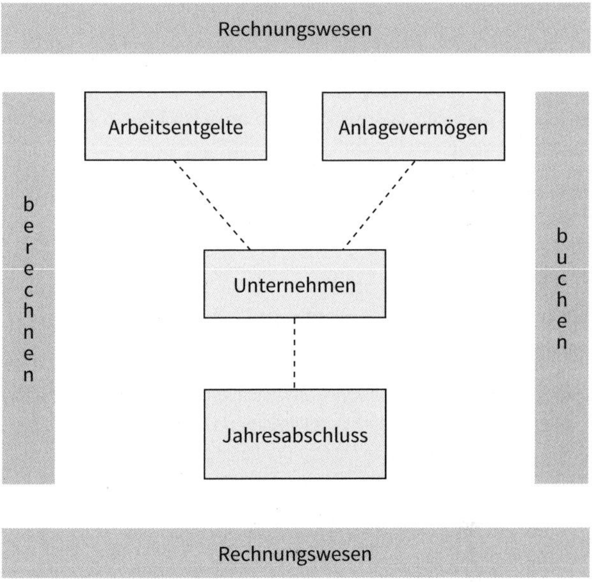

1 Rechnungswesen – Arbeitsentgelte berechnen und buchen (Lernfeld 5)

Bei der Berechnung von Arbeitsentgelten geht es im Prüfungsfall im Wesentlichen um die **Ermittlung des lohnsteuerpflichtigen und SV-beitragspflichtigen Bruttoarbeitslohns** unter **Berücksichtigung** von **vermögenswirksamen Leistungen** (vwL) oder **Sachbezügen,** und die daran anschließende **Ermittlung der Sozialversicherungsbeiträge** unter Berücksichtigung der jeweiligen Beitragssätze und Beitragsbemessungsgrenzen.

In Bezug auf das Buchen müssen beherrscht werden:

- Buchen einer „normalen" Gehaltsabrechnung nach der Bruttomethode,
- Buchen von Gehaltsvorschüssen und spätere Verrechnung,
- Buchen von vermögenswirksamen Leistungen,
- Buchen von Sachbezügen an Arbeitnehmer/-innen (Wohnung, Verpflegung, Gestellung von Kfz, Bezug von Waren).

Weiter sollten bekannt sein:

- Buchen von Aushilfslöhnen (Minijob) und
- Pauschalierung der Lohnsteuer.

1.1 Buchen einer „normalen" Gehaltsabrechnung – Bruttomethode

Beispiel: *Frau Susanne Fleiß ist 20 Jahre alt, keine Kinder, bekenntnislos, Zusatzbeitrag KV 1,2 %. Sie lebt in Hamburg, arbeitet als Verkäuferin und bezieht ein monatliches Bruttogehalt in Höhe von 3.100,00 €. Die Lohnsteuer beträgt 347,00 €.*

Die aktuellen SV-Beitragssätze können über das Internet aufgerufen werden und betragen 2024 für die Arbeitnehmerin (KV mit Zusatz 7,6 % + PV 1,7 % + AV 1,3 % + RV 9,3 % =) 19,9 % · 3.100,00 € = 616,90 €.

Die von dem Arbeitgeber zu tragenden SV-Beiträge betragen (KV mit Zusatz 7,6 % + PV 1,7 % + AV 1,3 % + RV 9,3 % + U1 bei 70 % 2,20 % + U2 0,44 % + Inso 0,06 % =) 22,6 % · 3.100,00 € = 700,60 €.

Diese Gehaltsabrechnung für den Monat März 2024 ist damit wie folgt zu buchen:

SKR 03	SKR 04		Soll	Haben
4100	6000	Löhne und Gehälter	3.100,00 €	
		an		
1740	3720	Verb. a. LuG		2.136,10 €
1741	3730	Verb. Lst., KSt.		347,00 €
1742	3740	Verb. soz. Sicherheit		616,90 €

Es empfiehlt sich, in einer zweiten Buchung dann den Arbeitgeberanteil zu den Sozialversicherungen wie folgt zu buchen:

SKR 03	SKR 04		Soll	Haben
4130	6110	ges. soz. Aufwendungen	700,60 €	
		an		
1742	3740	Verb. soz. Sicherheit		700,60 €

▶ Diese Buchungssätze sind die „Standardbuchungssätze", denn es werden im weiteren Verlauf lediglich weitere Konten integriert.

1.2 Buchen von Gehaltsvorschüssen und spätere Verrechnung

▶ Ein **Vorschuss** ist ein **kurzfristiges Darlehen**, das der Arbeitgeber dem Arbeitnehmer gewährt.

Vorschüsse werden über das Konto 1530 SKR03/1340 SKR04 „Forderungen gegen Personal" gebucht.

Beispiel: *Wie zuvor nur, dass Susanne Fleiß bereits am 1. März einen Vorschuss in Höhe von 500,00 € in bar auf ihr Gehalt bekommen hat. Dieser Vorschuss soll mit der Gehaltszahlung März verrechnet werden.*

Buchung der Vorschusszahlung am 1. März:

SKR 03	SKR 04		Soll	Haben
1530	1340	Ford. geg. Personal aus LuG	500,00 €	
		an		
1000	1600	Kasse		500,00 €

Buchung der Gehaltsabrechnung:

SKR 03	SKR 04		Soll	Haben
4100	6000	Löhne und Gehälter	3.100,00 €	
		an		
1740	3720	Verb. a. LuG		1.636,10 €
1741	3730	Verb. Lst., KSt.		347,00 €
1742	3740	Verb. soz. Sicherheit		616,90 €
1530	1340	Ford. geg. Personal aus LuG		500,00 €

Buchung des Arbeitgeberanteils zu der Sozialversicherung:

SKR 03	SKR 04		Soll	Haben
4130	6110	ges. soz. Aufwendungen	700,60 €	
		an		
1742	3740	Verb. soz. Sicherheit		700,60 €

1.3 Buchen von vermögenswirksamen Leistungen

▶ Vermögenswirksame Leistungen (vwL) sind Sparleistungen, die der Arbeitgeber für den Arbeitnehmer in einer Anlageform anlegt, die vom Vermögensbildungsgesetz gefördert wird (z. B. Bausparvertrag oder Vermögensbeteiligungssparvertrag).

Herbei sind drei Varianten möglich: Getragen werden die vermögenswirksamen Leistungen entweder **nur vom Arbeitnehmer**, **nur vom Arbeitgeber** oder von **Arbeitnehmer und Arbeitgeber gemeinsam**.

▶ Die vom Arbeitgeber getragenen vermögenswirksamen Leistungen erhöhen das lohnsteuerpflichtige und sozialversicherungspflichtige Bruttoentgelt.

Beispiel: *Wie zuvor nur, dass Susanne Fleiß vermögenswirksame Leistungen in Höhe von 40,00 € erhält. Diese vermögenswirksamen Leistungen werden von dem Arbeitgeber und Frau Fleißig je zur Hälfte getragen.*

Die Lohnsteuer und die SV-Beiträge sind damit auf ein Bruttogehalt von 3.120,00 € zu berechnen. Die Lohnsteuer beträgt nun 351,60 €.

Die SV-Beiträge für die Arbeitnehmerin betragen nun 19,9 % · 3.120,00 € = 620,88 €.

Dementsprechend betragen die SV-Beiträge für den Arbeitgeber 22,6 % · 3.120,00 € = 705,12 €.

Buchung der Gehaltsabrechnung:

SKR 03	SKR 04		Soll	Haben
4100	6000	Löhne und Gehälter	3.100,00 €	
4170	6080	vwL	20,00 €	
		an		
1740	3720	Verb. a. LuG		2.087,52 €
1741	3730	Verb. Lst., KSt.		351,60 €
1742	3740	Verb. soz. Sicherheit		620,88 €
1750	3770	Verb. a. Vermögensb.		40,00 €

Buchung des Arbeitgeberanteils zu der Sozialversicherung:

SKR 03	SKR 04		Soll	Haben
4130	6110	ges. soz. Aufwendungen	705,12 €	
		an		
1742	3740	Verb. soz. Sicherheit		705,12 €

1.4 Buchen von Sachbezügen an Arbeitnehmer/-innen – Gestellung von Kfz

Der Wert des Sachbezuges ist in der Lohn-/Gehaltsabrechnung als sog. geldwerter Vorteil dem Bruttolohn/-gehalt hinzuzurechnen. Er ist in der Regel lohnsteuer- und sozialversicherungsbeitragspflichtig.

Beispiel: *Wie im Ausgangsfall nur, dass Susanne Fleiß von ihrem Arbeitgeber ab März einen Firmenwagen mit Verbrennungsmotor gestellt bekommt. Die Anschaffungskosten betrugen 35.000,00 €, der Bruttolistenpreis zum Zeitpunkt der Erstzulassung beträgt 40.125,00 €. Frau Fleiß darf den Pkw auch für private Fahrten nutzen, ohne dass sie ein Fahrtenbuch führt. Außerdem nutzt sie den Pkw für die Fahrten von ihrer Wohnung zu ihrer 20 km entfernten ersten Tätigkeitsstätte.*

Die Berechnung des geldwerten Vorteils erfolgt gem. § 8 Abs. 2 S. 2 und 3 EStG wie folgt:

Für die private Pkw-Nutzung sind nach der 1%-Regel 1 % des auf volle 100,00 € abgerundeten Bruttolistenpreises zum Zeitpunkt der Erstzulassung zu berechnen. Also 40.100,00 € · 1 % = 401,00 €.

Darüber hinaus sind für die Fahrten Wohnung – erst Tätigkeitsstätte 0,03 % des auf volle 100,00 € abgerundeten Bruttolistenpreises zum Zeitpunkt der Erstzulassung mal Entfernungskilometer zu berechnen, also: 40.100,00 € · 0,03 % · 20 km = 240,60 €.

Der geldwerte Vorteil für die Pkw-Gestellung beträgt damit (401,00 € + 240,60 € =) 641,60 €.

Das lohnsteuer- und sozialversicherungsbeitragspflichtige Bruttogehalt von Frau Fleiß beträgt damit (3.100,00 € + 641,60 € =) 3.761,60 €.

Die Lohnsteuer beträgt somit 500,90 €.

Die SV-Beiträge für die Arbeitnehmerin betragen nun 19,9 % · 3.761,60 € = 748,56 €.

Dementsprechend betragen die SV-Beiträge für den Arbeitgeber 22,6 % · 3.761,60 € = 850,12 €.

Zu beachten ist weiter, dass die Pkw-Gestellung an die Arbeitnehmerin, Susanne Fleiß, für den Arbeitgeber einen steuerbaren und steuerpflichtigen tauschähnlichen Umsatz i. S. d. UStG darstellt. Aus dem geldwerten Vorteil ist damit die Umsatzsteuer herauszurechnen, also 641,60 € · $\frac{19}{119}$ = 102,44 € USt. bei einem Nettobetrag von (641,60 € – 102,44 € =) 539,16 €.

Buchung der Gehaltsabrechnung:

SKR 03	SKR 04		Soll	Haben
4100	6000	Löhne und Gehälter	3.761,60 €	
		an		
1740	3720	Verb. a. LuG		1.870,54 €
1741	3730	Verb. Lst., KSt.		500,90 €
1742	3740	Verb. soz. Sicherheit		748,56 €
8611	4948	Sachbezug mit USt.		539,16 €
1770	3800	Umsatzsteuer		102,44 €

Buchung des Arbeitgeberanteils zu der Sozialversicherung:

SKR 03	SKR 04		Soll	Haben
4130	6110	ges. soz. Aufwendungen	850,12 €	
		an		
1742	3740	Verb. soz. Sicherheit		850,12 €

2 Rechnungswesen – Beschaffung und Verkauf von Anlagevermögen erfassen (Lernfeld 7)

Gemäß § 247 Abs. 2 HGB sind beim **Anlagevermögen** nur die **Gegenstände** auszuweisen, die **bestimmt** sind, **dauernd** dem **Geschäftsbetrieb** (in der Regel länger als ein Jahr) **zu dienen.**

Es setzt sich entsprechend der Bilanzgliederung gem. § 266 HGB zusammen aus:

I. Immateriellen Vermögensgegenständen,
II. Sachanlagen und
III. Finanzanlagen.

Im Gegensatz dazu umfasst das **Umlaufvermögen** alle **Gegenstände**, die am Bilanzstichtag dazu bestimmt sind, dem **Geschäftsbetrieb nur vorübergehend zu dienen** (z. B. Waren).

Bei den Buchungen im Anlagevermögen geht es hier um die buchmäßige Erfassung der Anschaffung und Veräußerung von Sachanlagegütern, sowie deren Bilanzierung.

Sachanlagegüter sind bewegliche und unbewegliche körperliche Gegenstände, die zum Anlagevermögen gehören und u. a. auf folgenden Konten erfasst, also aktiviert, werden:

SKR 03	SKR 04	
0065	0215	Unbebaute Grundstücke
0085	0235	Grundstückswerte eigener bebauter Grundstücke
0090	0240	Gebäude
0240	0440	Maschinen
0320	0520	Fuhrpark
0410	0650	Betriebs- und Geschäftsausstattung

2.1 Anschaffung/Anschaffungskosten (Zugangsbewertung)

▶ Unter Anschaffung versteht man den entgeltlichen Erwerb eines Vermögensgegenstandes von einem anderen.

Anschaffungen sind mit den Anschaffungskosten zu bewerten (sog. Zugangsbewertung) und auf den betreffenden Anlagekonten zu buchen (zu aktivieren).

Eine **Definition** der Anschaffungskosten beinhaltet **§ 255 Abs. 1 HGB**.

Nach dieser Definition ergeben sich die Anschaffungskosten aus:

  Kaufpreis (Anschaffungspreis)
\+ Anschaffungsnebenkosten
– Anschaffungspreisminderungen
= **Anschaffungskosten (AK)**

Kaufpreis

Kaufpreis (Anschaffungspreis) ist alles, was der Käufer aufwendet, um den Vermögensgegenstand zu erhalten.

Anschaffungsnebenkosten

Anschaffungsnebenkosten sind Kosten, die neben dem Kaufpreis anfallen, z.B.

⇢ bei **Grundstücken:**

- Grunderwerbsteuer (3,5 % bis 6,5 % des Kaufpreises);
- Notargebühren, netto, für die Beurkundung des Kaufvertrages;
- Grundbuchgebühren für die Eintragung des Eigentümerwechsels im Grundbuch;
- Maklerprovision, netto.

⇢ bei **anderen Vermögensgegenständen:**

- Transport- und Überführungskosten,
- Transportversicherungen,
- Montagekosten (netto).

Anschaffungspreisminderungen

Anschaffungspreisminderungen liegen insbesondere bei der Bezahlung unter Skontoabzug vor. Der Skontoabzug mindert die Anschaffungskosten und ist unmittelbar auf dem Konto des Vermögensgenstandes (z. B. „Maschinen“) zu erfassen.

Keine Anschaffungskosten

Nicht zu den Anschaffungskosten gehören die

- **Geldbeschaffungskosten** (Zinsen, Damnum, Wechseldiskont), die für die Finanzierung einer Anschaffung aufgewendet werden,
- und die **als Vorsteuer abzugsfähige Umsatzsteuer (§ 9b EStG).**

Anschaffung und Finanzierung sind zwei verschiedene Vorgänge!

Beispiel: *Unternehmerin U kauft, um ihr Geschäft zu vergrößern, zum 1. November (Übergang von Nutzen und Lasten) ein bebautes Grundstück in der Hansestadt Greifswald (Baujahr 2000). Der Verkäufer des Grundstücks hat nicht nach § 9 UStG optiert.*

Der Kaufpreis beträgt insgesamt 1 Mio. € (Grundstücksanteil 400.000,00 €).

Da die Unternehmerin einen Kredit aufnehmen musste, sind zusätzliche Kosten für die Eintragung einer Grundschuld entstanden. Die Ausgaben belaufen sich hierfür auf 557,00 € (Grundbuchamt 200,00 €, Notar brutto 357,00 €).

Für die Beurkundung des Kaufvertrages musste die Unternehmerin nochmals 2.500,00 € netto an den Notar bezahlen und 900,00 € Grundbuchgebühren zwecks Auflassung.

Alle Beträge werden vom betrieblichen Bankkonto am 25. November überwiesen.

Am 27. November erhielt die Unternehmerin den Grunderwerbsteuerbescheid in Höhe von 50.000,00 € (5 % vom Kaufpreis).

Ermittlung AK und Buchung:

Grundstück und Gebäude sind zwei unterschiedliche Vermögensgegenstände. Sie sind auf verschiedenen Konten zu buchen.

Die Anschaffungskosten für das Grundstück und das Gebäude sind wie folgt zu ermitteln:

Ausgaben	Gesamt in Euro	Grundstück 40 % in Euro	Gebäude 60 % in Euro	Vorsteuer in Euro
Kaufpreis	1.000.000,00	400.000,00	600.000,00	0,00
Grunderwerbsteuer	50.000,00	20.000,00	30.000,00	0,00
Grundbuchgeb. Eigentum	900,00	360,00	540,00	0,00
Notar Kaufvertrag	2.500,00	1.000,00	1.500,00	475,00
Anschaffungskosten		**421.360,00**	**632.040,00**	

Nicht zu den Anschaffungskosten, sondern zu den Finanzierungskosten, zählen die Kosten für die Eintragung der Grundschuld in Höhe von 200,00 €, Grundbuchamt und Notarkosten in Höhe von 300,00 € + 57,00 € USt. Bei diesen Aufwendungen handelt es sich um Nebenkosten des Geldverkehrs und abzugsfähige Vorsteuer.

Buchung der Finanzierungskosten:

SKR 03	SKR 04		Soll	Haben
4970	6855	Nebenkosten d. Geldverkehrs	500,00 €	
1570	1400	Abz. Vorsteuer	57,00 €	
		an		
1200	1800	Bank		557,00 €

Gewinnauswirkung: *handels- und steuerrechtlich: gewinnmindernd um 500,00 €*

Buchung der Anschaffungskosten (Aktivierung/Zugangsbewertung):

SKR 03	SKR 04		Soll	Haben
0085	0235	Grundstücksw. eig. beb. Grundst.	63.240,00 €	
0090	0240	Gebäude	421.360,00 €	
1570	1400	Abz. Vorsteuer	475,00 €	
		an		
1200	1800	Bank		435.075,00 €
1736	3700	Verb. Steuern und Abgaben		50.000,00 €

Gewinnauswirkung: *handels- und steuerrechtlich keine Gewinnauswirkung, da nur Bestandskonten bebucht werden*

2.2 Herstellung/Herstellungskosten (Zugangsbewertung)

Herstellungskosten sind gem. § 255 Abs. 2 S. 1 HGB Aufwendungen, die durch den Verbrauch von (Sach-)Gütern und die Inanspruchnahme von Diensten für die Herstellung eines Vermögensgegenstandes, seine Erweiterung oder über seinen ursprünglichen Zustand hinausgehende wesentliche Verbesserung entstehen.

Bei den Herstellungskosten sind Ansatzgebote, also Kosten der Herstellung, die anzusetzen sind, Ansatzwahlrechte, also Kosten, die angesetzt werden können, und Ansatzverbote, also Kosten, die nicht angesetzt werden dürfen, zu unterscheiden.

Es ist § 255 Abs. 2 und 3 HGB in Bezug auf die Herstellungskosten zu beachten, und es gilt damit für die Herstellungskosten:

			Euro	Euro
Pflicht		Materialeinzelkosten		
	+	Materialgemeinkosten		
	=	Materialkosten		
	+	Fertigungseinzelkosten		
	+	Fertigungsgemeinkosten		
	+	fertigungsbedingter Werteverzehr des AV		
	=	Fertigungskosten		
	+	Sondereinzelkosten der Fertigung		
	=	Wertuntergrenze der Herstellungskosten (HK)		
Wahl	+	Verwaltungsgemeinkosten		
	+	best. Fremdkapitalzinsen		
	=	Wertobergrenze der Herstellungskosten (HK)		

Verbot

Vertriebskosten
Forschungskosten

Einzelkosten sind Kosten, die den hergestellten Vermögensgegenständen direkt zugerechnet werden können.

Gemeinkosten sind Kosten, die dem hergestellten Vermögensgegenstand nur indirekt, z. B. mithilfe von Zuschlagsätzen (ausgedrückt in Prozenten, bezogen auf die Einzelkosten), zuzurechnen sind.

Beispiel: *Unternehmer U ließ in seiner eigenen Werkstatt eine Maschine für die Endfertigung von Waren zusammenstellen. Die Fertigstellung dieser Maschine erfolgte am 15. Juni. Die betriebsgewöhnliche Nutzungsdauer der Maschine beträgt 6 Jahre und eine Gesamtleistung von 20 000 Betriebsstunden. Nach den Unterlagen wurden für die Herstellung Bauteile im Gesamtwert von 6.000,00 € netto verwendet.*

An Lohneinzelkosten sind insgesamt 3.400,00 € angefallen. Der Materialgemeinkostenzuschlagsatz beträgt 30 %, während der Fertigungsgemeinkostenzuschlagsatz 80 % beträgt. Der Zuschlagsatz für die Verwaltungsgemeinkosten beträgt 20 %.

Die Herstellungskosten berechnen sich damit wie folgt:

			Euro	Euro
Pflicht		Materialeinzelkosten	6.000,00	
	+	Materialgemeinkosten	1.800,00	
	=	Materialkosten		7.800,00
	+	Fertigungseinzelkosten	3.400,00	
	+	Fertigungsgemeinkosten	2.720,00	
	+	fertigungsbedingter Werteverzehr des AV		
	=	Fertigungskosten		6.120,00
	+	Sondereinzelkosten der Fertigung		
	=	Wertuntergrenze der Herstellungskosten (HK)		13.920,00
Wahl	+	Verwaltungsgemeinkosten		2.784,00
	+	best. Fremdkapitalzinsen		
	=	Wertobergrenze der Herstellungskosten (HK)		16.704,00

Verbot

Vertriebskosten
Forschungskosten

Buchung:

SKR 03	SKR 04		Soll	Haben
0240	0440	Maschinen	16.704,00 €	
		an		
8990	4820	Andere aktivierte Eigenleistungen		16.704,00 €

Gewinnauswirkung: *handels- und steuerrechtlich: gewinnerhöhend um 16.704,00 €*

Wenn ein möglichst niedriger Gewinn erzielt werden soll, so ist die Maschine nur mit Wertuntergrenze der Herstellungskosten (13.920,00 €) zu aktivieren.

2.3 Abschreibung (Folgebewertung)

Gemäß § 253 Abs. 3 HGB, § 7 Abs. 1 EStG sind bei abnutzbaren Anlagegütern, deren Verwendung oder Nutzung sich erfahrungsgemäß auf einen Zeitraum von mehr als einem Jahr erstreckt, die Anschaffungskosten (AK) oder die Herstellungskosten (HK) auf die betriebsgewöhnliche Nutzungsdauer (ND) zu verteilen.

Der Teil der Anschaffungs- oder Herstellungskosten, der auf ein Wirtschaftsjahr entfällt, wird handelsrechtlich als planmäßige Abschreibung und steuerrechtlich als Absetzung für Abnutzung (AfA) bezeichnet.

Die Abschreibung kann nach mehreren Methoden berechnet werden:

- lineare Abschreibung in gleichbleibenden Jahresbeträgen,
- degressive AfA in fallenden Jahresbeträgen,
- leistungsabhängige Abschreibung nach Maßgabe der Leistung.

2.3.1 Lineare Abschreibung/AfA

Bei der linearen Abschreibung auf bewegliche Anlagegüter werden die AK/HK gleichmäßig auf die Zeit der betriebsgewöhnlichen Nutzungsdauer verteilt.

Der jährliche Abschreibungsbetrag ergibt sich, indem man die AK/HK durch die Anzahl der Jahre der betriebsgewöhnlichen Nutzungsdauer dividiert.

$$\text{linearer Abschreibungsbetrag} = \frac{\text{AK/HK}}{\text{Nutzungsdauer}}$$

Der Abschreibungssatz ergibt sich, indem man 100 durch die Anzahl der Jahre der betriebsgewöhnlichen Nutzungsdauer dividiert. Die Abschreibung ist somit von den AK/HK und der betriebsgewöhnlichen Nutzungsdauer des Anlageguts abhängig.

$$\text{linearer Abschreibungsbetrag} = \frac{100}{\text{Nutzungsdauer}}$$

Werden Anlagegüter im Laufe eines Wirtschaftsjahres (z. B. 1. Juli) angeschafft oder hergestellt, ist die lineare AfA in diesem Wirtschaftsjahr zwingend monatsgenau (pro-rata-temporis) zu berechnen (z. B. $\frac{6}{12}$) (§ 253 Abs. 3 HGB, § 7 Abs. 1 S. 4 EStG).
Die zeitanteilige AfA wird entsprechend beim Ausscheiden eines Anlageguts im Laufe eines Wirtschaftsjahres berechnet (§ 253 Abs. 3 HGB, R 7.4 Abs. 8 EStR 2012). Wird ein

Anlagegut im Laufe eines Monats (z. B. 15. Februar) angeschafft oder hergestellt, so wird im Allgemeinen eine Aufrundung auf volle Monate (z. B. $\frac{11}{12}$) nicht zu beanstanden sein. Beim Ausscheiden (z. B. 15. Februar) eines Anlageguts erfolgt dann logischerweise im Allgemeinen eine Abrundung auf volle Monate (z. B. $\frac{1}{12}$).

Beispiel: *Beispiel wie zuvor. Um einen möglichst niedrigen Gewinn auszuweisen, wurde die Maschine nach ihrer Fertigstellung mit der Wertuntergrenze in Höhe von 13.920,00 € am 15. Juni aktiviert.*

Die betriebsgewöhnliche Nutzungsdauer der Maschine beträgt 6 Jahre und eine Gesamtleistung von 20 000 Betriebsstunden. Die betriebsgewöhnliche Nutzungsdauer entspricht auch den Angaben in den amtlichen AfA-Tabellen.

Die lineare Abschreibung/AfA berechnet sich wie folgt:

$$\textit{linearer Abschreibungsbetrag} = \frac{13.920{,}00\ €}{6\ \text{Jahre}} = 2.320{,}00\ €\ \textit{pro Jahr}$$

Zeitanteilige Berechnung im Jahr der Herstellung:

$$\textit{Juni–Dezember} = 2.320{,}00\ € \cdot \frac{7}{12} = 1.353{,}33\ €$$

Buchung:

SKR 03	SKR 04		Soll	Haben
4830	6220	Abschreibungen auf Sachanlagen	1.353,00 €	
		an		
0240	0440	Maschinen		1.353,00 €

Gewinnauswirkung: *handels- und steuerrechtlich: gewinnmindernd um 1.353,33 €*

2.3.2 Degressive AfA

Der Steuergesetzgeber hat bei beweglichen Wirtschaftsgütern des Anlagevermögens, die nach dem 31. Dezember 2019 und vor dem 1. Januar 2023 oder nach dem 31. März 2024 und vor dem 1. Januar 2025 angeschafft oder hergestellt worden sind, eine degressive AfA zugelassen. Gemäß § 7 Abs. 2 EStG gilt:

Bei beweglichen Wirtschaftsgütern des Anlagevermögens, die nach dem 31. Dezember 2019 und vor dem 1. Januar 2023 angeschafft oder hergestellt worden sind, kann der oder die Steuerpflichtige statt der Absetzung für Abnutzung in gleichen Jahresbeträgen die Absetzung für Abnutzung in fallenden Jahresbeträgen bemessen. Die Absetzung für Abnutzung in fallenden Jahresbeträgen kann nach einem unveränderlichen

Prozentsatz vom jeweiligen Buchwert (Restwert) vorgenommen werden; der dabei anzuwendende Prozentsatz darf höchstens das Zweieinhalbfache des bei der Absetzung für Abnutzung in gleichen Jahresbeträgen in Betracht kommenden Prozentsatzes betragen und 25 % nicht übersteigen.

Beispiel: *Beträgt die Nutzungsdauer einer Maschine 6 Jahre, so bestimmt sich der lineare AfA-Satz wie folgt:*

linearer AfA-Satz $= \frac{100}{6 \text{ Jahre}} = 16{,}67\,\%$

degressiver AfA-Satz $= 16{,}67\,\% \cdot 2{,}5$

aber maximal $= 25\,\%$

ausgehend vom jeweiligen Restbuchwert

2.3.3 Leistungsabhängige Abschreibung

Bei technischen Anlagen und Maschinen kann die Absetzung auch nach Maßgabe der Leistung bemessen werden (leistungsabhängige Abschreibung).

Bei der Bemessung der Abschreibung tritt an die Stelle der betriebsgewöhnlichen Nutzungsdauer die betriebsgewöhnliche Gesamtleistung, die unter Berücksichtigung der Verhältnisse des Einzelfalles zu schätzen ist.

Der jährliche Abschreibungsbetrag ergibt sich, indem man die AK/HK durch die Gesamtleistung dividiert und dann mit der Jahresleistung multipliziert:

$$\text{leistungsabhängiger Abschreibungsbetrag} = \frac{\text{AK/HK}}{\text{Gesamtleistung}} \cdot \text{Jahresleistung}$$

Beispiel: *Beispiel wie zuvor. Um einen möglichst niedrigen Gewinn auszuweisen, wurde die Maschine nach ihrer Fertigstellung mit der Wertuntergrenze in Höhe von 13.920,00 € am 15. Juni aktiviert.*

Die betriebsgewöhnliche Nutzungsdauer der Maschine beträgt 6 Jahre und eine Gesamtleistung von 20 000 Betriebsstunden. Die betriebsgewöhnliche Nutzungsdauer entspricht auch den Angaben in den amtlichen AfA-Tabellen.

Im Jahr der Herstellung leistete die Maschine 1 500 Betriebsstunden.

Die leistungsabhängige Abschreibung/AfA berechnet sich damit wie folgt:

$$\text{leistungsabhängiger Abschreibungsbetrag} = \frac{13.920{,}00\text{ €}}{20\,000\text{ Std.}} \cdot \text{Jahresleistung}$$

$$= \mathbf{1.044{,}00\text{ €}}$$

Buchung:

SKR 03	SKR 04		Soll	Haben
4830	6220	Abschreibungen auf Sachanlagen	1.044,00 €	
		an		
0240	0440	Maschinen		1.044,00 €

Gewinnauswirkung: *handels- und steuerrechtlich: gewinnmindernd um 1.044,00 €*

2.4 Verkauf von Sachanlagegütern

Der Verkauf eines Anlagegegenstandes kann mit (Buch-)Gewinn oder (Buch-) Verlust erfolgen.

Ob ein Gewinn oder Verlust vorliegt, berechnet sich wie folgt:

  Verkaufserlös (netto)
– Buchwert zum Zeitpunkt des Verkaufs (Restbuchwert/RBW)

= **(Buch-)Gewinn oder (Buch-)Verlust**

Dabei gilt:

Verkaufspreis > Restbuchwert = Buchgewinn

Verkaufspreis < Restbuchwert = Buchverlust

Der Restbuchwert berechnet sich wie folgt:

  Buchwert zum Beginn des Wirtschaftsjahres
– zeitanteilige Abschreibung bis zum Verkauf

= **Restbuchwert (RBW)**

Die zeitanteilige Berechnung im Jahr des Verkaufs kann taggenau oder monatsgenau erfolgen. Bei einer monatsgenauen Berechnung wird der Monat der Veräußerung nicht mitgerechnet. Es werden also nur die vollen Monate bis zur Veräußerung gerechnet.

Ein Anlagenverkauf sollte in folgenden Schritten bearbeitet werden:

1. Ermittlung des Restbuchwertes
2. Entscheidung, ob ein Buchgewinn oder Buchverlust vorliegt
3. Buchung der Abschreibung bis zum Anlagenabgang

4. Buchung des Anlageabganges bei Buchgewinn oder Buchverlust
5. Buchen des Verkaufserlöses (netto) und der Umsatzsteuer.

Die Entscheidung, ob ein Buchgewinn oder Buchverlust vorliegt, ist wichtig, da die Veräußerungen von Sachanlagen nach der Bruttomethode gebucht werden.

Bei der Bruttomethode werden die Erlöse und die Aufwendungen aus der Veräußerung eines Anlageguts unsaldiert (brutto) erfasst.

Dies geschieht in der Weise, dass die Nettoverkaufserlöse (die Gegenwerte aus der Veräußerung der Wirtschaftsgüter) auf den folgenden Konten gebucht werden:

SKR 03	SKR 04	
8800	6885	Erlöse aus Verkäufen Sachanlagevermögen (bei Buchverlust)

und

SKR 03	SKR 04	
8820	4845	Erlöse aus Verkäufen Sachanlagevermögen (bei Buchgewinn)

Den Erlösen werden die Restbuchwerte (Aufwendungen) auf den folgenden Konten durch das Buchen des Anlageabgangs gegenübergestellt:

SKR 03	SKR 04	
2310	6895	Anlagenabhängige Sachanlagen (Restwert bei Buchverlust)
2315	4855	Anlagenabhängige Sachanlagen (Restwert bei Buchgewinn)

Für den Ausweis in der Gewinn- und Verlustrechnung werden die Aufwendungen und Erlöse saldiert. Durch die Saldierung der Aufwendungen und Erlöse ergeben sich die Erträge bzw. die Verluste aus der Veräußerung der Sachanlagegüter, die in der Gewinn- und Verlustrechnung grundsätzlich als „sonstige betriebliche Erträge“ bzw. „sonstige betriebliche Aufwendungen“ erscheinen.

Beispiel: *Die vorsteuerabzugsberechtigte Unternehmerin U verkauft eine gebrauchte Maschine für 2.500,00 € + 475,00 € USt. zum 10. Oktober in bar.*

Die alte Maschine hatte zum 1. Januar des Wirtschaftsjahres einen Buchwert in Höhe von 6.000,00 € und wurde linear jährlich mit 4.000,00 € abgeschrieben.

1. Ermittlung Restbuchwert der Maschine

Buchwert zum 1. Januar	*6.000,00 €*
– zeitanteilige AfA bis Verkauf Jan.–Sept. = 4.000,00 € · $\frac{9}{12}$ =	*– 3.000,00 €*
= RBW zum Zeitpunkt des Verkaufs	*3.000,00 €*

2. Buchgewinn/Buchverlust?

da RBW 3.000,00 € > Verkaufserlös 2.500,00 € = Buchverlust

3. Buchung der Abschreibung bis zum Anlagenabgang

SKR 03	SKR 04		Soll	Haben
4830	6220	Abschreibungen auf Sachanlagen	3.000,00 €	
		an		
0240	0440	Maschinen		3.000,00 €

Gewinnauswirkung: *handels- und steuerrechtlich: gewinnmindernd um 3.000,00 €*

4. Buchung des Anlagenabganges

SKR 03	SKR 04		Soll	Haben
2310	6895	Anlagenabgänge RBW bei Buchverlust	3.000,00 €	
		an		
0240	0440	Maschinen		3.000,00 €

Gewinnauswirkung: *handels- und steuerrechtlich: gewinnmindernd um 3.000,00 €*

5. Buchen des Verkaufserlöses und der Umsatzsteuer

SKR 03	SKR 04		Soll	Haben
1000	1600	Kasse	2.975,00 €	
		an		
8800	6885	Erlöse aus Anlagenverkäufen bei Buchverlust		2.500,00 €
1770	3800	Umsatzsteuer		475,00 €

Gewinnauswirkung: *handels- und steuerrechtlich: gewinnerhöhend um 2.500,00 €*

2.5 Inzahlunggabe

Bei dem Erwerb von neuen Anlagegütern werden oftmals alte Anlagegüter in Zahlung gegeben.

Dabei ist die Inzahlunggabe aus der Sicht desjenigen, der den Gegenstand in Zahlung gibt, ein Anlagenverkauf unter Verrechnung des Verkaufserlöses mit dem Kaufpreis des neuen Gegenstandes.

Zum Zweck der Übersichtlichkeit ist es sinnvoll, die Verrechnung über das Verbindlichkeitskonto durchzuführen.

Die Inzahlunggabe sollte daher in folgenden Schritten durchgeführt werden:

1. Ermittlung der AK des neuen Vermögensgegenstandes und Aktivierung
2. Ermittlung des Restbuchwertes des alten Anlagegutes
3. Entscheidung, ob ein Buchgewinn oder Buchverlust vorliegt
4. Buchung der Abschreibung bis zum Anlagenabgang
5. Buchung des Anlageabganges bei Buchgewinn oder Buchverlust
6. Buchen des Verkaufserlöses (netto) und der Umsatzsteuer
7. Buchung der Bezahlung des neuen Anlagegutes

Beispiel: *Wie zuvor: Die vorsteuerabzugsberechtigte Unternehmerin U verkauft eine gebrauchte Maschine für 2.500,00 € + 475,00 € USt. zum 10. Oktober, indem sie die alte Maschine für den Erwerb einer neuen Maschine in Zahlung gibt.*

Die alte Maschine hatte zum 1. Januar des Wirtschaftsjahres einen Buchwert in Höhe von 6.000,00 € und wurde linear jährlich mit 4.000,00 € abgeschrieben.

Die neue Maschine hat einen Listenpreis von 25.000,00 € + 19 % USt. abzüglich eines Rabatts in Höhe von 10 %.

Den Restbetrag bezahlte sie Ende Oktober unter Abzug von 2 % Skonto (vom geminderten Listenpreis).

1. Berechnung AK neue Maschine und Aktivierung

Anschaffungskosten neue Maschine:

Listenpreis	*25.000,00 €*
– Rabatt	*– 2.500,00 €*
= AK	*22.500,00 €*

Buchung:

SKR 03	SKR 04		Soll	Haben
0240	0440	Maschinen	22.500,00 €	
1570	1400	Abz. Vorsteuer	4.275,00 €	
		an		
1610	3310	Verb. a. LL.		26.775,00 €

Gewinnauswirkung: *handels- und steuerrechtlich: gewinnneutral. Es werden nur Bestandskonten bebucht.*

2. Ermittlung Restbuchwert der alten Maschine

Buchwert zum 1. Januar	*6.000,00 €*
– zeitanteilige AfA bis Verkauf Jan.–Sept. = 4.000,00 € · $\frac{9}{12}$ =	*– 3.000,00 €*
= RBW zum Zeitpunkt des Verkaufs	*3.000,00 €*

3. Buchgewinn/Buchverlust?

da RBW 3.000,00 € > Verkaufserlös 2.500,00 € = Buchverlust

4. Buchung der Abschreibung bis zum Anlagenabgang

SKR 03	SKR 04		Soll	Haben
4830	6220	Abschreibungen auf Sachanlagen	3.000,00 €	
		an		
0240	0440	Maschinen		3.000,00 €

Gewinnauswirkung: *handels- und steuerrechtlich: gewinnmindernd um 3.000,00 €*

5. Buchung des Anlagenabganges (alte Maschine)

SKR 03	SKR 04		Soll	Haben
2310	6895	Anlagenabgänge RBW bei Buchverlust	3.000,00 €	
		an		
0240	0440	Maschinen		3.000,00 €

Gewinnauswirkung: *handels- und steuerrechtlich: gewinnmindernd um 3.000,00 €*

6. Buchen des Verkaufserlöses und der Umsatzsteuer unter Verrechnung mit der Verbindlichkeit a. LL.

SKR 03	SKR 04		Soll	Haben
1610	3310	Verb. a. LL.	2.975,00 €	
		an		
8800	6885	Erlöse aus Anlagenverkäufen bei Buchverlust		2.500,00 €
1770	3800	Umsatzsteuer		475,00 €

Gewinnauswirkung: *handels- und steuerrechtlich: gewinnerhöhend um 2.500,00 €*

7. Bezahlung des Restkaufpreises unter Skontoabzug

Der Skontoabzug mindert die AK der neuen Maschine:

AK neue Maschine (siehe oben)	*22.500,00 €*
– Skontoabzug (Anschaffungspreisminderung)	*– 450,00 €*
= tatsächliche AK	*22.050,00 €*

Verbleibender Restkaufpreis auf dem Konto „Verb. a. LL.“:

ursprünglicher Kaufpreis (brutto)	*26.775,00 €*
– Inzahlunggabe (brutto)	*– 2.975,00 €*
= auszugleichende Verbindlichkeit	***23.800,00 €***

Bezahlung des Restkaufpreises unter Skontoabzug (AK-Minderung):

SKR 03	SKR 04		Soll	Haben
1610	3310	Verb. a. LL.	23.800,00 €	
		an		
1200	1800	Bank		23.264,50 €
0240	0440	Maschinen		450,00 €
1570	1400	Abz. Vorsteuer		85,50 €

Gewinnauswirkung: *handels- und steuerrechtlich: gewinnneutral, da nur Bestandskonten bebucht wurden.*

3 Rechnungswesen – Jahresabschlüsse erstellen und auswerten (Lernfeld 10)

Im Zusammenhang mit dem Themenbereich „Jahresabschlüsse erstellen und auswerten" konzentriert sich die Darstellung hier auf die Bereiche

- Bewertung von Vorräten,
- Bewertung von Forderungen und
- nicht abzugsfähige Betriebsausgaben.

Beherrscht werden sollten auch die **zeitliche Abgrenzung** durch die Bildung von aktiven und passiven **Rechnungsabgrenzungsposten** also bei Aufwendungen oder Erträgen, die wirtschaftlich in das neue Wirtschaftsjahr gehören, bzw. **sonstige Vermögensgegenstände** und **sonstige Verbindlichkeiten** für Erträge bzw. Aufwendungen, die in das aktuelle Wirtschaftsjahr gehören, bei denen die Zahlung aber erst im neuen Wirtschaftsjahr nach dem Jahresabschluss erfolgen.

Hast Du Aufwand oder Ertrag für das neue Jahr, buchst Du ARAP oder PRAP, das ist doch klar; kommt das Geld erst nach Silvester, ist das Sonstiges, mein Bester.

Zum Themenbereich „**Auswertung des Jahresabschlusses**" sollten die gängigen **Bilanzkennzahlen** wie Eigenkapitalquote, Fremdkapitalquote, Anlagendeckungsgrad I, Anlagendeckungsgrad II, Eigenkapitalrentabilität und Gesamtkapitalrentabilität sowie Umsatzrentabilität beherrscht werden.

3.1 Bewertung von Vorräten

Da sich der Grundsatz der Einzelbewertung gem. § 252 Abs. 1 Nr. 3 HGB in der Praxis oftmals als schwierig und unwirtschaftlich erweist, erlaubt der Gesetzgeber für den Bereich des Vorratsvermögens unter bestimmten Voraussetzungen folgende Bewertungsvereinfachungen:

- Festbewertung (§ 240 Abs. 3 HGB),
- Gruppenbewertung (§ 240 Abs. 4 HGB),
- Verbrauchsfolgeverfahren (§ 256 S. 1 HGB).

3.1.1 Festbewertung

Für eine Festbewertung müssen folgende Voraussetzungen erfüllt sein:

- Die verbrauchten Vermögensgegenstände werden regelmäßig ersetzt,
- der Bestand unterliegt in seiner Größe, seinem Wert und seiner Zusammensetzung nur geringen Veränderungen und

--> der Gesamtwert der mit dem Festwert angesetzten Vermögensgegenstände ist für das Unternehmen eher von nachrangiger Bedeutung.

Der Festbewertung liegt die Annahme zugrunde, dass sich der Verbrauch und die Zugänge für eine gewisse Zeit entsprechen. Aus diesem Grund erlaubt der Gesetzgeber bei Erfüllung der vorgenannten Voraussetzungen eine Bilanzierung mit gleichbleibender Menge und gleichbleibendem Wert.

Die Festbewertung ist bei Erfüllung der genannten Voraussetzungen auch steuerlich zulässig. In der Regel ist allerdings alle drei Jahre eine körperliche Bestandsaufnahme durchzuführen (siehe BMF-Schreiben vom 8. März 1993 BStBl I S. 276, abgedruckt im Anhang 9 II des Amtlichen Einkommensteuer-Handbuchs 2022).

3.1.2 Gruppenbewertung/Durchschnittswert

Zur Erleichterung der Bewertung dürfen gleichartige Vermögensgegenstände des Vorratsvermögens jeweils zu einer Gruppe zusammengefasst und mit dem gewogenen Durchschnittswert angesetzt werden (vgl. § 240 Abs. 4 HGB und R 6.8 Abs. 4 EStR).

Zur Definition des Begriffs „gleichartig“ siehe auch R 6.9 Abs. 3 S. 2–4 EStR.

Die Gruppenbewertung nach dem Durchschnittswert ist sowohl handelsrechtlich als auch steuerrechtlich anwendbar.

Beim gewogenen periodischen Durchschnitt erfolgt die Durchschnittspreisermittlung nur einmal jährlich zum Bilanzstichtag mithilfe der folgenden Formel:

$$\text{Durchschnittswert (z. B. €/Stück)} = \frac{\text{Wert der Vorräte}}{\text{Menge der Vorräte}}$$

Die Durchschnittsbewertung ist damit eine Bewertung nach dem gewogenen Mittel der im Laufe des Geschäftsjahrs erworbenen und gegebenenfalls zu Beginn des Geschäftsjahres vorhandenen Vermögensgegenstände.

Beispiel: *Unternehmerin U liegen folgende Werte für eine Gruppenbewertung von Vorräten zum Bilanzstichtag 31. Dezember vor:*

	Stück	€/Stück	Gesamt in Euro
Anfangsbestand 01.01.	600	0,80	480,00
Zugang 20.01.	2 000	0,90	1.800,00
Zugang 20.04.	3 000	1,00	3.000,00

	Stück	€/Stück	Gesamt in Euro
Zugang 03.08.	4 000	0,95	3.800,00
Zugang 03.11.	2 000	0,90	1.800,00
Zugang 20.12.	1 000	0,85	850,00

Am 31. Dezember betrug der Preis für die Vorräte auf dem Markt 0,75 € je Stück.

Die Inventur wurde am 20. Januar des Folgejahres durchgeführt und ergab einen Bestand von 1 650 Stück. In der Zeit vom 2. Januar bis zum 20. Januar des Folgejahres wurden 250 Stück verkauft.

Der mengen- und wertmäßige Endbestand der Vorräte zum 31. Dezember ist wie folgt nach dem ***gewogenen Durchschnittswert*** *zu berechnen:*

	Stück	€/Stück	Gesamt in Euro
Anfangsbestand 01.01.	600	0,80	480,00
Zugang 20.01.	2 000	0,90	1.800,00
Zugang 20.04.	3 000	1,00	3.000,00
Zugang 03.08.	4 000	0,95	3.800,00
Zugang 03.11.	2 000	0,90	1.800,00
Zugang 20.12.	1 000	0,85	850,00
Gesamt	**12 000**		**11.730,00**

Durchschnittswert $= \frac{11.730,00\ €}{12\,600\ \text{Stück}}$

$= 0,93\ €/\text{Stück}$

Bestand zum 31.12. *= Bestand zum 20.01. des Folgejahres + Verkäufe*

= 1 650 Stück + 250 Stück

= 1 900 Stück

Bewertung des Endbestandes mit dem Durchschnittswert

= 1 900 Stück · 0,93 €/Stück

= 1.767,00 €

3.1.3 Verbrauchsfolgeverfahren/Lifo/Fifo

Für gleichartige Vermögensgegenstände des Vorratsvermögens dürfen die Anschaffungs- oder Herstellungskosten gem. § 256 HGB auch nach den nachfolgenden Verbrauchs- oder Veräußerungsfolgen ermittelt werden, sofern dies den Grundsätzen ordnungsmäßiger Buchführung entspricht.

Die unterstellten Verbrauchsfolgen ergeben sich aus der Art der Lagerung.

- **Lifo-Verfahren:**
  Beim Lifo-Verfahren („last in first out") wird unterstellt, dass die zuletzt beschafften Vermögensgegenstände zuerst verbraucht bzw. veräußert werden.
- **Fifo-Verfahren:**
  Beim Fifo-Verfahren („first in first out") wird unterstellt, dass die zuerst beschafften Vermögensgegenstände zuerst verbraucht bzw. veräußert werden. Das Fifo-Verfahren ist bei leicht verderblicher Ware (Obst, Gemüse) praxisrelevant.

Das Lifo-Verfahren ist auch für steuerliche Zwecke zulässig (vgl. § 6 Abs. 1 Nr. 2a EStG und R 6.9 EStR). Bei leicht verderblicher Ware ist das Lifo-Verfahren nicht zulässig, weil es dann nicht dem betrieblichen Geschehensablauf und somit nicht den Grundsätzen ordnungsmäßiger Buchführung entspricht (vgl. R 6.9 Abs. 2 S. 2 EStR).

Nur in dem Ausnahmefall der verderblichen Ware ist damit das Fifo-Verfahren auch steuerrechtlich anwendbar, sonst nicht.

Weiter ist handelsrechtlich zu beachten, dass auch bei Anwendung des Lifo-Verfahrens stets das strenge Niederstwertprinzip gem. § 253 Abs. 4 HGB zu beachten ist.

Beispiel: *Wie zuvor:*
Unternehmerin U liegen folgende Werte für eine Gruppenbewertung von Vorräten zum Bilanzstichtag 31. Dezember vor:

	Stück	€/Stück	Gesamt in Euro
Anfangsbestand 01.01.	600	0,80	480,00
Zugang 20.01.	2 000	0,90	1.800,00
Zugang 20.04.	3 000	1,00	3.000,00
Zugang 03.08.	4 000	0,95	3.800,00
Zugang 03.11.	2 000	0,90	1.800,00
Zugang 20.12.	1 000	0,85	850,00

Am 31. Dezember betrug der Preis für die Vorräte auf dem Markt 0,75 € je Stück.

Die Inventur wurde am 20. Januar des Folgejahres durchgeführt und ergab einen Bestand von 1 650 Stück. In der Zeit vom 2. Januar bis zum 20. Januar des Folgejahres wurden 250 Stück verkauft.

Der mengen- und wertmäßige Endbestand der Vorräte zum 31. Dezember ist wie folgt nach dem ***Lifo-Verfahren*** *zu berechnen:*

Bestand zum 31.12. *= Bestand zum 20.01. des Folgejahres + Verkäufe*
= 1 650 Stück + 250 Stück
= 1 900 Stück

Da die ***zuletzt*** *eingekauften Vorräte zuerst wieder verkauft wurden, resultiert der Schlussbestand aus:*

	Stück	€/Stück	Gesamt in Euro
Anfangsbestand 01.01.	600	0,80	480,00
Zugang 20.01.	1 300	0,90	1.170,00
Gesamt	**1 900**		**1.650,00**

Nach dem Lifo-Verfahren ist der Endbestand der Vorräte zum 31. Dezember mit 1.650,00 € zu bewerten.

Wie ist der mengen- und wertmäßige Endbestand der Vorräte zum 31. Dezember nach dem Fifo-Verfahren zu bewerten?

Da bei dem Fifo-Verfahren die zuerst eingekauften Vorräte auch zuerst wieder verkauft werden, resultiert der Schlussbestand aus:

	Stück	€/Stück	Gesamt in Euro
Zugang 03.11.	900	0,85	765,00
Zugang 20.12.	1 000	0,90	900,00
Gesamt	**1 900**		**1.665,00**

Nach dem Fifo-Verfahren ist der Endbestand der Vorräte zum 31. Dezember mit 1.665,00 € zu bewerten.

Wie muss der Bestand an Vorräten zum 31. Dezember von 1 900 Stück handelsrechtlich bewertet werden, wenn am 31. Dezember der Marktpreis 0,75 € je Stück betrug?

Handelsrechtlich ist für eine Bewertung des Umlaufvermögens stets das strenge Niederstwertprinzip gem. § 253 Abs. 4 HGB zu beachten.

Damit ist der Endbestand handelsrechtlich mit 1 900 Stück · 0,75 €/Stück = 1.425,00 € zu bewerten.

3.2 Bewertung von Forderungen

Forderungen, insbesondere Forderungen aus Lieferungen und Leistungen (Ford. a. LL.), sind die aus dem laufenden Liefer- und Leistungsverkehr resultierenden Ansprüche auf Geldzahlungen. Sie sind zu erfassen, sobald die vertraglich vereinbarte Lieferung erfolgt oder die Leistung erbracht ist (ggf. auch Teillieferung oder Teilleistung).

Forderungen werden als Geldforderungen im Zeitpunkt ihrer Entstehung mit den Anschaffungskosten bewertet (Zugangsbewertung). Die Anschaffungskosten werden durch den vereinbarten Kaufpreis und die auf diesen entfallende Umsatzsteuer bestimmt. Die Bruttoforderung (Nettobetrag + Umsatzsteuer) stellt die Anschaffungskosten/den Nennwert der Forderung dar.

Hinsichtlich ihrer Bonität werden Forderungen in der Buchführung grundsätzlich in drei Kategorien eingeteilt:

- einwandfreie Forderungen,
- zweifelhafte Forderungen,
- uneinbringliche Forderungen.

Bei **einwandfreien Forderungen** ist davon auszugehen, dass sie in voller Höhe beglichen werden.

Bei **zweifelhaften Forderungen** bestehen Zweifel an der vollständigen Einbringlichkeit (z. B. weil der Schuldner in Zahlungsschwierigkeiten ist).

Bei **uneinbringlichen Forderungen** steht fest, dass sie mit Sicherheit ausfallen, d. h., der erwartete Zahlungseingang nicht stattfinden wird.

Dementsprechend sind folgende Fallkonstellationen denkbar:

- Eine Ford. a. LL. fällt plötzlich und unerwartet in voller Höhe aus.
- Eine Ford. a. LL. wird zunächst zweifelhaft und fällt dann noch im selben Jahr in voller Höhe oder anteilig aus.
- Es erfolgt eine Bankgutschrift auf eine in den Vorjahren voll abgeschriebene Forderung.

- Eine Ford. a. LL. wird zunächst zweifelhaft, im Rahmen des Jahresabschlusses muss mit einem Ausfall in Höhe von x % gerechnet werden.
- Es erfolgt eine Bankgutschrift auf eine in den Vorjahren einzelwertberichtigte Forderung.
- Die Pauschalwertberichtigung ist im Rahmen der Anpassungs- oder Auflösungsmethode für den aktuellen Jahresabschluss anzupassen.

Die Umsatzsteuer ist gem. § 17 Abs. 1 UStG erst zu berichtigen, wenn ein Forderungsausfall endgültig feststeht; nicht vorher!

Kontenübersicht

Die nachfolgende Kontenübersicht ist hilfreich, um die Folgebewertung von Forderungen zum Abschlussstichtag richtig durchzuführen und zu buchen.

SKR 03	SKR 04		
1410	1210	Ford. a. LL.	Aktivkonto
1460	1240	Zweifelhafte Forderungen	Aktivkonto
0998	1246	EWB zu Forderungen	Passivkonto
0996	1248	PWB zu Forderungen	Passivkonto
2730	4920	Erträge a. d. Herabsetzung PWB	Ertragskonto
2731	4923	Erträge a. d. Auflösung EWB	Ertragskonto
2732	4925	Erträge aus abgeschr. Ford.	Ertragskonto
2450	6920	Einstellung in die PWB zu Ford.	Aufwandskonto
0251	6923	Einstellung in die EWB zu Ford.	Aufwandskonto
2400	6930	Forderungsverluste	Aufwandskonto

Für die Folgebewertung, also die Wertberichtigung, von Ford. a. LL. gilt, wie für alle Vermögensgegenstände und Schulden, grundsätzlich die Pflicht zur **Einzelbewertung** gem. § 252 Abs. 1 Nr. 3 HGB. **Jede Forderung ist also zum Bilanzstichtag einzeln auf deren Werthaltigkeit zu überprüfen** (also **Einzelwertberichtigung**, EWB).

Weiter schreibt die Regelung des § 252 Abs. 1 Nr. 4 HGB vor, dass vorsichtig zu bewerten ist und alle vorhersehbaren Verluste und Risiken, die bis zum Abschlussstichtag entstanden sind, berücksichtigt werden müssen (**Vorsichtsprinzip**).

Hieraus folgt, dass der Forderungsbestand der nicht einzeln wertberichtigten Forderungen in Höhe des durchschnittlichen Ausfalls der Vergangenheit (Erfahrungswert) pauschal wertzuberichtigen ist (also **Pauschalwertberichtigung**, PWB).

Allerdings dürfen **Forderungen ohne Ausfallrisiken** in die Berechnung der Pauschalwertberichtigung nicht einbezogen werden. Hierzu gehören z. B.

- Forderungen gegenüber öffentlich-rechtlichen Körperschaften,
- ausreichend gesicherte Forderungen (z. B. durch Grundschuld oder Hypothek),
- aufrechenbare Forderungen.

3.2.1 Forderungsverluste

Beispiel: Plötzlicher und unerwarteter Forderungsausfall in voller Höhe

Plötzlich und unerwartet wird das Insolvenzverfahren über das Vermögen des Kunden K eröffnet. Unternehmer U hat eine Ford. a. LL. gegen K in Höhe von 11.900,00 €.

Da der Forderungsausfall endgültig feststeht, ist die Forderung direkt über Forderungsverluste abzuschreiben und die Umsatzsteuer zu korrigieren.

Buchung:

SKR 03	SKR 04		Soll	Haben
2400	6930	Forderungsverluste	10.000,00 €	
1770	3800	Umsatzsteuer	1.900,00 €	
		an		
1410	1210	Ford. a. LL.		11.900,00 €

Gewinnauswirkung: *handels- und steuerrechtlich: gewinnmindernd um 10.000,00 €*

Beispiel: Ford. a. LL. wird zweifelhaft und fällt dann in voller Höhe aus.

Unternehmerin U hat gegen den Kunden K eine Forderung in Höhe von 5.950,00 €. Sie erfährt, dass dieser in finanziellen Schwierigkeiten ist. Kurz darauf liest sie, dass das Insolvenzverfahren über das Vermögen des K eröffnet wurde.

Aus Gründen der Klarheit in der Buchführung erfolgt durch Umbuchung des gesamten Forderungsbetrages auf zweifelhafte Forderungen eine Trennung dieser Forderung von den einwandfreien Forderungen. Dann erfolgt nach Kenntnis von dem Insolvenzverfahren die direkte Abschreibung über Forderungsverluste. Da der Ausfall der Forderung endgültig feststeht, erfolgt ebenfalls eine Korrektur der Umsatzsteuer.

Buchungen:

Umbuchung

SKR 03	SKR 04		Soll	Haben
1460	1240	Zweifelhafte Ford.	5.950,00 €	
		an		
1410	1210	Ford. a. LL.		5.950,00 €

Direkte Abschreibung – Forderungsverluste

SKR 03	SKR 04		Soll	Haben
2400	6930	Forderungsverluste	5.000,00 €	
1770	3800	Umsatzsteuer	950,00 €	
		an		
1460	1240	Zweifelhafte Ford.		5.950,00 €

Gewinnauswirkung – direkte Abschreibung: *handels- und steuerrechtlich: gewinnmindernd um 5.000,00 €*

Beispiel: Zahlungseingang Bank auf eine in den Vorjahren durch Buchung von Forderungsverlusten vollständig abgeschriebene Forderung

Unternehmer U hatte in den Vorjahren eine Forderung gegenüber dem Kunden K in Höhe von 2.380,00 € durch das Buchen von Forderungsverlusten vollständig abgeschrieben und die Umsatzsteuer entsprechend korrigiert. Nun erhält er für diese Forderung eine Bankgutschrift in Höhe von 1.190,00 €.

Es handelt sich hierbei also um einen Ertrag aus abgeschriebenen Forderungen, der erneut Umsatzsteuer beinhaltet.

Buchung:

SKR 03	SKR 04		Soll	Haben
1200	1800	Bank	1.190,00 €	
		an		
2732	4925	Erträge aus abgeschr. Ford.		1.000,00 €
1770	3800	Umsatzsteuer		190,00 €

Gewinnauswirkung: *handels- und steuerrechtlich: gewinnerhöhend um 1.000,00 €*

3.2.2 Einzelwertberichtigung (EWB)

Beispiel: Eine einwandfreie Forderung wird zweifelhaft und es ist zum Bilanzstichtag mit einem Ausfall in Höhe von x % zu rechnen.

Unternehmerin U hat gegen die Kundin K eine Forderung in Höhe von 11.900,00 €. U erfährt, das die Kundin in Zahlungsschwierigkeiten ist. Zum Bilanzstichtag rechnet die Unternehmerin mit einem Forderungsausfall in Höhe von 20 % der Forderung.

Es ist im ersten Schritt die gesamte Forderung durch Umbuchung auf zweifelhafte Forderung von den einwandfreien Forderungen zu trennen. Im zweiten Schritt ist die Nettoforderung durch die Einstellung in die EWB zu Forderungen in der Höhe des Ausfallrisikos von 20 % indirekt abzuschreiben.

Da ein Forderungsausfall nicht endgültig feststeht, darf die Umsatzsteuer nicht berichtigt werden.

Buchungen:

Umbuchung

SKR 03	SKR 04		Soll	Haben
1460	1240	Zweifelhafte Ford.	11.900,00 €	
		an		
1410	1210	Ford. a. LL.		11.900,00 €

Indirekte Abschreibung – Einstellung in EWB zu Forderungen (20 % von 10.000,00 €)

SKR 03	SKR 04		Soll	Haben
0251	6923	Einstellung in die EWB zu Ford.	2.000,00 €	
		an		
0998	1246	EWB zu Ford.		2.000,00 €

Gewinnauswirkung der indirekten Abschreibung der Forderung: *handels- und steuerrechtlich: gewinnmindernd um 2.000,00 €*

Beispiel: Zahlungseingang (Bank) für eine im Vorjahr einzelwertberichtigte Forderung

Unternehmer U hat gegen den Kunden K eine Forderung in Höhe von 11.900,00 €.

Da U erfuhr, das K Zahlungsschwierigkeiten hat, führte er im Vorjahr eine Einzelwertberichtigung (EWB) in Höhe von 30 % des Ausfallrisikos durch.

Jetzt im laufenden Geschäftsjahr erhält U von K einen Zahlungseingang per Banküberweisung auf diese Forderung in Höhe von 5.950,00 €. Der Restbetrag der Forderung ist endgültig verloren.

Buchungen und Hinweise:

Buchungen im Vorjahr (Einzelwertberichtigung)

Umbuchung

SKR 03	SKR 04		Soll	Haben
1460	1240	Zweifelhafte Ford.	11.900,00 €	
		an		
1410	1210	Ford. a. LL.		11.900,00 €

Indirekte Abschreibung – Einstellung in EWB zu Forderungen (30 % von 10.000,00 €)

SKR 03	SKR 04		Soll	Haben
0251	6923	Einstellung in die EWB zu Ford.	3.000,00 €	
		an		
0998	1246	EWB zu Ford.		3.000,00 €

Buchungen im laufenden Geschäftsjahr

Zahlungseingang

SKR 03	SKR 04		Soll	Haben
1200	1800	Bank	5.950,00 €	
		an		
1460	1240	Zweifelhafte Ford.		5.950,00 €

Da der verbleibende Restbetrag der zweifelhaften Forderung in Höhe von 5.950,00 € endgültig verloren ist, erfolgt eine direkte Abschreibung über Forderungsverluste. Auch die Umsatzsteuer ist zu korrigieren.

Direkte Abschreibung – Forderungsverluste

SKR 03	SKR 04		Soll	Haben
2400	6930	Forderungsverluste	5.000,00 €	
1770	3800	Umsatzsteuer	950,00 €	

SKR 03	SKR 04		Soll	Haben
		an		
1460	1240	Zweifelhafte Ford.		5.950,00 €

Gewinnauswirkung: *handels- und steuerrechtlich: gewinnmindernd um 5.000,00 €*

Diese Gewinnminderung ist aber zu hoch, da bereits im Vorjahr durch die Einstellung in die EWB eine Gewinnminderung in Höhe von 3.000,00 € berücksichtigt wurde.

Die Einstellung in die EWB aus dem Vorjahr ist wie folgt zu korrigieren.

Korrekturbuchung EWB:

SKR 03	SKR 04		Soll	Haben
0998	1246	EWB zu Ford.	3.000,00 €	
		an		
2731	4923	Erträge a. d. Auflösung EWB		3.000,00 €

Gewinnauswirkung: *handels- und steuerrechtlich: gewinnerhöhend um 3.000,00 €*

Damit ist der tatsächliche Forderungsverlust in Höhe von 2.000,00 € als Aufwand zutreffend dargestellt.

In diesem Fall war der tatsächliche Forderungsverlust kleiner als die Einzelwertberichtigung (EWB).

Die dargestellten Buchungen im laufenden Geschäftsjahr führen auch zu den richtigen Ergebnissen, wenn

- der tatsächliche Forderungsverlust mit der EWB übereinstimmt oder
- der tatsächliche Forderungsverlust größer ist als die EWB.

3.2.3 Pauschalwertberichtigung

Beispiel: *Unternehmer U führt ausschließlich umsatzsteuerpflichtige Umsätze zu 19 % USt. aus. Aus der Buchhaltung des U liegen folgende Zahlen vor:*

Forderungen aus Lieferungen und Leistungen		350.000,00 €
Darin enthalten:		
Forderungen aus innergemeinschaftlichen Lieferungen	47.600,00 €	
Forderungen an die Hansestadt Bremen	23.800,00 €	
Pauschalwertberichtigung auf Forderungen zum 31.12. des Vorjahres		6.200,00 €

Aufgrund betrieblicher Erfahrungswerte der vergangenen Jahre ist eine Pauschalwertberichtigung in Höhe von 2,5 % vorzunehmen.

Ermittlung der aktuellen Pauschalwertberichtigung:

Um die Pauschalwertberichtigung vornehmen zu können, ist der Nettoforderungsbestand wie folgt zu ermitteln:

Forderungen aus Lieferungen und Leistungen	*350.000,00 €*
– steuerfreie innergemeinschaftliche Lieferungen	*– 47.600,00 €*
– Forderungen ohne Ausfallrisiko (Hansestadt Bremen)	*– 23.800,00 €*
= steuerpflichtige Forderungen	*278.600,00 €*
– 19 % Umsatzsteuer	*– 44.482,35 €*
= Nettoforderungen	*234.117,65 €*
+ steuerfreie innergemeinschaftliche Lieferungen	*47.600,00 €*
= zu berichtigende Nettoforderungen	*281.717,65 €*

neue PWB = 2,5 % von 281.717,65 € =	*7.042,94 €*
alter PWB =	*6.200,00 €*
Damit Anpassung durch Erhöhung des alten PWB um:	*842,94 €*

Buchung nach der Anpassungsmethode:

SKR 03	SKR 04		Soll	Haben
2450	6920	Einstellung in die PWB zu Ford.	842,94 €	
		an		
0996	1248	PWB zu Ford.		842,94 €

Gewinnauswirkung: *handels- und steuerrechtlich: gewinnmindernd um 842,94 €*

Buchungen nach der Auflösungsmethode:

1. Herabsetzung der alten PWB auf null

SKR 03	SKR 04		Soll	Haben
0996	1248	PWB zu Ford.	6.200,00 €	
		an		
2730	4920	Erträge a. d. Herabsetzung PWB		6.200,00 €

Gewinnauswirkung: *handels- und steuerrechtlich: gewinnerhöhend um 6.200,00 €*

2. Einbuchen der neuen PWB

SKR 03	SKR 04		Soll	Haben
2450	6920	Einstellung in die PWB zu Ford.	7.042,94 €	
		an		
0996	1248	PWB zu Ford.		7,042,94 €

***Gewinnauswirkung:** handels- und steuerrechtlich: gewinnmindernd um 7.042,94 €*

Damit insgesamt Gewinnauswirkung: Gewinnminderung um 842,94 €

3.3 Nicht abzugsfähige Betriebsausgaben

Grundsätzlich sind Aufwendungen, die durch den Betrieb veranlasst sind (steuerlich: Betriebsausgaben), bei der Gewinnermittlung gewinnmindernd zu erfassen.

Das **Steuerrecht** schränkt den gewinnmindernden Abzug jedoch für bestimmte Betriebsausgaben gem. **§ 4 Abs. 5 EStG** ein; manche Aufwendungen sind hiernach sogar gänzlich vom Abzug ausgeschlossen.

Zielsetzung dieser Beschränkung des Betriebsausgabenabzugs für bestimmte Aufwendungen ist u. a. die Verwirklichung von Steuergerechtigkeit gegenüber Steuerpflichtigen, die vergleichbare Aufwendungen nicht oder ebenfalls nur begrenzt steuermindernd berücksichtigen können (z. B. Arbeitnehmer/-innen). Weiterhin soll verhindert werden, dass ein Spesenmissbrauch zulasten der Besteuerung stattfindet.

Zur **Klarstellung** ist hervorzuheben, dass

1. die nicht abzugsfähigen Betriebsausgaben in der Buchführung trotz ihrer steuerlichen Abzugsbeschränkung oder ihres Abzugsverbotes auf den entsprechenden Aufwandskonten gewinnmindernd erfasst werden. **Für steuerliche Zwecke** werden sie dann – in der Regel außerhalb der Buchführung – dem Gewinn oder Verlust wieder hinzugerechnet.
2. Die Aufwandsbuchung nicht abzugsfähiger Betriebsausgaben erfolgt in der Buchführung deshalb, weil das HGB (= Rechtsgrundlage der handelsrechtlichen Buchführung) derartige Abzugsbeschränkungen nicht vorsieht.
3. Außerdem wird dem Betrieb in Höhe der Aufwendungen Eigenkapital entzogen, was in der Buchführung entsprechend dokumentiert werden muss.

Vorsteuerbeträge, die auf Aufwendungen entfallen, für die das Abzugsverbot des § 4 Abs. 5 Nrn. 1–4, 7 EStG oder des § 12 Nr. 1 EStG gilt, sind **nicht abziehbar**

(§ 15 Abs. 1a S. 1 UStG). Dies **gilt nicht für angemessene und nachgewiesene Bewirtungsaufwendungen** i. S. d. § 4 Abs. 5 Nr. 2 EStG (§ 15 Abs. 1a S. 2 UStG).

Zu den nicht abzugsfähigen Betriebsausgaben zählen gem. § 4 Abs. 5 Nr. 1–7 EStG insbesondere:

- Aufwendungen für Geschenke an Personen, die nicht Arbeitnehmer des Steuerpflichtigen sind, wenn die Anschaffungs- oder Herstellungskosten aller einem Empfänger in einem Wirtschaftsjahr zugewendeten betrieblichen Geschenke insgesamt 50,00 € übersteigen;
- 30 % der als angemessen anzusehenden Bewirtungsaufwendungen und die unangemessenen Bewirtungsaufwendungen;
- Mehraufwendungen für Verpflegung, soweit bestimmte Pauschbeträge (ab 8 Std. = 14,00 €, ab 24 Std. = 28,00 €) überschritten werden (vor dem 1. Januar 2020 betrugen die Pauschbeträge 12,00 € bzw. 24,00 €) → Reisekosten.

Zu den nicht abzugsfähigen Betriebsausgaben gehören auch die **Geldbußen, Ordnungsgelder und Verwarnungsgelder**, die von einer Behörde oder einem Gericht festgesetzt wurden und Schmiergelder (§ 4 **Abs. 5 Nr. 8 und 10** EStG).

Aufwendungen zur Finanzierung staatspolitischer Zwecke (**Mitgliedsbeiträge und Spenden an politische Parteien**) sind keine Betriebsausgaben (§ 4 **Abs. 6** EStG).

Ebenfalls stellen die **Gewerbesteuer** und die darauf entfallenden Nebenleistungen gem. § 4 **Abs. 5b** EStG seit dem 1. Januar 2008 keine Betriebsausgaben dar.

3.3.1 Geschenke (§ 4 Abs. 5 Nr. 1 EStG; R 4.10 Abs. 2–4 EStR)

Geschenke bis 50,00 €

Aufwendungen für betrieblich veranlasste Geschenke an natürliche Personen, die nicht Arbeitnehmer des Steuerpflichtigen sind, oder an juristische Personen sind als Betriebsausgaben abziehbar, wenn die Anschaffungs- oder Herstellungskosten einschließlich eines umsatzsteuerrechtlich nicht abziehbaren Vorsteuerbetrags der dem Empfänger im Wirtschaftsjahr zugewendeten Geschenke insgesamt 35,00 € (Freigrenze) nicht übersteigen (R 9b Abs. 2 EStR 2012).

Die Bestimmung der Anschaffungs- oder Herstellungskosten richtet sich nach den allgemeinen Grundsätzen, d. h., dass Skonti, Rabatte und andere Preisnachlässe die Anschaffungskosten mindern. Vertriebskosten (Verpackungs- und Versandkosten) gehören nicht zu den Anschaffungskosten (R 4.10 Abs. 3 EStR 2012).

Bei einem zum **Vorsteuerabzug berechtigten Unternehmer** ist die **50-Euro-(Frei) Grenze** der **Nettobetrag** (Ausgabe abzüglich Umsatzsteuer), der dem Empfänger zugewendeten Wirtschaftsgüter.

Werden **mehrere geringwertige Geschenke im Laufe eines Jahres demselben Empfänger** zugewendet und wird dabei die 50-Euro-Grenze überschritten, entfällt der Vorsteuerabzug nachträglich.

Das **Abzugsverbot greift nicht**, wenn die zugewendeten **Wirtschaftsgüter** beim Empfänger **ausschließlich betrieblich genutzt** werden können (R 4.10 Abs. 2 S. 4 EStR).

Nicht als Geschenke gelten

- Kränze und Blumen bei Beerdigungen und
- Preise anlässlich eines Preisausschreibens (vgl. R 4.10 Abs. 4 S. 5 EStR).

Konten:

SKR 03	SKR 04	Konto
4630	6610	Geschenke abzugsfähig
4632	6612	Pauschale Steuern Geschenke abzugsfähig
4635	6620	Geschenke nicht abzugsfähig
4637	6622	Pauschale Steuern Geschenke nicht abzugsfähig
4698	6625	Geschenke ausschließlich betrieblich genutzt

Beispiel: *Der vorsteuerabzugsberechtigte Unternehmer U aus München kauf 100 Werbegeschenke für seine Kunden zu jeweils 40,00 € + 7,60 € USt. in bar.*

Buchung:

SKR 03	SKR 04		Soll	Haben
4630	6610	Geschenke abzugsf.	400,00 €	
1570	1400	Abz. Vorsteuer	76,00 €	
		an		
1000	1600	Kasse		476,00 €

Gewinnauswirkung: *handels- und steuerrechtlich: gewinnmindernd um 3.000,00 €*

Geschenke nicht abzugsfähig – über 50,00 €

Werden Gegenstände über 50,00 € netto direkt als Geschenke gekauft, ist der Vorsteuerabzug nach § 15 Abs. 1a S. 1 UStG ausgeschlossen. In diesem Fall wird der Bruttobetrag auf das Konto „4635/6620 Geschenke nicht abzugsfähig“ gebucht.

Beispiel: *Der vorsteuerabzugsberechtigte Unternehmer U aus München kauf 100 Werbegeschenke für seine Kunden zu jeweils 55,00 € + 10,45 € USt. in bar.*

Buchung:

SKR 03	SKR 04		Soll	Haben
4635	6620	Geschenke nicht abzugsfähig	654,50 €	
		an		
1000	1600	Kasse		654,50 €

Gewinnauswirkung:

Handelsrechtliche Gewinnauswirkung: gewinnmindernd um 3.927,00 €

Steuerrechtliche Gewinnauswirkung: gewinnneutral 0,00 €

Geschenke aus dem Warenbestand

Werden Gegenstände im Wert von über 50,00 € nicht direkt als Geschenke gekauft, sondern aus dem Warensortiment bzw. aus dem Produktionsprogramm entnommen, sind die **Aufwendungen im Zeitpunkt der Hingabe des Geschenks auf das Konto „4635/6620 Geschenke nicht abzugsfähig“ umzubuchen**. Die bisher abgezogene Vorsteuer ist nach § 17 Abs. 2 Nr. 5 UStG zu berichtigen, weil durch die spätere Umwandlung zum Geschenk Aufwendungen getätigt werden, die unter das Abzugsverbot des § 15 Abs. 1a S. 1 UStG fallen.

Geschenke – Pauschalierung der Einkommensteuer bei Sachzuwendungen (§ 37b EStG)

Geschenke stellen bei dem Empfänger Betriebseinnahmen dar, die dieser auch versteuern muss. Allerdings besteht die Möglichkeit, dass der Schenkende diese Steuer „übernimmt“. Es erfolgt dann durch den Schenkenden eine Pauschalbesteuerung gem. § 37b EStG in Höhe von 30 %. Bemessungsgrundlage der pauschalen Einkommensteuer sind die Aufwendungen des Steuerpflichtigen einschließlich Umsatzsteuer.

Beispiel: *Die vorsteuerabzugsberechtigte Unternehmerin U aus Hamburg handelt mit Haushaltswaren und schenkt einem Geschäftsfreund zu dessen Geschäftseröffnung einen Kaffeeautomaten aus ihrem Warensortiment. Der Einkaufspreis betrug laut Rechnung 1.500,00 € + 285,00 € USt. Die Rechnung hatte U zutreffend als Wareneingang gebucht.*

Weiter teilt U dem Geschäftsfreund mit, dass sie auch die pauschale Einkommensteuer in Höhe von 30 % von 1.785,00 € = 535,50 € sowie den Solidaritätszuschlag in Höhe von 29,45 € und die pauschale Kirchensteuer (7 % von 535,50 € =) in Höhe von 37,49 € übernehme.

Buchungen:

Buchung des Geschenkes

SKR 03	SKR 04		Soll	Haben
4636	6621	Geschenke nicht abzugsfähig mit § 37b EStG	1.785,00 €	
		an		
3200	5200	Wareneingang		1.500,00 €
1770	3800	Abz. Vorsteuer		285,00 €

Gewinnauswirkung:

Handelsrechtlich: gewinnmindernd um 285,00 €
Steuerrechtlich: gewinnerhöhend um 1.500,00 €

Buchung der pauschalen Steuern

SKR 03	SKR 04		Soll	Haben
4637	6610	Pauschale Steuern Geschenke nicht abzugsfähig	602,44 €	
		an		
1741	3730	Verb. LSt./KiSt.		602,44 €

Gewinnauswirkung:

Handelsrechtlich: gewinnmindernd um 602,44 €

Steuerrechtlich: gewinnneutral 0,00 €

3.3.2 Bewirtungsaufwendungen (§ 4 Abs. 5 Nr. 2 EStG; R 4.10 Abs. 5 EStR)

Aufwendungen für die Bewirtung von Personen aus geschäftlichem Anlass sind, soweit sie 70 % der Aufwendungen übersteigen, die nach der allgemeinen Verkehrsauffassung als angemessen anzusehen und deren Höhe und betriebliche Veranlassung nachgewiesen sind, nicht als Betriebsausgaben abzugsfähig. Das heißt: 30 % der angemessenen Bewirtungskosten aus betrieblichem Anlass sind steuerrechtlich nicht abzugsfähige Betriebsausgaben.

Die auf die angemessenen Bewirtungskosten entfallende Umsatzsteuer ist als Vorsteuer in vollem Umfang abzugsfähig gem. § 15 Abs. 1a S. 2 UStG. Denn das Vorsteuerabzugsverbot gilt nicht für Bewirtungsaufwendungen, soweit § 4 Abs. 5 Nr. 2 EStG einen Abzug angemessener und nachgewiesener Aufwendungen in Höhe von 30 % ausschließt.

Bewirtungsaufwendungen/Aufmerksamkeiten

Von den Bewirtungskosten aus betrieblichem Anlass sind die Aufmerksamkeiten zu unterscheiden.

▶ So liegt keine Bewirtung vor bei der Gewährung von Aufmerksamkeiten in geringem Umfang (wie Kaffee, Tee, Gebäck), z. B. anlässlich betrieblicher Besprechungen, wenn es sich hierbei um eine übliche Geste der Höflichkeit handelt; die Höhe der Aufwendungen ist dabei nicht ausschlaggebend (R 4.10 Abs. 5 S. 9 EStR). Solche Aufwendungen können unbegrenzt als Betriebsausgaben abgezogen werden.

Konten

SKR 03	SKR 04	Konto
4650	6640	Bewirtungskosten
4653	6643	Aufmerksamkeiten
4654	6644	Bewirtungskosten nicht abzugsfähig

Beispiel: *Unternehmer U aus Rostock bewirtete einen Kunden in einem Restaurant am Firmensitz zum Zweck der Besprechung eines Auftrags. Die ordnungsgemäß nachgewiesenen und angemessenen Bewirtungskosten in Höhe von 100,00 € + 19,00 € USt. zahlte U mit seiner betrieblichen EC-Karte.*

Buchung:

SKR 03	SKR 04		Soll	Haben
4650	6640	Bewirtungskosten	70,00 €	
4654	6644	Bewirtungskosten nicht abzugsfähig	30,00 €	
1570	1400	Abz. Vorsteuer	19,00 €	
		an		
1200	1800	Bank		119,00 €

Gewinnauswirkung:

Handelsrechtlich: gewinnmindernd um 100,00 €
Steuerrechtlich: gewinnmindernd um 70,00 €

3.3.3 Gewerbesteuer (§ 4 Abs. 5b EStG)

Seit dem 1. Januar 2008 zählt die **Gewerbesteuer** aufgrund der Regelung des **§ 4 Abs. 5b EStG** zu den nicht abzugsfähigen Betriebssteuern/Betriebsausgaben.

Beispiel: *Unternehmerin U überweist von ihrem betrieblichen Bankkonto zum Fälligkeitstermin die von der zuständigen Gemeinde festgesetzte Gewerbesteuervorauszahlung in Höhe von 750,00 €.*

Buchung:

SKR 03	SKR 04		Soll	Haben
4320	7610	Gewerbesteuer	750,00 €	
		an		
1200	1800	Bank		750,00 €

Gewinnauswirkung:

Handelsrechtlich: gewinnmindernd um 750,00 €
Steuerrechtlich: gewinnneutral 0,00 €

3.3.4 Reisekosten

Reisekosten sind Aufwendungen, die im Zusammenhang mit betrieblich veranlassten **Auswärtstätigkeiten** des Unternehmers oder Arbeitnehmers anfallen.

Zu den Reisekosten zählen

- → Fahrtkosten (nicht Firmenwagen),
- → Verpflegungsmehraufwendungen (kein Ansatz der tatsächlichen Kosten),
- → Übernachtungskosten (ohne Frühstück),
- → Reisenebenkosten (Eintrittskarten, Parkgebühren etc.

Verpflegungsmehraufwendungen

Für **Verpflegungsmehraufwendungen** schreibt § 9 Abs. 4a EStG Abzugshöchstbeträge vor. Wenn durch die Auswärtstätigkeit höhere Verpflegungskosten als die gesetzlich vorgegebenen Pausch- bzw. Höchstbeträge anfallen, dann sind die übersteigenden Aufwendungen steuerlich nicht abziehbar.

Vorsteuerabzug aus Reisekostenbelegen ist unter den Voraussetzungen des § 15 UStG zulässig; aus Reisekostenpauschbeträgen ist kein Vorsteuerabzug möglich.

Unternehmerin Michels besuchte im März 2023 eine Messe in Köln. Die Geschäftsreise dauerte vom 13. März 08:00 Uhr bis zum 15. März 21:00 Uhr. Sie nutzte den Firmenwagen und fuhr insgesamt 300 km. Weiter sind folgende Aufwendungen angefallen, für die ordnungsgemäße Belege vorliegen:

2 Hotelübernachtungen je 120,00 € + 7 % USt.; Dauereintrittskarte für die Messe 50,00 € + 19 % USt.; Parkgebühren 6,00 € + 19 % USt.

Abends ging Frau Michels in verschiedenen Restaurants essen und zahlte insgesamt 250,00 € + 47,50 € USt.

Die Aufwendungen bezahlte Sie mit der betrieblichen EC-Karte.

> **Tipp:** Um die Reisekosten richtig zu buchen, sollte nachfolgende Tabelle erstellt werden.

Reisekosten (in Euro)	Brutto	Vorst.	Netto	Abzf. BA	N. abzf. BA
Fahrtkosten, kein Ansatz da Firmenwagen					
Übernachtungskosten	256,80	16,80	240,00	240,00	
Reisenebenkosten Dauereintrittskarte Parkgebühren	59,50 7,14	9,50 1,14	50,00 6,00	50,00 6,00	

Reisekosten (in Euro)		Brutto	Vorst.	Netto	Abzf. BA	N. abzf. BA
VMA Restaurant **nur VMA ist abzugsf. BA** Anreise voller Tag Abreise VMA gesamt	 14 26 14 56	 297,50	 47,50	 250,00	 56,00	 194,00
		620,94	**74,94**	**546,00**	**352,00**	**194,00**

Buchungen:

SKR 03	SKR 04		Soll	Haben
4670	6670	Reisekosten Untern.	652,00 €	
4672	6672	Reisekosten Untern. nicht abziehb. Anteil	194,00 €	
1570	1400	Abz. Vorsteuer	74,94 €	
		an		
1200	1800	Bank		620,94 €

Gewinnauswirkung:

Handelsrechtlich: gewinnmindernd um 546,00 €
Steuerrechtlich: gewinnmindernd um 352,00 €

E
WIRTSCHAFTS- UND SOZIALKUNDE

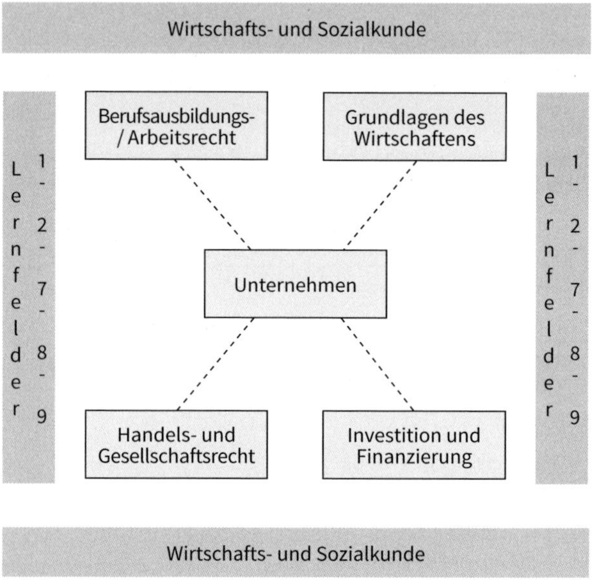

Gegenstand der Abschlussprüfung, auch und insbesondere in der Wirtschafts- und Sozialkunde, können **alle** nach dem Ausbildungsrahmenplan **zu vermittelnden Fertigkeiten, Kenntnisse und Fähigkeiten sein**, sowie der im Berufsschulunterricht vermittelte Lehrstoff, soweit er den im Ausbildungsrahmenplan genannten Fertigkeiten, Kenntnissen und Fähigkeiten entspricht. Hierauf wird in den Vorbemerkungen zu den Musterprüfungen nach der neuen Ausbildungsordnung ausdrücklich hingewiesen.

Damit sollten, neben den bereits für die Zwischenprüfung zu beherrschenden Themen (siehe Zwischenprüfung – **Berufsausbildungs- und Arbeitsrecht**, sowie **rechtliche Grundlagen des Wirtschaftens**), eben auch folgende Themenbereiche beherrscht werden:

- **Grundlagen des Handels- und Gesellschaftsrechts,**
- **Investition und Finanzierung.**

Die Grundlagen des Handels- und Gesellschaftsrechts werden während der Ausbildung in unterschiedlichen Lernfeldern angesprochen und nun zusammenfassend in der Abschlussprüfung unter in Wirtschafts- und Sozialkunde geprüft.

So ist insbesondere ein Überblick über die **Kaufmannsarten** Gegenstand des **Lernfeldes 2** „Buchführungsarbeiten durchführen" im Zusammenhang mit der Buchführungspflicht nach Handelsrecht.

Ein Überblick über die **Personengesellschaften** wird vermittelt in dem **Lernfeld 8** „Gewinneinkünfte und weitere Überschusseinkünfte ermitteln". Insbesondere sollte dort behandelt werden:

- Einführung der Personengesellschaften: Vertretung, Geschäftsführung, Haftung und Gewinnverteilung (GbR, OHG, KG)

Die Behandlung der **Kapitalgesellschaften** erfolgt dann im **Lernfeld 9** „Körperschaftsteuer und Gewerbesteuer ermitteln". In diesem Lernfeld soll insbesondere vermittelt werden.

- Überblick Kapitalgesellschaften: Gründung, Haftung, Organe, Geschäftsführung, Vertretung, Gewinnverwendung für GmbH

Der Themenbereich „**Investition und Finanzierung**" ist in der Berufsausbildung Gegenstand des **Lernfeldes 7** „Beschaffung und Verkauf von Anlagevermögen erfassen". In diesem Lernfeld sollten insbesondere für die Abschlussprüfung Wirtschafts- und Sozialkunde vermittelt werden:

- → Finanzierungsarten;
- → Kreditarten (Fälligkeitsdarlehen mit Disagio/Damnum mit Buchungen), optional: Raten- und Annuitätendarlehen;
- → Kreditsicherungsmöglichkeiten (Personalkredite [Bürgschaft], Realkredite [Grundschuld]);
- → Leasing.
- → Außenfinanzierung/Innenfinanzierung
- → Eigenfinanzierung (Beteiligungsfinanzierung)/Fremdfinanzierung.

Bildquellenverzeichnis

Getty Images (RF), München: mikimad 1.1.
Shutterstock.com, New York: Pressmaster Titel, Titel.
stock.adobe.com, Dublin: nsdpower 1.2.

Sachwortverzeichnis